在行李提領處等候的女孩

東西文化差異新論

任璧蓮 Gish Jen——著
黃中憲——譯

沒有真理，只有主觀認知。

——福樓拜

凡是使我們對他人惱火的事物，都可能促使我們了解自己。

——榮格

目次

作者序

有個亞洲女孩申請到新英格蘭私立名校米爾頓學院就讀。她的托福成績很高，入學申請書也寫得很好。招生部門用Skype訪談她，她表現得很好。於是他們興沖沖將他們的藍橘色招牌入學資料袋寄去，期盼她來就讀。

她隻身赴美，校方好意派人去機場接她。女孩抵達機場，令人奇怪的是她的英語並未像招生部門以為的那麼好，一段時間之後，校方漸漸清楚來校就讀的女孩和申請入學的女孩並非同一人。

她是申請入學者的妹妹。

這種涉及亞洲且兜不攏的情況不只這一樁。這類情事有些涉及詐欺，但許多沒有，例如韓裔美籍作家金淑姬（Suki Kim）的故事。她深入北韓實地調查寫出的新聞報導，卻被包裝成回憶錄出版，這令她大為驚愕。她的主編認為讀者會感興趣的是她個人的成長故事，而非她實地探查的結果，我們該如何理解這種心態？出版社把焦點擺在她的自我成長而令她不快，以及她對「如此專注於私我令人深覺受辱」的看法，我們又該如何理解？[1]

然後，還有些故事與紐約享有盛名的科學高中有關，其中兩所是布朗士科學高中（Bronx High School of Science）和史岱文森高中（Stuyvesant High School），目前六至七成學生是亞裔美籍生。亞裔美籍生只占紐約市所有學生的一成五，在這些名校卻占了這麼高的比例，怎會這樣？或者經濟合作發展組織對全球十五歲小孩數學、科學能力的評鑑結果，不時由亞洲國家囊括前五名，這又怎麼說？[2]當然，考試是個會讓人氣得臉紅脖子粗的話題，肯定會把任何教育人員的聚會搞得不歡而散。但二〇一五年BBC（英國廣播公司）邀請一組中國大陸教師到英國教學一事，還是有其值得深思之處。該公司把這場東西方教育的相遇全程拍下，包括上課情形、教師、學生，希望解開上海小孩為何數學這麼好，這個老是懸在心中的疑問。這一系列節目的正式提問和名稱訂為「我們的小孩夠強嗎？」經過數百小時的拍攝，答案很簡單，就在文化上。

---

1 金淑姬的經歷讓我們想起作家湯婷婷（Maxine Hong Kingston）的經歷。湯婷婷寫出小說體裁的著名作品《女勇士》（*Woman Warrior: Memoirs of a Girlhood Among Ghosts*），卻受迫於出版方，將它定位為回憶錄發表。

2 例如，二〇一五年，前五名分別是新加坡、香港、南韓、日本、台灣。這類結果所代表的意涵，始終未有定論，因為它們以具有爭議的PISA（國際學生能力評量計畫）考試為基礎得出。

但這意味著什麼？

許多亞洲人和亞裔美國人（包括在下本人）數學都不是特別好。事實上，我們之中有些人寧可生吃青蛙，也不想由 X 導出 Y。而且，我們之中許多人沒有勝過別人、出人頭地的念頭。研究發現，柬埔寨裔、寮裔、赫蒙族裔美國人完成中學學業的比率，低於非裔美國人和拉丁裔。而且我們所有家庭也並非各個都是模範教養家庭。我的華裔美籍家庭就有長子優先的古老觀念。在我看來，他們若會為了女兒入學而去了解各家私立學校的好壞，那真是不可思議，更別提要兄弟姊妹幫助這個女兒進入私立學校。他們的口頭禪是「女孩子太聰明不好」，不時還加上「女孩太聰明嫁不出去」這句話。[3] 附帶一提，我的父親也不是特別謙遜的人，他喜歡別人的注目和掌聲，與許多亞裔不同。

而且，許多外國學生和行李提領處那個女孩不屬一類。許多人非常誠實，非亞裔者也並非都是聖徒。有個當教授的友人最近說到，她班上的美國學生和中國學生，差別不在於是否抄襲，而在是否懂得隱瞞抄襲，她說美國學生較善於改變字體。而我想起在一九八一年初，愛荷華大學的助教職務說明會，會中我們所有人被告知要在授課第一天就要學生寫下一些東西，並妥為保管。然後，若有哪個學生涉及抄襲，就有筆跡可以比對，讓抄襲者啞口無言。但有些學生並不把這當一回事，我就碰過一個學生交上來愛倫坡的「洩密的心」，充當她的創意寫作課習作。拿原作質問她時，她只是搖搖頭，一副大吃一驚的模樣說：「哦，那不是最好的文章嗎？」

美國人為何極討厭文化，其來有自：每個通則都有不計其數的例外。從「讚賞文化」到「怪罪文化」，只是一線之隔（「如果他們做得到，你怎麼做不到？」）；而且拿文化來支持刻板印象易如反掌（我可不是虎媽）。再者，既然「東方」這個詞，或者「西方」這個詞，意涵如此難界定；既然不管這兩個詞意涵為何，自久遠不復記憶的年代它們就已交織為一，難分彼此；既然所有文化都一直在演變；既然，誠如人類學家理察．施韋德（Richard A. Schweder）所說的，文化和自我相輔相成，那麼我們能就文化發表出什麼高論？那就像要標出海岸線一樣困難，潮濕的沙地綿延不絕，海洋和海岸都沒有明確的邊界，在沙地上畫出的任何界線都必然會被沖掉。而且，文化絕非任何答案的全部，連同經濟、政治、個人基因、居住區、所處時代等因素，始終都只是答案的一部分。

3 這一傳統心態最近重新浮現，華裔間流傳這麼一個笑話：世上有三種性別，男性、女性、女博士。

但如果前述故事講出了什麼道理，那就是非常弔詭的，不管是否真有所謂的「東方」或「西方」，還是有東西文化隔閡存在。而隨著不同層面的全球化有增無減，意味著中國不只是送出最多移民到美國的國家，還是美國三分之一外籍大學生和二分之一外籍中小學生的來源國。我們早該思考像在行李提領處那個女孩之類的人物，問問這是怎麼一回事？她的父母怎會想把她送上飛機？她的姊姊既沒有要就讀該校，又怎麼會接受該校的訪談？那個可憐女孩孤零零一人站在波士頓機場的行李提領處時，心裡在想什麼？這個女孩根本不該同意這個計畫，她的家人根本不該讓她陷入這樣的處境。但她和她的家人竟會以為這計畫管用，這心態傳達了什麼？她們的想法與那位韓裔美籍作家惱火她主編之事，或與史岱文森高中的學生族籍分布狀況，有沒有關聯？這些事會不會是我們所該更深入了解的冰山一角？

本書的前提是那些令我們對東方感到困惑不解的事物，有許多未必令他們困惑。事實上，誠如我打算在本書中闡明的，西方搞不懂東方（不談東方搞不懂西方或者我們搞不懂自己），大部分源於支配西方的自我認知和支配東方的自我認知之間的差異。這個差異說明了我們關注事物的方式、回憶方式，說明了我們說話、吃飯、閱讀、寫作方式。這個差異說明了我們對考試、求學、說故事的看法、我們對建築與空間的看法、我們對創新與打造品牌的看法、我們對法律、罪犯改造、宗教、自由、選擇的看法。這個差異說明了我們彼此間的關係和我們與大自然的關係。這個差異說明了竹天花板現象[4]和其他許多亞裔美國人的經驗。這個差異說明了我們眼中的禁忌和義務，甚至說明了我們看待自己名字字母時的深情。但儘管具有如此深刻的意涵——「深刻」這個字眼我可不隨便用，這個差異有時還是很難被觀察到。就像空氣，它無所不在，因而不易察覺其存在。

不過，接下來我們的計畫是揀選出我們人類已經發展出的兩種自我，說明它們既不斷在改變、卻又出奇的可長可久的弔詭現象。這兩種自我，一個可在個人主義社會裡找到。我們或許可以把這種自我想像成某種酪梨，具有這種自我所專注的焦點——一顆大核。心理學家把這種自我稱作「獨立」自我，但本書會以「巨核自我」（big pit self）這個非正式名詞稱呼。與此有別的自我是「互賴」自我。這種自我更牢牢嵌於其環境，更適應其環境，更遷就其環境，是「靈活自我」（flexi-self），常見於集體主義社會裡。

至於要怎麼說明這點，首先我會說明巨核自我的人會剪輯世界，而且以其一貫的方式剪輯。我們透過思考巨核自我在製作影片和故事時剪輯掉的東西（也就是留在剪輯室地板上的

4 竹天花板現象（the Bamboo Ceiling phenomenon）是指歐美企業在甄選管理人才時，潛意識覺得亞裔不適合做高級主管，造成限制亞裔發展、晉升的瓶頸。

東西），藉由思考這個巨核自我如果能剪輯世界，會把世界剪輯成什麼模樣，還可以弄清楚其行事方式。什麼事情會令個人主義者火大？我們接著會停下來更仔細思考這兩種自我，以便在第二部裡開始弄懂關於靈活自我的某些要點。

特別重要的，我們會談靈活自我的四個面向。這四個面向不只能促成姊姊代替妹妹接受 Skype 訪談之事，還能促成許多事物（從抄襲現象到考試現象到中國發明之謎的種種事物），特別是這些面向按亞洲方式排列之時。阿里巴巴創辦人馬雲為何能如此若無其事的說出「許多假冒商品其實比真品質量更好，價格更優惠」？為何中國公司會走稍作改變以求改善之路，而不走打破既有模式之路？為何中國的人權觀與西方人如此不同？我們也會探討為何對某些人（但非我們所有人）來說，訓練與教育相牴觸。靈活自我的人生比巨核自我的人生還要安穩？更關心他人死活？或者較嚴厲，與威權主義的關係較深？靈活自我的人生究竟是什麼樣的人生？

在第三部，我們會以兩章的篇幅快速談過在美國所常看到的巨核自我。那是與眾不同的自我，不同於世上其他任何種自我，強勢表達自己的需求和意見，高度自我肯定，但動不動就想保護自我形象，執著於自己的定位和人生目標。當其他文化體滿足於十種口味的冰淇淋時，為何美國人非得有五十種口味的冰淇淋？為什麼美國人如此不厭其煩的談論自己？為何醉心於撰寫回憶錄？為何個人成長如此重要？自我肯定是否有其代價？美國人為何以今日這種方式看待工作，何以致之？

最後，在第四部，我們會探討這兩種自我相遇時會發生的情況。靈活自我在課堂上為何較少發言？靈活自我為何被逼著以人為和非人為的方式模糊界線？東西文化隔閡能泯除嗎？獨立與互賴之間是否存在一個最佳的平衡點，即是否存在富饒多產的既獨立又互賴性格（ambidependence）？如果有，那會是什麼模樣，而這一切讓我們對人性本身有何種體悟？

身為小說家的我怎會動筆談酪梨核？事實上我活到這歲數，卻一直被文化問題所困。身為出生在美國的中國移民之女，我從小對東西方差異的難題感到不解。為了解開這個難題，過去超過三十五年，我頻頻前去中國。我對文化與自我的看法，不只明顯可從《典型美國人》（*Typical American*）到《世界與城鎮》（*World and Town*）這幾部小說中看到，還可見於我所講述的諸多故事，以及二〇一二年我在哈佛大學分成三場講完的公開演講。這是屬於名叫「美國文明史，威廉·馬西爵士演講」年度演講系列的一部分，演講稿後來集結出版，書名為《敘事的變奏：論藝術、文化與互賴的自我》（*Tiger Writing: Art, Culture, and the Interdependent Self*）。此書出版時，我以為我已把此書主題探討完畢，毫無缺漏。結果，從未有本書這麼苦苦哀求我把它擴而充之，最後我讓步，於是有各位手上這本書。

在《敘事的變奏》裡，我花了不少篇幅談藝術與文學，而在這本衍生自該書的著作裡，同樣會看到許多這樣的探討。這絕非偶然，因為兩書一脈相承。但這本書不談透過巨核自我／靈活自我能讓我們對藝術了解多少，而是談透過它能讓我們對世界有多少了解，因此，在此書中我們會找到更多與生活有關的東西。這些東西大部分涉及中國和美國，因為中、美是我了解最深的兩個文化體，因為中、美兩國在跳舞場上突然一個身子不穩，就會令全世界震動：在諸多文化差異中，這個差異影響特別深遠。但我也在我的故事裡，談到世界上其他有靈活自我存在的地方，因為我們在東西方之間所粗略構想出的自我差異，其實是西方與其他地方之間的差異。「西方」大部分意指西歐、北美和紐澳之類的某些前英國殖民地，「其他地方」則指世上其他地方，包括因地方不同而程度有別的：印度、以色列、黎巴嫩、阿富汗、法國、迦納、墨西哥、其他無數國家，以及美國許多地方。本書所關注的事物影響每個人，從以色列的長期失業者，到若不娶同屬蒙特尼格羅裔的女子為妻，他母親會跳下鐵軌讓六號地鐵列車輾過的蒙特尼格羅裔紐約門房，都在其中。

不過，一如《敘事的變奏》，本書最終也是倚賴諸多文化心理學家的傑作才得以寫出。我特別倚賴以下諸位學者的研究成果：密西根大學理察．尼斯貝特（Richard Nisbett）和北山忍（Shinobu Kitayama），史丹福大學的黑澤爾．馬庫斯（Hazel Rose Markus）和卡蘿．德威克（Carol

Dweck）；康乃爾大學王琪（Qi Wang 音譯）；加州大學洛杉磯分校的派翠西亞・格林費爾德（Patricia Greenfield）；麻塞諸塞大學洛厄爾分校的艾莉莎・麥凱卜（Allyssa McCabe）；加州大學聖塔芭芭拉分校的金熙貞（Heejung Kim）；不列顛哥倫比亞大學的史蒂芬・海涅（Steven Heine）、約瑟夫・亨里希（Joseph Henrich）、阿拉・諾倫札揚（Ara Norenzayan）；芝加哥大學布斯商學院的湯瑪斯・塔爾海姆（Thomas Talhelm）；聖地牙哥州立大學的金・團吉（Jean Twenge）；密西根大學羅斯學院的傑佛瑞・桑切斯－勃克斯（Jeffrey Sanchez-Burks）；加州大學爾灣分校的保羅・皮夫（Paul Piff）。但我還要感謝另外數十名我無法在此一一列舉的思想家，他們不只都致力於確立世上真的有兩種自我，還致力於探明它們是什麼樣的自我。我要向他們獻上最高的敬意，並誠摯敦請各位閱讀他們擲地有聲的文章和書籍。

但我也要感謝艾米莉・迪金森（Emily Dickson）給了我寶貴的寫作建議——亦即道出真相，但要迂迴曲折的說。那是我給每個學寫作的學生的建議，也是我在此書中力求勿忘的建議。畢竟文化是最棘手的主題——就像披了隱形斗篷的巨大真相。或許，我想動手掀起那斗篷根本是徒勞。

但我還是希望能偷偷瞄到它底下的一小部分。

第一部　我們剪輯世界

一、三項剪輯

我們剪輯世界。看看這張來自一九八九年北京天安門抗議事件的著名照片——一名男子，在官方開始以武力鎮壓抗議群眾後的早上，孤身一人站在長安大街上，擋住欲駛入天安門廣場的一列坦克。在這張照片中，他提著兩只購物袋，看來像是一如往常出外購物，不巧碰上這些坦克，於是突然決定要擋住它們。BBC和CNN得以在現場拍下此事件，因此我們知道帶頭的坦克想繞過這名男子時，他移動腳步再度擋住其去路，如此一而再、再而三，從影片看來，雙方的互動似乎簡直就像卡通情節。事實上，這一點也不好玩。當時到處槍聲大作，這些坦克要去執行殺人任務。不過，

天安門廣場上擋住坦克的男子。傑夫 · 懷登（Jeff Widener）攝。

帶頭坦克終於停住並關掉引擎，它後面的坦克跟著一一停住，這時男子爬上其炮塔，朝坦克車艙裡喊，對一名軍人講起話來。然後，當這些坦克再度發動打算繼續前進時，他跳下坦克，再度開始阻攔，忽前忽後的阻攔，直到有人將他拉走為止。如今我們仍不知道誰把他拉走，也不知道他後來的遭遇。但總之這是極為驚心動魄的一場對峙，甚至可說是二十世紀最扣人心弦的對峙，他的勇敢無疑超乎常人。但這是互賴自我的作為嗎？

在西方，許多人會說不是，會說這些作為代表集體主義的對立面，說這是道地個人主義者的作為，堅守他酪梨核般的自我，挺身對抗高壓社會。但這說法只有助於說明個人主義者如何看待世界。互賴的靈活自我比較像棒球隊隊員，而非為創作而創作的藝術家，但他們能做出和任何巨核自我一樣英勇的行徑。勇氣或積極主動絕非個人主義者所獨有。

事實上，這名男子爬上坦克，對坦克裡的軍人講話那一刻，正是互賴性特別鮮明的一刻。誠如後面會提到的，模糊界線（就這個例子來說，就是模糊人與坦克之間的界線）是靈活自我的特徵，而且耐人尋味的正是某些早期對此事件的報導焦點。事實上，此事件的第一張照片，如下頁插圖所見，呈現的是該男子在坦克車上的情景。這張照片由攝影師曾顯華（Arthur Tsang Hin Wah）拍下，路透社把它在全球傳布了至少六個小時。

後來的新聞報導，才把重點擺在那張較具個人主義氣息的照片上，即攝影師傑夫·懷登

天安門廣場上擋住坦克的男子。曾顯華攝。

（Jeff Widener）所拍的那張男子攔住坦克車隊的著名照片。這張照片讓我們許多人能從中看到我們所想要看到的。因為，就這麼大膽的行徑來說，這位站在坦克車前的男子或許身材稍嫌矮小了些，而且身上未戴手槍皮套或未帶槍，但他還是令人想起西部硬漢約翰・韋恩。這個人孤身涉險，渾身散發出勇氣過人、不折不扣的英雄膽識。我們認為他為了自由不得不挺身而出，因為他的心裡有種他無法否認、非比尋常的東西；因此，他猶如電影《日正當中》（*High Noon*）中的警長馬歇爾・威爾・凱因或小說《梅崗城故事》（*To Kill a Mockingbird*）裡的律師艾提庫斯・芬奇（Atticus Finch），或者任何真實存在的天才或藝術家。他也許只是個希望軍人不要朝同胞開火的平凡百姓？他會不會把這些軍人也看成平凡人——因為凡是人都難免走錯路，因此他才敲坦克艙蓋？總之，我們沒這麼想。

但根據哥倫比亞大學的麥可．莫里斯（Michael Morris）和加州大學柏克萊分校的彭凱平（Kaiping Peng）這兩位心理學家對兩位殺人凶手所做的研究，顯示他很可能只是這樣的人。他們比較美國媒體對一九九一年兩樁屠殺事件的報導，其中一樁與名叫盧剛的物理系中國留學生有關，另一樁涉及名叫湯瑪斯．麥基文（Thomas McIlvane）的愛爾蘭裔美籍郵務人員。他們發現英語大報《紐約時報》和中文大報《世界日報》（*World Journal*）的報導有很大差異，認為「美國記者在歸咎原因時較偏重於個人性情，中國記者則較偏重於環境因素」。也就是說，英語記者把盧剛的行為歸因於他的酪梨核，他們說他「脾氣很壞」，是個「心理不正常的陰鬱男子，把自己推向成功與毀滅」，他有「心理社會問題，難以坦然面對質疑」；而且「在開槍殺人之前許久，盧先生的性格裡就有邪惡成分」。簡言之，「不管那裡出了問題，都是個人內在的問題」。相反的，中文記者把此事歸咎於他的人際關係和環境。他們寫「他與他的指導教師處不好」、「與那位被殺的學生相對立」、他是「『頂尖學生教育政策』的受害者」。整起事件「最終可歸因於槍枝的可得性」。

在湯瑪斯．麥基文事件的報導上，也可見到這一模式。英語記者強調麥基文的個人特質：

他「精神不穩」、「一再揚言動粗」、「脾氣很壞」。中文記者則強調外部因素：他「最近剛被革職」、「郵局主管與他為敵」，受到「最近德州境內屠殺事件」的啟發，諸如此類。

這種認為人受到所處環境左右，而非能完全主宰自己命運的看法，在二〇一四年《紐約客》某篇文章中也可見到。該文談到中國哈爾濱市一名醫生遭病人李夢南刺死之事。這位醫生根本沒治療過李夢南，就只是李夢南走進時第一個看到的人，而當時李夢南正為其他事搞得心情沮喪且大為光火。而我們應該注意，即使李夢南真的受到恐怖對待，死者的父親也認為李夢南沒理由因此殺人。審訊時，死者的父親不接受李夢南道歉，並說那些道歉話不是出自肺腑。李夢南最後被判終身監禁。但後來，《紐約客》撰文者克里斯朵夫．畢姆（Christopher Beam）問醫生父親，他兒子的死該怪誰，死者父親回答：「該怪保健體系……李夢南只是這場衝突的代表。類似的意外已發生過許多次。我們怎能只怪李夢南？」

其他文化也偏向歸咎於環境。例如，美國麻省理工學院史隆管理學院心理學家奧佛．夏隆（Ofer Sharone）對以色列、美國的長期失業者做了比較性研究，發現美國人把自身困境歸咎於自己，以色列人則歸咎於制度。這的確使以色列人覺得自己像商品——這是不好之處。但可喜之處是求職成不成，與個人最深層自我的優劣無關。他們對於以履歷為首的自我形象打造並不是特別焦急。誠如某位求職者所說的：「履歷不像西奈山上的石版，而是產品說明書。」他們也不認為面試和彼此投不投緣有關，或不認為面試就像約會；至於最後結果，他們會說「你的命運是由可笑的客觀環境決定」——這的確讓人沮喪，但就沒理由像許多美國人那樣想：**我到底哪裡不對？**

同樣的，在祕魯某所學校的「小紅帽」戲中，大野狼不只是又大又壞而已。牠還餓著肚子，窮途潦倒。而在中國某所小學我所看到的一齣大同小異的「小紅帽」戲裡，大野狼後來心生悔意，最後把小紅帽和她的奶奶都吐了出來。這齣戲以所有人物（包括大野狼）牽著手圍成圈圈跳舞做結。

天安門坦克照片中那個男子會不會認為那些軍人是形勢所逼，而不認為他們是壞蛋？我們當然無從知曉。但有個疑問：照西方人剪輯世界的方式，我們會認為他可能這麼想？

再舉個例子，拿這幅中國文人自畫像來說。亞洲學會（Asia Society）這個旨在幫助世人了解亞洲的組織，曾在紐約展出這幅《朱色自畫像》。該畫出自項聖謨之手，繪於一六四四年明朝覆滅之際，正是文人心理創痛甚劇之時。當時，明朝已遭外來的滿人推翻，許多文人心煩意亂，項聖謨亦不例外。他以黑墨勾勒出自己，但用朱砂描繪他周遭環境，藉此表達他深沉的憂傷。朱色暗指明朝皇族之朱姓，而由此畫繪成後迅即被藏起來，直到一九一一年滿清覆滅後才又被拿出來，可清楚看出畫出具有如此寓意的畫作，在當時乃是大逆不道。

在這同時，我們可以從這件作品上面的題字、題跋看出，這整件作品既寓意反抗，也在表達眾人的同理同心：畢竟畫的周遭淨是同樣忠於明朝者感同身受的題跋。[5] 但二〇一三年亞洲學會用這幅畫製成廣告刊在《紐約時報》時，把上面的題文、題跋全部剔除，只刊出畫的部分。誠如在次頁那幅插圖所可以看出的，這篇廣告誇大了此畫的個人主義氣息——事實上，就是以那張著名的天安門坦克照片裡那種個人對抗社會的角度予以解讀。於是，畫中

明末畫家項聖謨（1597 ~ 1658）《朱色自畫像》。

人物被賦予主宰西方文化的那種孤身對抗當權者的角色，如同電影《良相佐國》（*A Man for All Seasons*）裡挺身對抗亨利八世和其怯懦朝廷的湯瑪斯．摩爾；又如同喬治．歐威爾小說《一九八四》裡挺身對抗「老大哥」的溫斯頓．史密斯。

《紐約時報》刊登的「隱逸的藝術」展覽廣告。

5 精神分析學家土居健郎指出，日本人，一如中國人，「不認為小我和大我基本上相衝突，（而是認為）大我的支持乃是小我所不可或缺」。見他的著作《甘えの构造》（*The Anatomy of Self*）。

我們能責怪亞洲學會之類的組織把這幅畫西方化嗎？他們的目的畢竟是要把人引來參觀展覽，為此，他們不得不想辦法打動《紐約時報》的讀者，打動這些很可能覺得截頭去尾後的畫作比原作還要引人入勝的人。當然，如果這些讀者前來看了展覽，會看到挑戰他們世界觀的圖畫與敘述。但不管怎樣，首先得讓他們進來參觀——我們或許可以如此猜想。

不管如何，還有第三個剪輯例子可讓我們更清楚理解為何做這樣的決定。這個例子和作家安妮・迪拉德（Annie Dillard）有關，她在一九七四年出版了引人入勝的回憶錄，叫做《汀克溪的朝聖者》（*Pilgrim at Tinker Creek*），曾贏得普立茲獎，且由於有如下之類的段落而風靡了一整代人，包括在下我：

在〈探險家〉劉易斯和克拉克的時代，放火燒大草原是個眾所皆知的信號，意指「下來水邊」。為了發出信號而這麼做未免太揮霍，但我們無法不這麼揮霍。如果說大地有什麼確定不變之事，那就是這一揮霍的動作乃是創造的要素。經過一次這樣揮霍的創造，天地只以揮霍的作風繼續運行，把精微與巨大的東西都拋向渺遠的虛空，以永遠勃勃的幹勁恣意揮霍再揮霍。這整場表演從一開始就紅紅火火。我下到水邊以潤涼我的雙眼。但放眼望去到處是火；那些不是燧石的東西，都是易燃物，整個世界火花四濺，火焰熊熊。

行文燦然奪目、叫人迷醉，字裡行間想像力十足，令人悚然心驚。一個又一個句子躍然紙上，好似本身就火花四濺，火焰熊熊。在理想世界裡，它們的不凡特質似乎本該足以使這本書成為劃時代的大作。

但迪拉德一定沒把握，世界會把她這位自稱「安妮的維吉尼亞家庭主婦」看在眼裡。於是《汀克溪的朝聖者》自封為《湖濱散記》之類的作品，迪拉德自封為梭羅之類的作家，儘管如此，像《大西洋》雜誌作家黛安娜·塞佛林（Diana Saverin）所指出的，迪拉德並非「孤零零生活於荒野，事實上，她根本不是孤零零一人生活。她與丈夫住在一棟普通房子裡，丈夫原是她大學的詩學教授」。而且，迪拉德以梭羅為題寫了篇論文，完全清楚孤身生活於荒野的故事往往離不開胡說八道。例如，梭羅於其一八六二年文章〈散步〉中寫「世界保存在荒野裡」，但誠如塞佛林所問：

> 梭羅所描述的「荒野」是怎樣的荒野？已有批評家指出，梭羅的小屋位在其友人拉爾夫·瓦爾多·愛默生所擁有的土地上，從那裡走路到康考德鎮很輕鬆。傳說這期間洗衣的事都由他母親包辦。

而且，他待在那裡時，曾多次與親友共進晚餐，甚至在那間小屋旁為康考德女性反蓄奴社辦了場群眾大會。他因為未繳人頭稅而被捕時，很可能想在獄中多待一些時日[6]，但由於他與外界聯繫如此綿密，他的親戚很快就得知他被捕之事，並立即補繳稅金，使他不得不出獄。

不過，迪拉德清楚美國讀者想要什麼，於是特意強調她的孤身一人。在第一章，她把她的家比喻為「隱士的住所」，後來她寫道：「我滿心驚奇的四處遊走，飛馳過田野，劫掠林中寶物，不再適合與人為伍。」在此書中，她與人的唯一互動，是有次隻身開車返家途中，有個男子給了她一杯裝在保麗龍杯子裡的咖啡。與她同住的丈夫、與她共進午餐的友人、與她一起打壘球的隊友，都被她刻意略去。

她的略而不提做得太過火，讓那些知道內情的人覺得可笑。誠如迪拉德在其日記裡寫道，她的友人說「他們覺得我生活在這個不可思議的荒野裡，邊說邊笑」。而當年我做研究生，第一次讀《汀克溪的朝聖者》時，也這麼覺得。但事實上，這個「不可思議的荒野」，誠如迪拉德後來所坦承的，是霍林斯學院（Hollins College）附近的一片樹林，位在某個郊區城鎮裡。她說：

出版《汀克溪的朝聖者》之前，（迪拉德）未體認到她已使這處山谷顯得何等蠻荒原始。「我沒說『我走過郊區城鎮的磚造房子』……我幹嘛向讀者交待這事？但看到書評家的口吻，把它說得像是荒野一般，我說，『鬼扯淡』。於是，那之後我想寫的第一份東西（是篇文章，並在那篇文章中指出），『說真的，這是郊區』。因為我根本無意騙誰。我只是把有趣的東西寫進去而已。」

但她也承認她那段精彩的開場白和其中隱隱呈現的荒野氣息——「我曾有隻貓，一隻愛打架的老公貓，會在午夜時從我床邊敞開的窗子跳進來，落在我胸膛上」——是剽竊來的。薩佛林寫：

我問起第一句裡的那隻公貓，（迪拉德）她告訴我，有次在霍林斯學院快餐部吃午餐時，她從某個名叫法蘭克．麥卡洛夫的「窮研究生」那兒聽到類似的故事。「我說，『哇，那個意象很不錯』。」迪拉德告訴我：「我先生是教授，我只是個家庭主婦，『嗯，我可以把那

6 畢竟人頭稅是他所正在構思書寫的公民不服從文章的素材。

個拿來用嗎?』『當然可以，這位女士』。我們根本不知道這些話會流傳下去。那是段很棒的開場白。」

那麼今天我們怎麼看迪拉德?稱讚她精明，還是譴責她言行不一?她說「名叫安妮的維吉尼亞家庭主婦」要得到別人重視可能不易，肯定說得沒錯，而她說以個人經歷為題寫書的目的之一，是把該經歷化為神話，或許也說得沒錯——「並不是說自己清楚自己正在做神話化的事，而是想把每件事都簡化和擴大。」

但處理那張精彩的天安門坦克車照片的主編，理解到那張照片重點在表現人的孤身對抗坦克，亞洲學會某些人理解到能為他們的展覽做最有力廣告的圖片，會是孑然一身抗議當朝之學者的圖片，而安妮·迪拉德一如他們，清楚怎麼做最有利可圖。她知道最好的作法就是把自己描繪成孤零零置身荒野之人，知道再怎麼強調她的孤單和她所處環境的蠻荒原始都不嫌過分。於是她剪輯世界，征服了讀者，讓我們不禁要問：美國人很愛這類的敘述?為什麼?

有些事物不是我們能刪除的

史丹福大學心理學家黑澤爾．馬庫斯（Hazel Rose Marcus）曾為文說明，惱火的感覺往往表明將有絕佳的研究構想上門。對非心理學家來說，這類感覺也指出文化摩擦的所在，指出我們極想從我們的世界刪除掉的事物，一如我們因為照片和敘述裡有些東西和我們的文化相牴觸，就把它們從那些圖文裡刪除一般。

當然，這類事物很多，不勝枚舉。而如果非得指出東方最令西方人惱火、最想刪除掉的事物，很可能會是與西方人所執著的「個人對抗社會」敘述相關的事物，那就是與該敘述背道而馳的抄襲現象。「個人對抗社會」這句敘述強化了一個觀念，即每個人都有個神聖不可侵犯的東西，那是做為我們追求真實不偽和原創意識的來源，絕對值得將其奉為最高準則的酪梨核——但抄襲現象則與此背道而馳：我們認為沒有抄襲這種事，而且，那並不值得尊敬。至於這兩個觀點間存在多深的文化鴻溝，可藉由以下問題來探明其深度：抄襲會使西方人不快？如果是，只是有點不快而已？還是真的讓西方人無比惱火？

二、令人惱火但表露真相的事

時為二〇一三年，建築師札哈．哈迪德（Zaha Hadid）正在北京興造一組新建築群。這名為「望京 SOHO」的建築群由三個曲線造形的建築構成，乍看之下不像是人為設計建造，反倒像是從地上自行冒出。它們似乎在冒出水面的當下凝住不動，大部分身體還在水裡，意圖讓人聯想起池中的鯉魚。這一設計大為轟動，已不只有一個翻版在另一個城市（重慶）冒出，而且據說蓋得非常快，會比原作還早建成。從某個角度說，這當然是對哈迪德的莫大肯定，但據說哈迪德並不覺得受寵若驚，反倒覺得惱火，而且那還是她尚未得知重慶開發商只抄襲她設計圖的兩個部分時的反應而已。似乎因為建地不足，無法把她的設計全放進去，重慶開發商乾脆砍掉第三棟。

為了自己作品在中國遭抄襲而惱火，哈迪德並不是第一人。二〇一一年，蘋果電腦公司也很火大，因為發現昆明市竟開了一些冒牌蘋果手機店。這些店費心模仿蘋果的手機專賣店，連細節都不馬虎，從氣派的淡色木質櫃檯到正面的落地玻璃牆都模仿得維妙維肖。一樣的照明、一樣的螺旋梯、一樣的豪華寬敞。無比高雅簡約的風格，失重、太空船般的寧靜，讓人想起《星艦迷航記》的冥想室，都是西方訪客一眼就會認出的。穿藍 T 恤的店員甚至散發出

位於中國北京的望京 SOHO 建築群。

位於中國重慶，望京 SOHO 建築群的翻版。

蘋果那種機靈、樂於助人的招牌精神，不過他們有多機靈恐怕很難說，因為至少有一位店長說他連他的店未得到授權之事都不知道。

如果說有什麼差別叫人啼笑皆非的，正是你看見的第一樣東西：出於不明原因，這些山寨蘋果店並未維持正面玻璃牆上只刻上一顆素淨蘋果的原版風格，反倒在蘋果旁邊加上中英對照的蘋果零售店／Apple Store字樣（至少有一家山寨店還把Apple Store拼成Apple Stoer）。不過，大部分看來，這些山寨店抄襲得維妙維肖，令那些未為此惱火的人大為著迷。例如，頭一個在部落格談到這些店的美國助產士就寫道：「我們拍了這些店的照片，因為它們抄襲得非常仔細、完整，幾乎到了藝術的程度。」有這種矛盾的讚嘆之情者，還不只她一人。

當然，這些店仍然非法、仍然是剽竊——沒人否認這一點。事實上，這是中國人稱之為「山寨」的一種剽竊行為（山寨原意是帝制時期土匪在官府所管不到的地方建立的據點）。但這是種特別精妙的「山寨」，具有完全按比例仿製的「鐵達尼號」或「東方特快車」所具有的部分魅力。這其中具有向原作致敬的成分，這類行徑與其說是單純的剽竊，還不如說摻雜了別種意涵的剽竊，一如哈迪德的遭遇所意味的，這證明背後存在著某種自我，而這種自我對真實不偽的看重，遠不如西方人那麼認真。至於靈活自我的反應是否會不同於巨核自我的反應，不妨看看中國博客Yuanyi毫無掩飾的熱情，她寫「那是無懈可擊的仿冒，了不起，可敬」。

如果是在中國南方的蓬勃大城，如深圳之類的地方，出現這類仿冒店，蘋果電腦公司有辦法將它們消滅嗎？沒人說得準，因為那裡有整個商店專門供應打造出逼真仿冒店所需的一切器材。需要蘋果展示櫃？蘋果T恤？窗子上的蘋果logo，牆上的蘋果圖案？在這裡，一次可購足。而且還有其他國家得要蘋果操心，因為在哥倫比亞、緬甸、委內瑞拉、斯洛維尼亞、西班牙、德國、巴林、薩爾瓦多、義大利、越南和其他地方，都已出現仿冒的蘋果專賣店。

如果說蘋果較能掌控美國境內的情況，那不是因為美國人較有節操。其實美國人也不斷碰上自己同胞的無恥行徑：例如馬克・蘭迪斯（Mark Landis）把藝術品捐給美國五十多家藝術館，二〇一一年卻發現它們根本是蘭迪斯邊看電視邊自行製作出來的，而材料通常來自五金行。[7]博物館持有的仿冒品，並非全出自他之手。事實上，紐約大都會美術館的前館長湯瑪斯・霍文（Thomas Hoving）估計：

7 馬克・蘭迪斯師法歐洲仿冒大師，例如 Jan van Meegeren, Elmyr de Hory, Eric Hebborn, and John Myatt.

他為大都會美術館檢查過的物件裡，四成是假貨或「曾被虛假的修復或作者身分認定嚴重不實」而形同假貨。「你去過的每家博物館，都收藏了膺品，」前聯邦調查局藝術犯罪調查員羅伯特．惠特曼也說：「事實上，贗品多到擺滿好幾間房間，通常擺在地下室，但有時擺在展覽間。複製家具、古聖經、十八世紀前歐洲大畫家的畫和現代畫作、漢朝景泰藍瓶——博物館無法拒收，於是滿是這類東西。」

再者，美國人並未高尚到不屑靠仿冒牟利：看看二〇〇四年曼哈頓諾德勒（Knoedler）畫廊以八百三十萬美元高價賣給蘇富比董事長的羅斯科（Rothko）偽作。而在皇后區仿製此畫的移民錢培琛說：「仿製一件作品，（只領到）數百美元至最高九千美元不等。」似乎不知道他的作品（包括傑克森．波拉克、威廉．德庫寧等抽象表現主義畫家的仿作），多年來替這家畫廊賺進約六千三百萬美元（他說：「如果你查我的銀行戶頭，就會看到沒有收入。」）這家畫廊的欺偽令人意外？在這個製造偽幣一度猖獗到令十九世紀某個主筆驚呼「堪稱為仿冒國！」的國家，這一點也不令人意外。

「凡爾賽就是太大」

然而，中國的山寨蘋果專賣店引來不懷好意的目光，部分原因是許多人感受到中國崛起的威脅，而能使人更加關注他人一舉一動者，莫過於恐懼。但中國的抄襲行徑散發出不以為意的心態，意味著抄襲者並未因此感受到一丁點良心不安，因此如果我們把中國稱作「仿冒國」，他們會只是聳聳肩不以為然。

不管怎樣，抄襲之風終究太盛！即使我們無視到處可買到的路易威登包包、North Face上衣、Ugg靴子仿冒品，即使我們自己都買了一件或兩件或三件同樣無所不在的盜版書和DVD，都很難把大大一間山寨蘋果店視而不見，更別提整個仿霍格華茲學院建成的中國大學，或者按原比例複製的聯合國教科文組織世界遺產。在廣東省，有人複製了整個奧地利哈爾斯塔特（Hallstatt）村，還有該村旁邊的湖，構成作家畢安卡．博斯克（Bianca Bosker）所謂之「仿建築」（duplitecture）的精彩實例；開發商甚至把該村的鴿子都納入模仿之列。這個山寨版的哈爾斯塔特，模仿之精準令人嘖嘖稱奇，卻非此類仿作的唯一。中國全境如今有數個由法國、西班牙別墅構成且設有出入大門的社區。上海郊外的泰晤士小鎮，打造了整個英國市集鎮，大卵石鋪的街道、半木材的都鐸式建築、教堂、炸魚薯條店，樣樣不缺。哈利波利、詹姆斯龐德、邱吉爾的銅像，更添英國氛圍。

就最後提到這個新建住宅區來說，有一點不得不提，那就是除了充當婚妙攝影背景，它不是很成功。而令我會心一笑的，是泰晤士小鎮與我家鄉紐約州斯卡斯代爾（Scarsdale）有些許相似。二十世紀初期斯卡斯代爾矢志達到「最佳村鎮所該擁有」的水準，於是打造了英格蘭都鐸式商業區，並有一個似乎在等湯瑪士小火車抵達的半木材式火車站。但那裡沒有〇〇七情報員的銅像；而且斯卡斯代爾至少原來是英格蘭「莊園」，而中國的山寨建築，有許多是像變魔術般憑空生出來。

例如，看看北京郊外仿建的十七世紀法國拉斐特城堡（Château de Maisons-Laffitte）。它根據上萬張原版建築照片建成，建材一樣是法國香蒂伊（Chantilly）石，如今充當水療中心、飯店兼葡萄酒博物館，以耗資五千萬美元的仿製品來說，完全值得上它的身價，甚至更有過之而無不及，因為業主增建了兩翼建築和一座雕塑花園。至於整個仿造結果（即所謂的張拉斐特城堡，Château Zhang Laffitte）擺在原為小麥田的這個地方是否合適？張姓業主認為合適。他說他考慮過仿建凡爾賽宮，但因為它實在太大而作罷。

北京郊外，張姓業主仿建十七世紀法國拉斐特城堡。

抄襲的傳統

也許得知抄襲之風在中國已有數千年歷史，藝術、倫理學等領域裡的抄襲向來未遭唾棄，稍能減少西方人心裡的不快？畢竟，西元六世紀藝評家謝赫所提的繪畫「六法」裡，有一法是「傳移摹寫」，亦即模仿實物和古代作品。還有些藝評家仔細區分了數種抄襲的不同，例如「臨」意為「徒手仿製」，「摹」意為「照著描」，「仿」意為「模擬」。他們也區分了仿製品（廉價翻版）、複製品（逼真重現原件的作品）。書畫收藏家還針對抄襲本事和意圖分級評等。簡而言之，抄襲不只是傳統，還是淵源久遠的傳統。

於是，如今，當中國科幻小說大師劉慈欣說出「我所有作品都是對亞瑟・克拉克的拙劣模仿」時，我們可以追溯從十二世紀皇帝宋徽宗以降一脈相承的傳統。事實上，波士頓美術館的最重要館藏之一，風格典雅的《摹張萱搗練圖卷》，就是宋徽宗親手完成的仿作。這幅極為精細的工筆畫，畫出飾有極優美圖案的織物，畫中某女子扇面上的鴨、雪景致畫得精細入微，不用放大鏡幾乎看不出來。

但比鴨羽的精細刻劃更令人吃驚者，是這件初唐畫作的複製品竟出自當時世上最有權勢之一的男子之手。竟有皇帝花上數百小時仿製畫作，叫今日的我們難以想像。宋徽宗不只完成這件作品，還畫出許多精美的原創畫作，創造出他獨有的瘦金體書法，以及其他藝術成就，最後卻成為亡國之君，成為蠻人的階下囚，讓我們不得不納悶他到底把治國還是藝術創作當成第一要務。[8]但對我們所探討的主題來說，更重要的是以下疑問：連十二世紀皇帝都可以抄襲一事，是否意味著山寨蘋果店或山寨札哈．哈迪德的作品沒什麼大不了的？答案當然是否定的，絕對不行。

不過，宋徽宗的畫或許有助於我們領會靈活自我如何執著於成就大我——因此才會有連皇帝都把自己視為文化的護衛者和傳遞者之事。[9]整個社會是否如愛默生所斷言的，「在暗中想方設法阻止其每個成員成為頂天立地的人」？社會是否是「一間股份公司，其成員為了讓每個股東的收入都能得到更安穩的保障，而放棄自己的自由和特性？」宋徽宗若聽到這提問，會篤定說不是。他會主張離開社會，人無法成為頂天立地的人，在社會之外，社會成員沒有特性可放棄，不作如是想，就和以為魚可離水過活一樣荒謬。至於美國人往往認為世上每個

8　宋徽宗、他兒子欽宗和他的朝臣最終遭流放東北，在無情受辱中客死異鄉。

9　孔子也以類似看法看待自己，在《論語》中說他「述而不作」。

人皆有且神聖不可侵犯的西方自我，宋徽宗的例子證明它既非每個人皆有，也非神聖不可侵犯。但我們或許可以問，美國人打從骨子裡深信不移的自我，那種個人至上且獨立自主的巨核自我，究竟是什麼東西？而與之相對的，講究集體利益、互賴的靈活自我，又是什麼東西？

三、有助於了解的背景

有多種方式可呈現這兩種自我的差異，但最清楚的方式莫過於史丹福大學心理學家黑澤爾．馬庫斯所畫的圖表。在與個人主義社會密切相關的獨立巨核自我中（上圖），最重要的分界是自我與非我間的分界。但就與集體主義社會密切相關的互賴靈活自我來說（下圖），自我與非我間沒有如此判然兩分的分界，反倒是不嚴密、流動的虛線。真正嚴密的分界在內群體和外群體之間。靈活自我圖表中，家庭為其重要部分，但行會、基布茲（kibbutz，以色列的集體農場），或軍隊裡的排、恐怖主義基層組織，也可能是其重要部分。我特別喜歡馬庫斯用 X 來表示這兩種自我放置它們情緒「蛋」之處；我也的確注意到，她替互賴型內群體加上淺色，以表明這一群體對靈活自我的重要性，遠大於其對巨核自我的重要性。

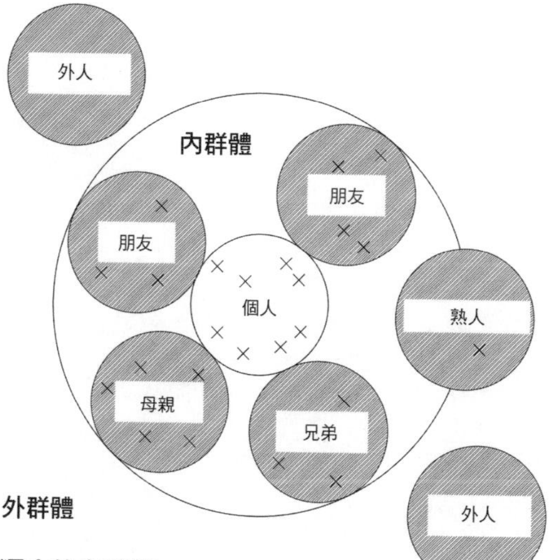

獨立的自我觀

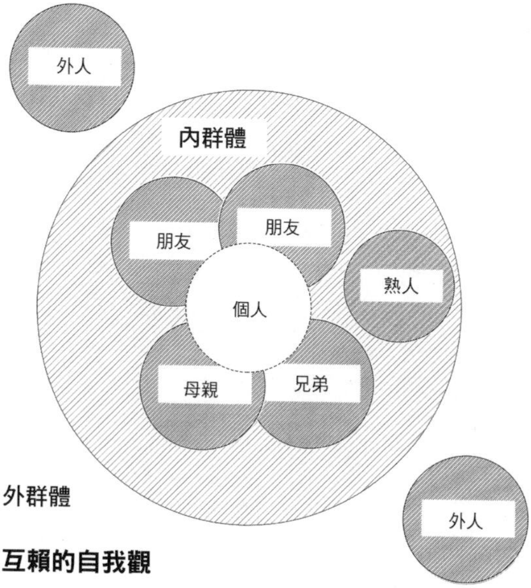

互賴的自我觀

巨核自我焦點放在草原的獅子身上，靈活自我聚焦於草原和獅子的關係。

至於這個根本差異在自身組織上可能帶來什麼影響，誠如我們已看出的，有很多影響，但首要影響是造成一項基本的感知差異：如果把一張呈現原野中某物的照片給這兩種自我的人看，巨核自我往往會把焦點擺在該物，而靈活自我則不會如此，而是把焦點擺在整個環境上，並把該物與其所處環境視為單一不可分割的單元。以熱帶大草原上的一頭獅子為例；巨核自我會聚焦於獅子，靈活自我會聚焦於草原和其與獅子的關係[10]，猶如他們以截然不同的透鏡看世界。巨核自我眼中獅子與草原的分界，就和其在自我與非我之間畫出的分界差不多，屬截然分明的實線。這類人認為獅子是可與大草原分開的東西，是可像紙人偶那樣剪下而仍基本上自成一體的東西。最偉大的真理在哪裡？就在獅子裡。事實上，巨核自我認定獅子裡有某種東西，某種穩定不變而使它成為獅子而非他物的東西，於是專注於找出那東西。巨核自我也喜歡根據其區別方法來分門別類；但首先這類自我喜歡抽離出單一元素、使其他元素固定不變、然後測試其效用之類事情。

也就是說，這一種巨核傾向，以科學分法為基礎，其力量無比強大。把個人主義視為現代世界之中心的說法，並非憑空虛造。但這種基本上愛分析的自我，喜歡講線性、因果論式的故事，因此也易扭曲事實。比如殺人犯殺人，因為心裡煩亂；某人失業，因為他沒有本事。

好似人生是線性發展！好似一切都是因果。靈活自我卻不認同這看法，反倒認為獅子離不開大草原，就和牠離不開所屬群體差不多。這種自我也認為獅子與草原間的界線是可穿過的、流動的——一條不斷在改變的虛線，就和它自認為圍住它本身的那圈線差不多[11]。

10 此節中有關感知的看法，大抵上依據理察．尼斯貝特、北山忍、黑澤．馬庫斯和他們同僚的著作寫成。

11 誠如在第三部會看到的，靈活自我與巨核自我的差異可溯至許多育兒上的作為。例如，北美洲母親往往問自家幼兒「這個玩具做什麼用？」之類問題，反觀，日本母親與幼兒講話時，力求以幼兒的水平來對應他們，會講出多上許多幼兒式的話。見 Bornstein 等人的合著。

至於離開草原的獅子還是獅子這個問題，這種靈活自我的回答為否。把牠像紙人偶般切割出來，會造成扭曲、錯誤，乃至違反規矩。但如果我們想找到最重要的真理的話，會在哪裡找到？會在生機勃勃、不斷在改變的草原模式中，會在其居民間、類似家庭的關係中。草原的居民，包括活樹和移動中的獅子，彼此相互影響。某人為何失業？原因有好幾個。殺人犯為何殺人？原因同樣有好幾個。事情就這樣發生？不是如此，事情是長久發展演變而成。

靈活自我的一貫思考模式，是從整體去觀照。它看重全盤狀況和感覺，看重規律和辯證運動；往往也看重擬出模式，尤以亞洲的靈活自我為然。這種自我留意關聯，更甚於留意區別，因此未把焦點擺在例外上。事實上，不尋常或獨一無二者往往被視為無意義的數據資料，理該予以刪除。這種自我把焦點擺在有意義歸成一類的東西上，對於力場、天氣型態、歷史模式，還有朋友圈、盟友圈、網絡、體系感興趣。

在二十世紀，這樣對模式或型態的關注，有時會導致鎮壓異己（後面會再談的主題）。但基本上，想歸納出規律的念頭，其所依據的原則，不只得自稀樹草原，還得自己循環運行過長久歲月的稀樹草原，至少在亞洲是如此。什麼東西一再出現？如果有個家庭單位一再出現，因為一再有父母生出小孩，就有個宇宙原則存在，而這個自我認為行事最好符合這個原則。這個自我也認為歷史模式是自然模式，認為人類社會應以自然原則為榜樣。至於人們要如何找到這些原則，就不是透過實驗性的操控，而要藉由耐心的觀察和出乎直覺的洞見。

這是取得知識之路嗎？心理學家理察・尼斯貝特指出，西方人發現原子，東方人發現月球造成潮汐，東方人也較快理解磁場之類事物。而整體觀照的作法，如今仍繼續帶來回報：以亞裔美籍內分泌學家黃約翰（John Eng）為例。他的同事說他看到「別人沒看到的模式」，他注意到蜥蜴毒液似乎與遭到蜥蜴毒手者的胰腺刺激有關，從而促成某種糖尿病療法問世，治療藥物就來自希拉毒蜥的唾液。

每個人都有兩種自我

在上例中發現這一關聯時，黃約翰肯定既用了他的整體觀照能力，也用了他的分析能力，而我們每個人，一如他，都有這兩種自我。就像明明有人兩隻手都能運用，我們還是叫他們右撇子或左撇子，我們在把他人說成是個人至上、獨立自主的巨核自我型，還是集體利益至上、互賴的靈活自我型時，都只是在講那人較強勢的那個自我。

兩種自我誰主誰從，可靠腦部掃瞄看出。如果要巨核自我型的人根據某物與其所處環境的關係判斷該物，腦中與控制注意力有關的部位會亮起；而且這類人要努力動點腦筋才能進行判斷。就靈活自我型的人來說，情況剛好相反。如果要這類人不管某物與其環境的關係判斷該物，腦中與控制注意力有關的部位就會亮起。這些差異是天生的？不是。

習慣的力量當然很大，但有時還是可以將其打破；事實上，我們每個人每天都在打破這類習慣。例如，我是右撇子，剛開始戴隱形眼鏡時，習慣用右手將鏡片放進眼裡。但我也彈吉他，於是右手指甲長過左手指甲；為免刮傷眼珠，我開始學著用左手放鏡片。後來這變成習慣，我不再彈吉他後，仍用左手放鏡片。但有天我摔斷左手，出於習慣還是想舉起左手放鏡片，但手上的石膏提醒我，或許該用右手。於是我換成右手；石膏拿掉後，我兩手都順手。

那麼，我們是否也可以學著在獨立自我和互賴自我之間轉換？的確可以。事實上，環境中有許多刺激物，會像太長的指甲或手臂上的石膏那樣，把我們的另一種自我引出來。對某種自我的強化，久而久之會改變我們腦中主要依循的路徑，尤其是如果強化很一致的話：例如，有人發現由於所受的學校教育，兩德統一後東柏林孩童明顯比西柏林孩童互賴。

所以，可以藉由塑造環境來塑造自我？事實上，我們的可塑性極大，如果自問屬於哪種自我？別指望有明確的答案。只有在特定時刻、特定情況下，才得看出自己可能屬哪種自我。

測試你屬於哪種自我？

①以下各行哪些東西擺在一塊比較搭軋？

雞、乳牛、青草

笛聲、火車、巴士

貓、喵、豬

沙丁魚、鯊魚、罐頭

鉛筆、筆記本、雜誌

②試著就「我是誰？」列出十個答案。你應在短時間內寫下答案，用第一人稱、對自己說的方式，不必在意答案的順序。想到什麼就列出什麼。

③畫一張你和你最重要人際關係的圖表。把每個人（包括你自己）當成一個圈，用線將各圈連在一起。

答案解讀請見附錄（第三五九頁）。

機場照片一。

機場照片二。

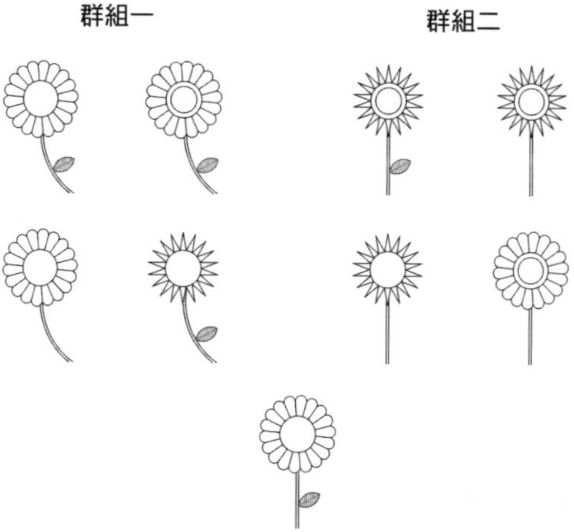

這朵花屬於哪個群組？

下面這個測試也可讓我們看出巨核自我與靈活自我間的感知差異。先看看第五十頁這兩張機場照片，然後自問有何變化，巨核自我會看出飛機方面的改變，靈活自我會看出照片背景處的改變，或照片中不同元素之間（例如前景處雙翼機與直昇機之間）關係的改變。

同樣的，如果問上面圖片那朵花屬於群組一或群組二，分析型的巨核自我會說群組二。畢竟，在諸多呈現差異的元素中（葉、瓣、花心、梗），只有梗可作為區分群組一與群組二花朵的可靠憑藉。因此它是決定性的差異，據此，那朵未找到歸屬的花朵可歸為與群組二中的直梗花朵同類。另一方面，聯想型的靈活自我，尋找最鮮明有力的模式，會說群組一[12]。

集體主義的汙名

能兼用兩種方式來看事情，對人有益？沒錯，事實上，聯邦準備系統希望以數種新作法來防杜二〇〇八年經濟衰退重演，而其中之一就是更重視整個金融網絡的健全，而把個別金融機構的健全擺在其次[13]——簡言之，還是走分析路線，但加強整體觀照。而這只是諸多例子之一而已，說明既獨立且互賴的作法已被視為至關緊要。

但儘管具備靈活自我有種種好處，儘管我們最了不起的藝術家、思想家、領袖，有許多人真的是既獨立且互賴，我還未遇見有哪個人不願自認是個人主義者。非個人主義者往往意識到家人比其他人還親，尤以在美國為然——他們或許意識到比起某些朋友與父母談話的次數，他們與父母談話更為頻繁，意識到往來密切的親友包括大家庭的成員。他們或許也意識到自己比別人更不願把老人送進療養院，或一如內分泌學家黃約翰，「看出別人沒看到的模式」。

事實上，這些傾向很可能有其生物性根源。誠如科學家和內科醫生馬克·費希曼（Mark Fishman）所指出的，集體主義行為畢竟是許多種動物的生存法門：

這一傾向或許會為了因應環境條件、能否找到婚配對象、食物普及程度等因素而有所改變，但集體主義行為是天生固有的。就連人類社會牢固的家庭關係和尊敬老者的作為，都和我們在母權制大象群裡看到的差異不大。母權制大象群選擇最懂得發聲的母象為其領袖，很可能是為了確保象群得以區別家族和外人，因為外人可能是威脅。

當然，有些物種「天生獨來獨往」。因此，在最極端的人身上，我們只是看到「本來就會有的最極端社會行為，而且那些行為很管用，因此一做再做」。行為有從最不極端到最極端的光譜式程度差異，是自然的現象。

但西方人往往擁抱光譜一端，拒斥另一端，原因之一是個人主義讓人聯想到舒適優渥生活。畢竟哪種人會把自己視為彈珠一般，想滾到哪就滾到哪，不依賴任何人？但在田裡幹活

12 如果分析和整體觀照作法兩不衝突，靈活自我型的人往往安於分析性的思考。但如果這兩種作法相抵觸，這類人很可能選擇整體觀照性思考。大家或許也注意到亞裔美國人往往未偏好這其中哪種作法。在這個測試和其他許多這類測試中，亞裔美國人的成績往往在靈活自我至巨核自我這個區間的中間。

13 聯邦儲備系統的監理手法正從微觀審慎轉為宏觀審慎。見 Janet Yellen, Radcliffe Day Address。

而時時盯著天上的人不會；來自難以擺脫困境或人口過度擁擠地區的人不會；有小孩的人不會。在某些文化裡，誠如後面會提到的，人往往隨著自己越來越富裕而越來越個人主義，而且人喜歡自比為有權有勢者。

除此之外，美國人於冷戰時期把所有集體主義的東西都汙名化。在歐洲，尤其是在英格蘭，較傳統的作風老早就被認為與啟蒙時代前的歷史密切相關，而在美國，它們同樣已被認為與外來移民若要變成道地美國人，就得拋棄的老習慣密切相關。但美國與蘇聯的權力鬥爭，加劇了美國人對互賴性的排斥，卻沒想過只有極少部分互賴之人才真的屬於蘇聯陣營。互賴自我成為喪失人性的「他者」，是對極權主義萬般提防的西方所必須抵禦的對象。[14]

後面會對此有更詳細的說明。眼下，只要體認到在這一遭政治化的觀點裡互賴者不具主動性，只要想到遭遇種種與己不同情況之人，已發展出不同的社會策略，而且那些策略有時走偏，就夠了（附帶一提，美國人的社會策略有時亦走偏了。看看麥卡錫對共黨人士的獵巫行徑就可了解）。靈活自我是機器人、複製人，乃至怪物消化後的產物；如果赤色威脅是一九五八年科幻電影《幽浮魔點》（*The Blob*）中把個體吞噬並分解的果凍怪物，集體主義者就是已失去個體性，已變成一團膠質而無法辨識的東西。他們已不再是人——我們也可能淪落至此，如果讓他們來接管世界的話。

「尋找兩種文化的相似之處」

互賴者之所以往往不這樣認定自己，還出於一個原因。那就是由於他們傾向於尋找一種模式或型態，他們如我們先前所提過的往往抹除差異。例如，王安博士——在中國出生的王安實驗室創辦人，具原創性、進取心和明顯非機器人性格的高科技先驅，他淡化西方人所不會想要淡化的差異。例如，寫到一九四五年從中國來到美國，就讀麻省理工學院研究所時：

> 我說我抵達美國時並未遭遇文化衝擊，但別人一直不相信。人們堅持認為那些使美國有別於中國的東西，如富裕、人、乃至食物等肯定令我無所適從。但事實並非如此。我尋找兩種文化的相似之處……老實說，美國在我看來似乎頗似中國。

此一淡化差異的行為，有助於在脆弱時期減輕格格不入之感，從而很可能強化了王安博

14 心理學家黑澤爾．馬庫斯和北山忍在一九九一年就此主題寫了觀點新穎且影響了後來研究的文章，而他們在此文章中以「獨立」和「互賴」取代「個人主義」、「集體主義」這兩個較老的字眼，原因之一就是集體主義遭汙名化。

士的韌性，一如在許多靈活自我者身上所產生的作用。但那也使互賴者較不可能自認有別於主流文化。

西方和其他

不過，世上大部分人，或許多達八成五的人，行事比較像王安博士，而比較不像美國的個人主義者。當然人有百百種，各地區之間也有差異。例如，從土耳其向西橫越歐洲，越往西，個人主義通常就越強，但法國、西班牙、愛爾蘭之類向來信仰天主教的國家，集體主義性格往往較濃。[15]在南美洲、非洲、南歐和東歐、中東、亞洲，我們看到集體主義的盛行，但也找到許多例外狀況——看看亞美尼亞國和日本北海道之類被集體主義地方包圍的個人主義孤地。紐西蘭、澳洲這兩座大島偏向個人主義，但它們周遭的小島都不是如此。

此外，一國之內有程度上的差異。北義大利比南義大利更個人主義，華北比華南更個人主義。就連在個人主義惡名遠播的美國境內，我們都發現在阿拉斯加、西海岸、洛磯山脈，個人主義程度超高，但在西北部稍低，在南部、中西部、夏威夷又更低。此外，許多次文化團體的成員，互賴性格濃厚，包括印第安人、阿米希人、海軍陸戰隊員、新英格蘭愛國者（美式足球隊）、消防隊、正統猶太人、上教堂作禮拜的非裔美國人、勞動階級成員、許多少數族群的成員、小鎮居民、父母等。

你或許覺得扣掉這些人之後，剩下的人已不多。不過，大部分美國人不假思索就認定「個人對抗社會」的思惟是自身文化的基本組成部分之一，因此幾乎無法相信有人不是這樣的人。他們也不假思索就認可個人主義對獨一無二、真實不偽的看重，對個人發言權的看重。這牢牢嵌入他們從學校到政府的種種社會體制裡。而且若沒有因材施教式的教導，沒有具個人特色的菜單，沒有配合個人特性的健身鍛練，美國會是什麼模樣？沒有個人經歷，任何故事都不完整；我們往往愛區分差異，因而不由得會去找出某個人的獨一無二之處。例如，想想二〇〇一年《紐約時報》連續數日刊載的九一一恐攻受害者的生平，就會看出在美國文化裡，對於緬懷每個受害者的神聖獨特性一事有多看重。而這是自然生成的嗎？

15 社會學研究者會想起，一八九七年埃米爾．涂爾幹針對新教國家自殺率為何高於天主教國家所作的調查。

起源

美國人一般如此認為，儘管事實上我們所珍視的個人主義，一如其他任何主義，就只是個主義。拜不久後我們就會談到的諸多特殊因素，個人主義的盛行在當今美國達到前所未見的高水平。但個人主義始於希臘家庭，希臘家庭雖是希臘人生活的中心，卻是從一開始就各家在各家的壁爐邊拜神。早期的希臘、羅馬法律也規定建築與建築間要保持若干距離，這些古人喜歡人我分際。此外，許多古希臘人是如果不主動積極就會挨餓，但只要主動到新水域或新市場闖天下必會獲利的漁民和商人；由於形形色色的人聚集於雅典這個包容多族群的大城[16]，人們必須能向陌生人說明他們如何看待事物並表達自己的心聲。

至於結果如何，我們在柏拉圖筆下，看見蘇格拉底談他體驗到「熟悉的神聖徵兆」一說中，有個初萌發的酪梨巨核自我。蘇格拉底說，這個神聖徵兆「始於小時候，自那之後一直跟著我，那是某種聲音，而每次我聽到那聲音，它都打消我本打算做某事的念頭，但從未督促我有所行動」。這個聲音被認為與他的特殊內在本質密切相關，後來，在古羅馬時期 genius 這個詞開始具有現今該詞的意涵「天賦、天才」之時，也被認為與他的個人「守護靈」（genius）密切相關。而那也是我們現代人眼中與他大無畏質問他人與事物的勇氣密切相關的聲音，與我們所認定自己內在有個神聖靈光的傾向密切相關的聲音。

那其實更接近於良心不安的聲音？可能是。許多人認為古希臘人是了不起的個人主義者，但他們其實只是了不起的「原型」個人主義者；他們若見識到個人主義，大概會驚駭不已。就連《伊利亞德》、《奧德賽》史詩中的偉大英雄，都不會讓他們的酪梨核自我的力量凌駕諸神力量，而就伯里克利（Pericles）當政時的希臘人來說，社會的基本組成單元不是個人，而是城邦，因為那是他們所能想到能夠靠己力存活的最小單元。

那麼我們如何從那裡推演出我們今日西方以個人為基本單元（不只能自立而且應自立的單元）的觀念？那經過一長串發展而達成，包括一神教、猶太-基督教、文藝復興、啟蒙運動、宗教改革、浪漫主義，當然還有市場經濟的興起。一如所有這類發展，這一演進過程時斷時續，而且有不少偶然性在其中。例如，作家賈德·戴蒙（Jared Diamond）已證實，歐亞大陸的連

16　在這方面，在雅典的生活大不同於在斯巴達的生活。希臘史學家修昔提底斯認為伯羅奔尼撒戰爭肇因於一個事實：斯巴達人是有著肥沃內陸土地的農民，他們必須保衛該土地，而且肥沃土地催生出會被我們認定為高度互賴性的窮兵黷武文化。而雅典是個港口城市，有著形形色色來自各地的人，從而催生出辯論文化。

綿不斷，不只助長牲畜與作物的傳播，也助長技術與社會行為的傳播。[17]然後，有一些小因素，例如馬頸圈的問世和犁田所帶來的生產力提升；複式記賬的問世，使做生意條理化；就連黑死病都起了令人悚然心驚的作用，因為許多勞動者喪命，使未被黑死病奪走性命者的實際工資上漲，使他們從而得以積累大筆資本，為資本主義創造了有利條件。

工業革命也帶來改變，不只催生出隆隆行駛大地的火車，還推動了德國社會學家費迪南・特尼厄斯（Ferdinand Tönnies）所謂的「法理社會」（Gesellschaft），即現代的、工業的、流動的社會。這種社會越來越取代較老式、務農的「禮俗社會」（Gemeinschaft）。在「禮俗社會」，人人彼此認識，如果你在學校裡做了什麼錯事，還沒回到家，你母親就已知情。這些新社會孕育出適合新經濟秩序的人——即能毅然決然離開家人的勞動者，透過工作來界定自己身分的勞動者。西方文化也越來越助長使這些流動勞動者得以應付精神壓力的某種實體環境：例如，維吉尼亞大學心理學家大石茂弘（Shigehiro Oishi）已證實，一國居民的流動性越大，該國可能擁有的超級商場就越大，這類商場提供了到處走動的人所需的拴繩。

這些商場體現了我們文化裡最糟糕的成分，是個禍害？暫且不論這個。也許有人會說因為有這些基礎設施和其他東西，個人主義目前在美國國內和國外都聲勢日盛，正乘著資本主義、財富和現代化的翅膀高飛。[18]但這真的是條正道嗎？美式個人主義真的是世上每個人必然邁向的終點嗎？

---

17 共同的緯度造就一樣的季節周期和一樣的日長。相較於被一道長長的縱貫山脈分割的南美洲之類大陸，這使歐亞大陸享有優勢。

18 個人主義與經濟發展攜手並進之說，人稱「現代化理論」。

四、亞洲弔詭

或許是，也或許不是。因為抗拒個人主義的，不只美國的印第安人、海軍陸戰隊員、中西部居民：東亞人亦然。誠如在芝加哥大學布斯商學院教授湯瑪斯・塔爾海姆所製的圖表裡所會看到的，國家的確隨著更加富裕而更加深個人主義。日本、韓國、新加坡、香港的人均國內生產毛額如今高出歐盟許多國家，但我們卻發現一個「東亞弔詭」。沒錯，東亞諸國已變得較個人主義，在某些情況裡，個人主義程度更是大增。例如，作家戴博拉・法洛斯（Deborah Fallows）描述了她在中國大陸上漢語課的一個情景。當時，老師問學生相信什麼，輪到法洛斯回答時，她反問台上的年輕老師相信什麼。結果，老師以有力語氣回答**「我信我自己」**，這可是幾十年前在中國沒人會說的話。而在其著作《野心年代》（*Age of Ambition*）中，作家埃文・奧斯諾斯（Evan Osnos）詳述了一九七八年市場改革後中國人的創業精神重新爆發的現象。

不過，有時，巨核自我的目標，卻是透過明顯靈活自我的方式來達成[19]，一如次頁那張圖表裡的不規則四邊形所表明的，在東亞，互賴性並未消失。這不是過去的那種互賴。以日本為例，如果你以為日本是個自古以來始終講究顧全大我、犧牲自己的國度，是一種充斥著溫

東亞弔詭——日本、韓國、台灣、新加坡、香港

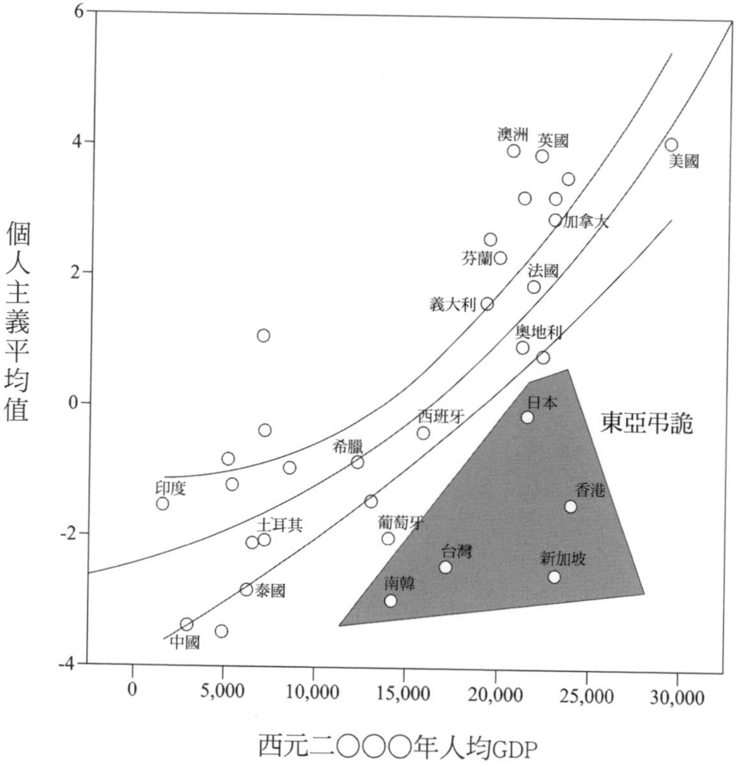

順的藝妓與絕對服從命令的神風特攻隊員的主題樂園，那就大錯特錯。不妨看看興建成田機場一事所引發的龐大抗爭：

農民和好戰分子建造堡壘、高塔、地堡和地道，以阻止土地清理、房屋夷平、墓地清除、道路和設施建造。主要的暴力活動，在一九七八年最後一場大規模對抗後結束。就在第一階段的機場設施即將啟用時，好戰分子衝進控制塔台，切斷主要纜線，搗毀值錢的電子設備。

日本的離婚率（個人主義指標之一）自一九六〇年以來已增加了兩倍，如今因為結婚人數變少，成長率才變緩。如今甚至有些日本人說，若要在參加重要的商務會議和探望垂死的父母間擇一，他們會選擇前者。

但在此同時，無條件的愛父母、夫妻關係、社會和諧仍然受看重。根據科廷大學（Curtin University）心理學家濱村武（Takeshi Hamamura）二〇一二年所做的調查，社會義務受看重的程度提高；對個人權利的尊重則降低。此外，就年輕人來說，比以往更重靈活自我那種苦學苦幹的精神，而在某些個人主義測試裡，日本人的回覆呈現很有趣的複雜面貌。

送筆調查

以「送筆調查」這項權威性研究為例。加州大學聖塔芭芭拉分校的心理學家金熙貞，按照這項簡單實驗的最早作法，在舊金山機場請人回答一份問卷。填完問卷後，即送一枝筆作為謝禮，並拿出一組筆給對方挑選。這組筆包括四枝橘色筆和一枝綠色筆。填卷者的選擇，明顯反映出文化的差異：具有個人主義背景者一般選擇獨一無二的那枝筆，而具有互賴背景者一般選擇較普通的筆；即使把顏色調換，變成四枝綠筆、一枝橘筆，亦然。在此應可指出一點，即在這項調查裡，一如在我們會談到的所有調查裡，並非所有美國人都可歸類為個人主義者。例如，誠如美國西北大學凱洛管理學院（Kellogg School of Management）心理學家妮可·史蒂芬斯（Nicole Stephens）所證實的，中產階級美國人往往偏愛獨一無二的筆，勞動階級美國人（較互賴的群體）往往偏愛較普通的筆。

---

19 我們也看到相反的情況。例如巨核自我會採納正念之類的佛教觀念，抱持著實現真實自我這個個人主義色彩鮮明的目標。

但同樣耐人尋味的，北海道大學心理學家山岸俊男（Toshio Yamagishi）和其同事，在作法大同小異的此類實驗中請日本受測者挑筆，結果他們也挑顏色居多的那類筆，除非他們知道自己是最後挑筆的人。如果他們知道別人不會因為他們挑了那枝特殊的筆而無緣得到該筆，他們挑選該筆的機率就和美國人一樣高。換句話說，他們的個人主義是某種條件性的或顧及他人的個人主義。他們的確看重與眾不同，但那不是他們唯一看重的事。但如果告知受測者挑了那枝獨一無二的筆之後，別人就沒機會得到該筆，美國人也會挑顏色居多的那類筆。他們預設的假設，乃是他們不必顧慮到他人。心理學家米娜・席勉（Mina Shimian）、朴熙珍（Heejung Park）、派翠西亞・格林費爾德（Patricia Greenfield）也已發現，許多日本母親還繼續與幼兒睡在一塊（而非讓孩子睡在另一個房間），即使這與現代生活相牴觸亦然。

稻米文化的影響

這些矛盾是怎麼一回事？這個特別頑強的亞洲靈活自我來自何處？由我們對某些促成個人主義的因素所做的概述可看出，這沒有答案。但有個線索存在於塔爾海姆的著作裡，該著作闡明一如貿易和打獵會助長巨核自我，某些作物（尤其是稻米）的種植也助長靈活自我。[20]

事實上，所有農業都助長靈活自我。但適用於整個農業的道理，在種稻一事上更為真切，因為稻子長在水田裡。凡是遊歷過亞洲的人都見過稻農彎身在田裡工作的情景，他們似乎一直彎著身。那是因為稻田，一如所有田地，需要犁地、除草、施肥，然後才能插秧。稻子成熟後，也一如許多作物，必須收割、乾燥、打穀。但種稻還需要靠人工將秧苗一個個從秧田移植到水稻田裡，而為了讓田裡的水平均分布，水稻田必須保持水平，於是而有費心整治出的梯田。梯田的整地工程很費工夫，因為整個稻田的水位高低差不能超過五公分。此外，梯田往往經過精心設計，以使打入最上層稻田的水，會在精心設計的控制閘協助下，流入下方每一階稻田，並在注滿到正確水位後溢出，流入下一階稻田。

建造和維護這一切所需的勞動力高得驚人。至於如今仍明顯可見的亞洲工作倫理，是否與文化對種稻所需之高度強調勞動有關係，答案是「沒錯」。順應客觀環境來工作的互賴傾向，即不對抗地形，而是觀察、塑造、調整客觀環境，以使灌溉水依照其應有的方式自然流動，

---

20 至少還有個因素，即語言學家所謂的代名詞省略。在中文之類語言裡，可見到這種省略代名詞的傾向。這類語言習慣往往強化某些種看待世界的方式——就此處的例子來說，就是不強調行動者這種集體主義作風。見 Y. Kashima and E. S. Kashima。

這也與此有關。事實上，由於種稻非常費工，整個種稻華南區的互賴性，比種小麥華北區要高出不少——小麥這種作物可由一家人或個人種植。誠如次頁圖表中所見，來自隔著長江相望的邊界縣的人，其感知測試成績會因所屬縣分種稻或種小麥而有很大不同。由這張圖表也可看出，大體來講種稻與整體觀照有很強的關聯性，而且誠如圓圈的大小所示，離婚是個人主義指標之一。

湯瑪斯・塔爾海姆在中國某家星巴克店裡擺放椅子以測試顧客行為。

在現今可見於中國各地的星巴克咖啡店裡，也可看到種稻與互賴性兩者的密切關聯。在某份調查中，塔爾海姆在數家店裡把某些椅子擺成幾乎擋住走道。誠如在照片裡所見，椅子擺成這樣頗叫人困擾，但他發現在華南廣州市裡，只有三%的中國顧客把椅子搬開以便通行。而叫人有點驚訝的，香港人也傾向於不移動

生產稻米省分與整體觀照導向的關聯

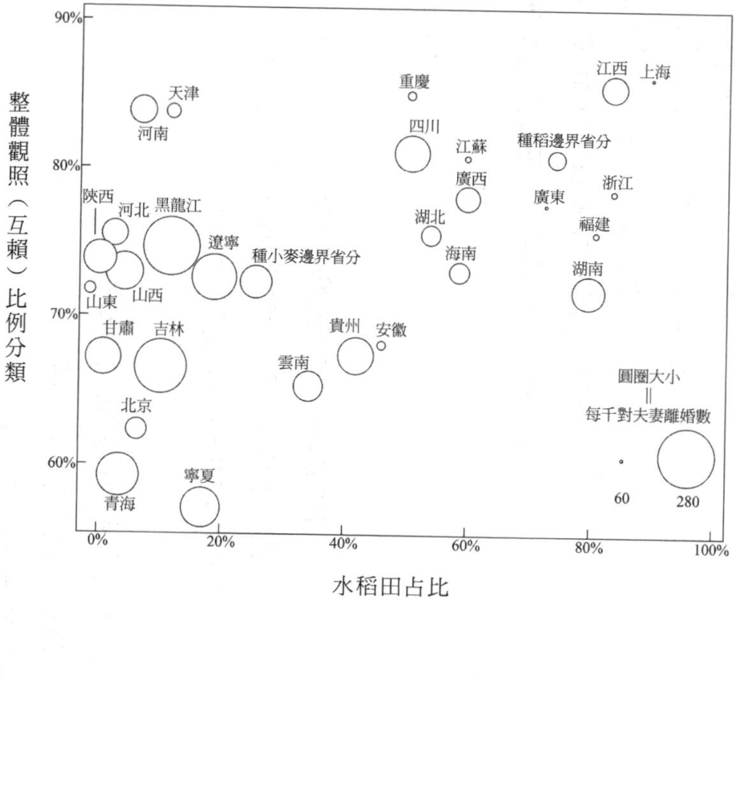

這些椅子。曾受英國殖民統治的香港人長期受到西方、資本主義兩者的個人主義化影響，卻只有四％的香港人搬開椅子。同樣耐人尋味的，在迅速現代化的上海，不到二％的顧客這麼做。反之，在北京這個屬於種麥文化圈的北方城市，卻有整整兩成的顧客搬開椅子，其中某些人這麼做時的姿態還頗為咄咄逼人。

這意味著華南人消極被動嗎？不。但身為整體觀照者，他們往往不把焦點擺在面前的東西（椅子）上，而是擺在如同水稻田的咖啡店這個整個場所上。此外，他們似乎自認為有點像水要克服的難題是如何順應地形來行事——如何走到櫃台，然後從那裡，拿著咖啡，離開店。

互賴性在其他地方持續存在

互賴性的持續存在，還有別的原因？沒錯。除了亞洲，還持續存在於別的地方？答對了。以法國為例，一如許多擁有天主教傳統的國家，其互賴程度即使不如大部分亞洲國家那麼高，往往仍比美國還高。於是，我們發現只有〇．五％的法國學童被診斷出注意力不足／過動症，而有超過九％的美國學童被「發現」有注意力不足／過動症。這是因為美國精神科醫生把這些症狀視為孩童的酪梨大核所致，而法國的精神科醫生則往往把同樣的症狀視為孩童所處環境所致。也就是說：

在美國，兒童精神科醫生認為注意力不足／過動症是肇因於生物性因素的生物性疾病，他們偏愛的治療方法，是施用中樞神經興奮劑，也就是生物性療法。另一方面，法國的兒童精神科醫生……偏愛尋找造成兒童不適的潛在原因——不在兒童的腦子裡，而在兒童所處的社會環境裡。然後他們選擇用精神治療法或家庭諮商治療潛在的社會環境問題。

人權

互賴性的持續存在，不只造成注意力不足／過動症的治療方式差異，還造成人權觀方面的差異。我們所認定重要的酪梨核或環境往往成為某症狀的「起因」和因此需要治療的東西，也往往成為我們希望其可以自由發展的東西。

例如，中國大陸政府認為讓其「大草原」（即其經濟和社會）不受約束的盡情發展才是緊要，從而認為人民享有溫飽生活的集體權利，才是他們的「人權」。這不是今日才有的看法。事實上，誠如哈佛漢學家裴宜理（Elizabeth Perry）所闡明的，這個看法源於孟子。因此，照中國自己的看法，政府逮捕異議人士或鎮壓民眾抗議並未侵犯人權，反倒是在維護人權，使其不受自我中心的個人損害——而且這麼做時往往出以非常靈活自我的作風。加州大學洛杉磯分校社會學家李靜君（Ching Kwan Lee），耐人尋味的描述了中國政府官員對付鎖定汙染或勞資或土地爭議之類非關政治之問題的抗議者時，如何祭出不只涉及抗議者本人、還涉及他們家人的「冗長討論」，且試圖教他們認識他們的「權利」。這些權利不是不可分割、天經地義的個人權利，而是政府給予的權利（這些作為讓人想起毛澤東時代所謂的「做群眾工作」），因此官員好心解釋：「如果照規則辦事，不拘泥於法條，你能享有一些實用的權利。」他們也努力拉攏抗議人士，「有時賄賂他們或吸收他們當日後的線民」，同時他們也努力「維持某種程度的不穩定，因為只有存在抗議人士，他們才能更上層樓，要求更大筆經費或順理成章升官。於是，官員在抗議人士協助下仕途得意」。

簡而言之，這「不是讓雙方陷入明顯水火不容、『支配 vs. 抵抗』模式的零合遊戲」，反倒是類似大草原的靈活體系，有許多錯綜複雜互動和模糊的界線。[21]

反之，美國人認為讓個人的酪梨核不受約束的發展、表達自我看法、決定自身命運，才是真正要緊的事，於是認為言論自由是人權，遷徙自由、集會自由等多種自由亦然。進一步認為這些個人權利至高無上，即使它們侵犯了政府所認為符合公益的事物時亦然。至於如何保護這些權利？則需採取強有力、毫不含糊、堅持對抗到底的立場。

《查理週刊》

可想而知，這種想法不只令中國人困惑，也令其他許多互賴者困惑。例如，二〇一五年一群伊斯蘭恐怖分子殺害十二名巴黎人時，我正好在上海教書。恐怖分子為報復巴黎《查理週刊》（*Charlie Hebdo*）刊登諷刺先知穆罕默德的漫畫而行凶，喪命者大部分是該雜誌職員。我的學生除了來自中國，還有來自智利、斯里蘭卡、摩洛哥、波蘭、前東德、祕魯、新加坡等國家，因此我有機會聽到許多非美國人對此悲劇的看法。而令人欣慰的，我的學生都堅決譴責所有恐怖主義行徑。

但也沒有人認為該雜誌做得對。許多西方人認為漫畫家表達其酪梨核的權力比穆斯林的傳統和信仰還要神聖不可侵犯，但我學生的看法大多與這些西方人相反，甚至根本無法理解為何西歐人和美國人不是單單只譴責暴力就好，卻偏偏還要堅持捍衛這些愚蠢幼稚的漫畫。這怎麼會是有原則的立場？美國人的反應，在他們看來，似乎太任性。

21 這個體系也可能為抗議人士所用，因為基層官員會替抗議領袖找工作機會，或如果供水或設立新學校是紛擾的根源的話，基層官員會花錢搞定這類事。

而新加坡籍的聯合國前安理會主席馬凱碩（Kishore Mahbubani）若得知我學生的看法，很可能會表示認同，因為他曾多次猛烈抨擊西方人過度執著於言論自由。他說，甚至不只穆斯林對此事抱持這樣的看法，大體上講，開發中國家都如此認為：

（開發中國家）就像又餓又病的乘客，擠在一艘人滿為患且漏水的船上，而且船就要漂進險惡水域，屆時他們之中許多人會丟掉性命。船長往往嚴厲，雖有時相當嚴厲，但有時不是。河岸上站著一票富有、吃得好且好心的旁觀者。這些旁觀者一看到一名乘客遭鞭打或囚禁，乃至被剝奪說話權利，就登船干預，保護乘客不受船長傷害。但那些乘客還是又餓又病。他們一想游到岸上，投入他們恩人懷裡，就遭二話不說的送回船上，結果他們主要的苦難絲毫未減。這絕非抽象的比喻，而且正是（比如）海地人的感受。

海地人對於美國人濫用個人主義評斷事物的作風，看得比美國人還透澈？美國人真的把言論自由看得比他們的死活還重要？某些穆斯林真的也認為美國人最在乎酪梨核？在此我無意表示反人權，我只是想有助於我們了解西方人所視為神聖不可侵犯的東西，有許多源於個人主義的、獨立的巨核自我，而這種自我有時會與支配世上其他地方（包括亞洲）的靈活自我相牴觸。

第二部　靈活自我

五、何謂靈活自我？

究竟什麼是靈活自我？

它不是依賴性或互累性（codependent）的自我。對許多美國人來說，一想到「互賴的」（interdependent）和「集體主義的」這兩個字眼，腦海裡就會浮現連體嬰般一模一樣之人——搞不清楚自己晚餐想吃什麼之人，或無法透過不同的旅行計畫與你在另一個城市碰頭的人。而這樣的聯想大謬不然。

至於為何會有一些人被弄糊塗，部分癥結出於語義。談到自我時，「獨立的」一詞意味著專注於目標和看重自我實現、自決，也就是把重點擺在自己的酪梨自我上，但「獨立的」一詞也具有「能在沒有外力援助下行動」這個日常意涵。同樣的，「互賴的」也兼具較專業和較日常的意涵。一方面，它意指專注於環境且看重為大我服務的一種自我。另一方面，這個詞被當成形容詞使用，意指「互相連接的」或「網絡式的」。

這些多重意涵催生出數個看似言之成理但其實帶來誤解的陳述。以「獨立之人獨立自主行動」這個陳述為例。獨立之人的確獨立自主行動，但如果我們想起天安門廣場那位攔住坦克的男子，我們就會理解到互賴之人也能獨立自主行動。或者，再看看「我們的互賴世界需要互賴的思想家？」這個陳述。沒錯，我們的互賴世界的確需要互賴的思想家，但我們的互賴世界也會需要獨立的思想家。

此外，互賴之人往往被視為「群體導向的」，而且互賴之人有時真的是格外能襄助大業的共事者。但互賴之人有時也關注自身，更甚於關注他人或社會。只要細思儒家或佛教之類的互賴性思想體系，就能理解靈活自我往往從事修身養性、克己復禮、完善自我之事，而且那往往造成離群索居。

那麼這和巨核自我的小我至上有何差異？答案是靈活自我執著於根本上源於自身之外而非自身之內的理想。這些理想可以內在化，而且靈活自我能在這些理想遭遇來自外群體的挑戰時，突然展現其完全沒有彈性的執著。但靈活自我所必須忠實以對的，不是「個人的自我」，而是家庭、美國南部各州、國家、希波克拉底誓言之類東西，是巴哈的精神，或軍人信條。靈活自我最終是某個大業或某個偉大建制或偉大傳統的一分子，而且矢志維護此大業或建制或傳統，使其永續長存。

靈活自我的腳本

靈活自我的腳本始於感恩。超級個人主義的史蒂夫．賈伯斯，第一天到里德學院（Reed College）時，不准養父母陪他一起進校園，以便他能以無父無母的姿態呈現自己。「我想讓自己像個搭火車在國內到處流浪，剛從鳥不生蛋的地方過來的孤兒，沒有根，沒有人脈，沒有背景。」他說——而中國人，與他完全不同，向來被教導父母恩情深似海，永遠無法回報。於是，中國人常從本分、義務、榮譽、自我犧牲的角度思考；其他許多互賴之人亦是如此。作家阿南德．吉里達拉達斯（Anand Giridharadas）回憶，有位孟加拉裔移民驚愕於：

竟有人問我，「你們國家的母親節是哪天？」每天都是母親節。我不是一年只打給我媽一次電話或送禮給（我父母）。我每天打電話給他們。每次我打電話過去，都說：「你們有缺什麼？缺不缺錢？有缺什麼東西？有什麼是我在這裡能幫你們做的？」因為身為人子，一如伊斯蘭教義所訓示的，我應該每天擦拭我父母的腳，以讓他們知道我對父母、對他們生下我、把我帶到世上的感謝、感恩之情。

當然，並非只有亞洲小孩才會覺得盡義務的首要對象不是自己。例如，當一個人飛撲到巴士前面救小孩時，那就是靈活自我的感覺——我的確就這麼覺得。緬懷溫泉關戰役斯巴達軍人之英勇的著名墓誌銘：

行經的路人，去告訴斯巴達人
我們遵守他們的律法，長眠在這裡

其字裡行間流露的情感，就明顯是互賴式的情感。前美國總統約翰·甘迺迪的名言，「別問國家能為你做什麼，問你能為國家做什麼」，其背後的情感也是互賴的。而這句名言也提醒人們，直到相當晚近時，美國的個人主義程度還不像今日那麼高。事實上，尤其是經歷過二次大戰的那一代人，不需要別人提醒，就知道以下道理：許多人丟掉性命，如今我們才得以享有自由，我們都受到他們莫大的恩惠。二戰的倖存者，互賴程度遠比今日一般美國人高，事實上，他們比較類似許多歸化入籍的美國人，而比較不像美國主流大眾。

靈活自我會說出「但國家能為我做什麼？」或「真希望不必每天打電話給父母」或「我真的不知道代姊妹接受訪談妥不妥當」之類的話嗎？會。他們也不會為了十足利他的理由壓抑自己的想法；互賴之人終究不是聖人。例如，有些互賴之人會評量群體成員所帶來的利弊或維持群體的界限，以除掉軟弱的成員或窮親戚。

但互賴文化終究造福他們。佛教徒找到心境的平和；四重奏樂團獲致超凡入聖的演出；家庭找到安穩的生活。靈活自我的人生，予人基本的方向感、人生意義、人生的完整感。這會不會讓人覺得人生乏味？會。但我們或許也注意到吉里達拉達斯口中那位名叫萊斯（Rais）的孟加拉裔移民，為沒有人脈可依賴的土生土長美國人感到非常難過。他說，有些小事令他印象深刻，例如某個工作同事的困境：

（他）想租輛車，但訴苦說找不到人與他合簽協議書。萊斯搞不懂：「我覺得他們怎會沒有家人，沒有爸爸，沒有叔伯？」如果連定居美國不久的人都有朋友願意替他在租賃書上簽名，已在這裡住了那麼多年的人怎麼沒有這樣的熟人？萊斯看到他的多位同事得求人載他們一程，或在汗流浹背的熱天裡走大馬路上下班，不了解為何他們的家人不接送他們。

這也是在阿富汗出生的美國人帕維茲・亞伯拉哈米尼（Parwiz Abrahamini）肯定有的感想。他的家人已不再像他小時候那樣一起送《西雅圖時報》或囤積二手汽車零件以便轉賣；如今，帕維茲是索羅斯基金會研究員，擁有耶魯大學的 MD/PhD 博士學位。但他回憶，有人向他索取大頭照時，他交上一張他與父母的合照。即使到現在，他父母發現他碰上困難時，都會主動幫他處理幻燈片。「但他們兩人都沒有科學背景，因此我得在短時間內教他們認識基本原理。」帕維茲說。但他這麼做了，而且他們非常用心投入這項新工作，表現出靈活自我者在此情境下的一貫作為。這有什麼大不了的？他們樂於協助，非常清楚人活著就是要一再調整。

納迪爾·亞伯拉哈米尼和娜斐莎·亞伯拉哈米尼 (Nadir and Nafisa Abrahimi) 在耶魯大學。

較有人情味？

他們的處世態度，乃是在巨核自我身上難以找到的柔軟性。例如，我最近一次巡迴打書時，在加州帕薩迪納和一個專職辦書店活動的人聊了起來。那人跟我講了她帶女兒到印度的事。她說她非常愛她的女兒，但母女倆對如何在跑完一天行程後放鬆心情有歧見，於是她訂了兩間飯店房間，而她覺得這麼做似乎很正常。或許有點浪費，但不算太浪費，而且有何不可？如果那是她們兩人都需要的安排？

但她的印度導遊驚呆了。一母一女，各睡一間！對他來說，那實在無法想像。她說，到了旅程結束時，她開始理解為何他這麼覺得。她記得與某個印度家庭住在一塊時，看到他們彼此相處非常輕鬆自在，那種自然而然的親密和溫馨，令她豔羨。她還記得那趟旅程途中，她打算去某個神廟獨自度過一夜之事。她女兒和其他人對這沒興趣，想在其他地方過夜，但她不為所動。她說，因為她就是那樣給養大的——不受他人左右自主行事，勇敢去追求，清楚說明她所看重的事。

但接著她突然領會到她不是非那樣不可，突然理解到她已經完全長大，老早就已證明她非常獨立。於是她最後和女兒、其他人一起過夜，很高興自己這麼做，從印度回來後，她覺得自己變了個人，變成對美國個人主義的論點有種種疑問的一個人。

我無意把印度說成「親密人際關係」方面失落已久的香格里拉。印度出生的天文學家阿爾瓊．戴伊（Arjun Dey），其父母分屬不同種姓，而像他這樣的人，大部分記得自己在母國時與周遭格格不入的感覺；後來搬到舊金山，他才真的覺得活得舒適自在。另一個友人提醒道，勿把亞洲家庭浪漫化。最凶險的敵人，有時就是你最親密的人。此外，誠如又一位朋友指出的，個人主義者有時會覺得靈活自我的親密人際關係十分離譜。她曾為她印度裔男友的母親不敲門就走進她房間，感到非常困惑。

但，靈活自我的生活較有人情味嗎？

史丹福大學人類學家坦雅．盧爾曼（Tanya Luhrmann）和她同事，在加州、迦納、印度訪談了思覺失調症患者，發現美國的此類患者往往把他們所聽到的說話聲描述成侵擾人的、激烈的。有些說話聲要聽到的人做出可怕的事，有個病患說「例如折磨人，用叉子挖出自己的眼睛，或砍斷別人的頭，喝他們的血，讓人非常作嘔的事」。反之，集體主義性格較濃的印度人和非洲人，常把他們所聽到的說話聲視為幽靈或朋友或家人所發出。這些說話聲斥責他們，要他們做某些事，給他們意見。這些話語甚至是鬧著玩或逗人開心的；誠如某位受訪者一臉欣喜解釋：「我有個伴可以講話……不必出去就能和人講話。我能在自己心裡講話！」

有個人說：「興奮談到她所聽到的說話聲，活靈活現，好似名人八卦雜誌裡的報導。」

從我在上海街頭漫步時拍的一張照片，也可看出靈活自我與知足的心態有密切關聯。照片呈現某音樂學院外面的告示牌。這也是我們在紐約市林肯中心外面不可能找到的那種告示牌——因為「獨奏者往往孤單／Soloists are often lonley」？「室內樂就是合你的意／Chamber music is just right」？但這個告示牌捕捉到些許我們正在談論的這個自我的獨特之處，因為靈活自我其實有時很像室內樂團團員。重點就是，不管是獨奏者，還是樂團一員，都未如告示牌所寫的「喜愛磅礴氣勢」（enjoys grandiosity）；以及與西方的刻板印象截然相反的，不追求一致。所謂的互賴，就是要發揮感

中國上海某音樂學院外的告示牌。

情和技藝扮演好自己的角色，並且與其他帶著幹勁與敏感演奏的人對話。要實現靈活自我的理想，不只需要和諧，還需要彼此深層的理解。一如室內樂團一員，靈活自我伸出自己的天線，認為他人也會伸出天線，並滿足於天線對天線的真誠交流。

「謝謝」的複雜微妙

追求和諧關係的靈活自我，有時覺得清楚表達謝意之類的舉動很奇怪。例如印度裔美籍作家迪帕克．辛格（Deepak Singh）注意到，用印地語說「謝謝」（dhanyavaad）似乎會讓人覺得很不恰當，以致於說出dhanyavaad一詞有時幾乎帶有諷刺之意。他說，美國層出不窮的「謝謝」（thank you），是他搬到美國時最難學會的東西之一──在他看來，一如在許多外來移民看來，這個詞似乎流於浮濫，不管什麼事，不管碰上什麼人，都要遮上這個詞。他花了數年才習慣隨口說謝謝。但由於這已成為習慣，他發覺他回到印度時常常惹當地人不快。例如：

> 最近一次返鄉，我受邀到叔叔家作客，吃頓晚餐。他對我來說如同父親，在我人生的每個階段教我許多東西，給我建議。我小時候待在他家的時間，在他家吃過的午飯，比在我父

母家還要多。那天，我犯了個錯，竟在告辭之前用英語對他說：「謝謝你邀我來作客。」在脫口而出之後才意會到這句話所代表的意涵。他聽了沒有回應，但我看到他面露不慍之色。他滿心厭惡之情。我連為向他表達感謝之意而道歉都沒辦法。傷害已經造成。

至於這是怎麼一回事，他解釋道：

在印度，人們往往覺得，向人道謝，破壞了你與他們不一般的交情，創造出不該有的拘謹和見外，尤以對方是長輩、親戚或至友時為然。他們或許會以為你要結束彼此相互依賴的關係。

作家戴博拉·法洛斯憶起她的中文教師有次告訴她的話時，話中的意思就和上述看法如出一轍：那位教師說「『好朋友很親，就像你的一部分』，『你為何要跟自己說請或謝謝？那沒道理』」。再回頭想想黑澤爾·馬庫斯的圖表，就會理解要求使用這些詞，逾越了那些實線——對巨核自我來說自我與非我之間那道界線，對靈活自我來說內群體和外群體之間那道界線。

的確靈活自我會說謝謝，但說的次數少了許多。例如，不久前我在中國的一個親戚，安排她丈夫和兒子開車載我從我父親老家回上海——這花掉整整一天的時間，而且她丈夫為此向上班單位請了一天假。我為此向她致謝，結果她立即寫道「那是他們該做的」。一如辛格所指出的，在印度，「謝謝」有時有其特定用途：

我真的聽到我父親向他的同輩說 dhanyavaad，但說得極盡真誠，雙手合十放在胸前，擺出很鄭重的印度教合十禮手勢。他不只是要為了某事感謝某人，還在請求給他機會回報……用印地語說謝謝，比較像是加入一場禮尚往來的交換，創造締結新關係的可能性。簡言之，在印度，說謝謝有時會是邀人跨過內群體—外群體界線的方式，也就是把他們關係拉近的方式。說謝謝就是在提議以虛線取代他們之間的實線，提議開始一場互蒙其利的交換。

反之，在美國，辛格覺得：

說謝謝往往表示交易就此結束，談話就此結束，互動就此結束。就像句末的句點。只有在美國，人們才為他人造訪他們家或參加他們家的派對致上謝意。最初我很驚訝別人明明邀我去他們家作客，卻還感謝我造訪他們家，後來我才知道「感謝光臨寒舍」其實意味著「你該告辭了」。

在此還應該補充一點，那就是在互賴文化裡，被逐出內群體是死刑的一種——鑽研古希臘的學者或許會想起，遭放逐是傷害力多大的懲罰。因此，靈活自我不難理解的對任何讓其感到見外的行為都非常敏感。於是，劃出界線就可能被解讀為「你不是我們群體的一分子」。但辛格作客家的主人所要表達的意思，很可能更像是「我知道你可以選擇要不要來我家，因此我感謝你選擇過來。此外，我尊重你的界線和此時做另一個選擇的自由，那我就不侵犯你的那個自由」。這不是表示要疏遠對方，而是意在讓對方可以自己作主。

黑暗面

所以靈活自我可能是自戀者嗎？或許有人會認為自戀是巨核自我的專利，而在某種程度上，這說法沒錯。理論上，巨核自我不只一心想著要讓自己獨有的潛力得以發揮，還想著要讓每個人獨有的潛力得以發揮，但實際上不難看出，有些巨核自我一心一意只想著自己光榮的酪梨核。但我們或許可以問，靈活自我為何一樣會自戀？答案是靈活自我調整自己以配合他人，有許多出於正當的動機，但出於不正當動機的這類調整卻可能使這類人極度追求身分地位。而那也可能導致對他人死活漠不關心。

更令人不安的，靈活自我群體往往受大權獨攬的人物主宰。就一個村子來說，有村長未必是壞事，但西方人很難不去思索：靈活自我身上是否有什麼東西，使這類自我較容易走上威權主義？至少有一項工程浩大的調查，已就此問題推斷出既是也否的答案。這項調查涵蓋保加利亞、日本、紐西蘭、德國、波蘭、加拿大、美國七國。如果像心理學家鮑伯・阿爾特邁耶（Bob Altemeyer）那樣把侵略性視為威權主義的指標之一，答案就是「否」。某些人「具有某種『法律與秩序』心態，從而認為以憤怒和侵略性行為對付偏離社會規範和習俗之人理所當然」，而這項調查未在集體主義與這類人之間找到任何關聯。調查發現，在保加利亞，靈活自我的「封閉和其與內群體成員的人際關聯」，其實與這類看法相抵觸。

不過，「個人越看重傳統和越尊敬家庭權威，就越傾向於威權主義」，答案就是「是」。許多人講究等級體制的互賴者有時會有威權傾向，但調查發現講究等級體制的獨立者亦然。許多人會喜歡把個人主義和威權主義視為互不相容的油與水，但只有來自波蘭之類後共產主義國家的人認為這說法成立，有人在美國和紐西蘭這兩個個人主義國家裡，找到等級體制導向和威權主義之間的密切關聯。事實上，講究等級體制的巨核自我可能會支持其在某些領域（例如擁槍）具有自決權，儘管同時極力反對其他人在墮胎權之類領域有自決權。

在天安門廣場放風箏

靈活自我關上大門不讓人窺見的東西，外人可能難以一睹其真面目，但往往還是可以偷偷瞥見。例如，有次我在北京天安門廣場上與小孩子一起放風箏。有條線糾結在一塊，我跪下來想把它割斷，卻發現手邊沒小刀，於是拿鑰匙代替，結果管用──這是可喜的一面。令人遺憾的是割斷線，把它重新繫上風箏後，我起身，跟在我開心的女兒後面跑走，幾分鐘後才發現把鑰匙留在地上。就在天安門廣場上！我四處找，越找越心慌。最後，有個賣風箏的小販走過來，問我怎麼回事。我告訴他之後，他告訴我別擔心；的確是，因為才幾分鐘光景，他就把此事告訴另一個小販，那個小販再告訴另一個，如此輾轉相告，最後查出已有人撿走我的鑰匙交給警察。警察把鑰匙鎖在某個偏遠地點，但會把鑰匙帶回廣場，這時已在路上。聽到這消息，我當然非常感激。

但我也滿心驚訝，因為在那不久前我還在和這些小販討價還價，要他們競相殺價，堅稱華裔美國人也是中國人，堅持要他們以賣給本地人的價格賣我。我不知道最後我買到的價格是不是本地人的價格，但看到我這麼難搞，有些小販明顯一臉不悅。

結果，此刻，他們各個熱心助我，一臉微笑；原來他們是願意牽起小紅帽之手的壞壞大野狼。看到我找回鑰匙，一展愁顏，他們非常高興，不願收我小費。最後其中一人說撿到我鑰匙的人，其實是廣場上那個瞎眼男子，一身白的男子，我立即跑過去，手裡揣著數張百元人民幣鈔票，堅持要他收下一些作為答謝。但他也是一逕揮揮手，示意不收，笑著走開。

我最終真的給當成「中國人的一種」得到接納？我不清楚。清楚的是我一時之間跨過了群體界線。我原是個外人；這時我雖然還未完全搞清楚內情，但已打進這個群體，得以知道這群看似彼此競爭、沒什麼組織的小販，其實構成彼此連結、自成一體的關係網，而且警察也是這關係網的一環。他們全都涉入監視工作？很可能。但即使如此，打入他們群體裡，看到裡面的情況有這麼大的不同，還是很高興。那麼多報章雜誌講中國已如何不同於以往，講因為文化大革命和現今無所顧忌的資本主義，中國人的道德觀念已蕩然無存，只剩貪婪和冷漠。但至少就這個例子來說，在猛想從觀光客身上撈錢的背後，發自內心的敦厚仍未消失。

我們真的知道多少？

這一切令人心生一個疑問——我們對互賴生活真的知道多少？本書最後會談到的既獨立且互賴的生活，難以用言語形容。但越是互賴的生活，對許多西方人來說越是難以搞懂。

不過，我們會借助藝術世界，努力弄清楚靈活自我的兩個面向。首先，愛模糊界線的傾向，其次，強調精熟更甚於天賦一事。然後，談到教育，我們會思考另外兩個造成文化困惑的根源，即思考互賴與考試兩者如何密不可分，以及互賴會著重模式或型態到何等程度。這會使我們接著談到互賴自我對訓練的強調，以及東西方在教育哲學方面的差異，特別對亞裔美國人會有怎樣的影響。

六、模糊界線

電影《大紅燈籠高高掛》原著小說作者蘇童和我在上海西北方的南京市辦活動，地點在先鋒書店。這個書店原是地下停車場，還保留著供汽車進出的斜坡道，斜坡道中間還有車道分隔線。但沿著分隔線往裡走，兩邊是一張張擺滿書的桌子。斜坡道盡頭是寬敞大空間，用來闢設平台和相關的座位區綽綽有餘。這個平台高於地板只有一步的距離，沒有劇場舞台那麼大，但比我在書店裡所看過的任何閱讀區都還要大。現場讀者有數百人。我們回答問題超過一個小時。整個活動辦得很成功。

但最後，有些出席的讀者不高興。他們想要我為他們簽名，但現場沒有我寫的書。那麼在蘇童的書上簽名？我當然很驚訝。但我抬頭看著蘇童時，他聳了聳肩。於是一會兒之後我也聳了聳肩，簽名滿足讀者的要求。我有時用英文簽，有時用中文簽，有時兩種都簽，視擁書人的要求而定。該說該做的都搞定之後，書迷各個開心，我們也樂在其中。我告訴蘇童，下次我不只要簽名，還要簽**他的**名字。由他大笑的模樣，我知道我如果真的這麼做，他不會介意，一如要是哪天他簽我的名字，我也不會介意——至於要簽在我的書上還是他的書上，由他決定。

在美國書店，我會這麼做嗎？當然不會。在這同時，身為外來移民的第二代，我也清楚這個潛規則——把身分不當一回事的靈活自我潛規則。畢竟，要忠於自我得花多少工夫！而不必把自己看得太認真，又是何等快意的事。事實上，不必把任何種界定人我分際的界線看得太認真，讓人無比快意。

因為這是用靈活自我所看到的世界。靈活自我之看待種種界線，大體上就和其看待人我的界線一樣，亦即把那看成具彈性、可變動且可穿過的。談模糊界線之事時，往往會心一笑；他們清楚巨核自我可能會把這行為視為不應該。但這有什麼大不了？例如作家伊莉莎白·皮薩尼（Elizabeth Pisani）報導印尼境內的性交易時曾問一名妓女，客人會不會因為聽了清真寺裡的傳道而打消買春念頭。那女孩大笑說：

「怎麼會？」她說。「他們又不是做什麼不該做的事」。她解釋，如果客戶特別虔誠，那人會先花時間辦結婚儀式，再脫光衣服。「然後我們上床辦事，一小時後他與我離婚。」她說，客人遵守宗教法的規定，藉此仍能聲稱自己是個好穆斯林。

傑出日裔美籍生物學家諾米·皮爾斯（Nomi Pierce）和她的姊姊托米（Tomi）長得非常像，一想到讀大學時常被誤認成對方，她也總是開懷大笑。當然，父母替她們取的名字，有意強調兩人從一開始就有的關係，一如許多靈活自我的人被取的名字，具有這樣的考慮。例如，在我最近一部小說《世界與城鎮》（*World and Town*）中，三個女孩分別取名蘇菲、蘇凡、蘇斐普，而現實生活裡就有三個柬埔寨裔美籍姊妹花取這些名字。此外，在美國，移民第二代的命名可能依舊強調這種家族關係：有個柬埔寨裔美籍友人圖奇・范（Tooch Van），不只為他的兩個小孩取西洋名，還用西方偉大領袖富蘭克林、溫斯頓的名字替他們取名。[22]

不對勁的互賴

也有許多模糊界線的事情，讓我們任何人都會不以為然。以政府監督機關與監督對象走得太近這現象為例。在所謂的規制俘虜（regulatory capture，監管者反遭監管對象挾持）的現象中，監督者與監督對象之間的界線原應是實線，卻變成虛線，於是礦物管理局之類本該保護公共利益的機構，反倒開始協助英國石油之類石油公司規避法律。其結果，就是出現類似二〇一〇年深水地平線（Deepwater Horizon）鑽油平台在墨西哥灣外溢石油的災難。

這可以嗎？絕對不行。這類事例清楚說明為何美國教育不斷強調個人主義和隨之必然會有的個人責任。互賴或許是我們每個人的基底，但它也是在西方若要建制運作順利非得靠文

22 西方文化不久前也會強調這種關係，人名包含著「某人之子」的意涵，例如Johnson，即代表John's son（約翰之子）。

化予以修改的東西。

但這意味著所有界線都必須是實線？或者這只是意味著可穿過的界線適合某些領域，但不適合其他領域？無論如何，談到要弄清楚我們可能錯過的東西，包括靈活自我的喜悅和作風，藝術世界反而能幫忙說明。

大芬油畫村

自二〇〇八年經濟衰退起，深圳大芬油畫村的景況已大不如前。但在鼎盛時期，有一千兩百間畫廊擠在不到半平方公里的土地上，到處都有莫內《水蓮》、梵谷《向日葵》、克林姆《吻》的仿作——想要什麼名畫，這裡都能滿足你的要求。藝術家和其助手製作出無以數計的《蒙娜麗莎》、《星空》之類名畫的仿作，一群又一群的觀光客和商人在此來來去去。有些買家肯定把「大芬」為何聽來像「達芬奇」（中國大陸對「達文西」的譯名）的軼聞也帶回家去，官方宣傳品就談到這一點，而它其實不是村，只是個類似紐約市格林威治「村」的城市居住區。買家也意會到當地人如何嘲笑這項「達芬奇」事業，指出大芬聽來也像「大糞」？那又何妨。

大芬人潮已不如以往，其網站仍然讓人嘖嘖稱奇。你可以按風格（寫實主義、印象主義、現代藝術、後印象主義、裝飾藝術）訂購，可以按藝術家（梵谷、莫內、克林姆、畢卡索、雷諾瓦）訂購，可以按大小（特大三十六乘四十吋、大二十四乘三十六吋、正規二十乘二十四吋、中十六乘二十吋）訂購。如此可笑的仿冒名畫，根本不尊重這些作品？

的確是。這種分尺寸大小供人公開選購的商品化行為，令我們覺得十足好笑。「畢卡索，特大！」「要一幅印象主義畫，中的？」就好像在訂披薩。凡是在大學宿舍住過的人，當然都見過以類似尺寸和包裝呈現諸多偉大藝術作品的海報，但這些大芬仿製畫位於海報與原作之間的模糊地帶。一想到竟然有人能維妙維肖複製林布蘭或維梅爾的畫作，讓我們驚嚇不已；傾向個人主義的西方人，自然會因此認為這些複製者人品低劣，認為大芬是個工廠，有一排排機器人在從事無比熟練的活動。

一項展覽

事實上，大芬只是靈活自我生活的一例，那裡的工作人員清楚自己不是「有原創性的藝術家」，但對自己互賴性的自覺程度，大體上和請我在蘇童書上簽名的那些南京讀者一樣低。

香港藝術家梁以瑚清楚這些畫家被視為不具個體性（即使他們並不知道這一點），她尤其清楚女畫家被如此認為，但二〇〇八年時她還是為婦女節構思了名叫「女 x 工」（Woman x Work）的展覽。為此，她請三十位大芬女畫家就同一幅畫各自仿製，希望把這些畫掛在一塊，呈現出它們之間的差異，藉此展現每個畫者獨有的筆法。她深信這會有助於恢復這些畫者的尊嚴和作為人應有的屬性。

於是她請每位畫家親自完成該畫，然後在後面署名。她解釋道，這項展覽意在為她們爭取身為藝術家應有的尊敬，且為表示她個人對她們的敬意，不管她們為此出多高的價碼，她都支付。但結果不如梁以瑚所設想的。例如，誠如加州大學柏克萊分校教授黃韻然（Winnie Won Yin Wong）所說的：

> 有次，梁雇請女藝術家孫雲作畫，並在其中一幅畫上署名。孫雲不負所託，但後來公開承認那不是她所完成的唯一「梁氏」畫作：大芬村另一位畫家找上她，請她代為完成梁所請他畫的作品。孫雲先畫那幅，然後（當然）由另一位畫家在那畫上署名。完成此畫之後，孫雲再畫梁請她畫的那幅畫，並在其上署名。我表示很驚訝，孫雲聽了告訴我，她不覺得這和梁所要求的有何牴觸，因為誠如孫雲所說的，「我們每天都在做這樣的事」。

在另一個例子裡，梁以瑚請某畫家除了親自完成一幅畫，也找另一位女畫家完成另一幅畫，結果這位畫家找自己丈夫畫了第二幅畫。然後，這對夫妻想不出該用什麼女性名字，就用他們九歲女兒的名字在上面署名。

簡而言之，這項展覽未取得預期成果。這些畫家未對自己的獨特畫風得以受到肯定感到特別興奮，還是照她們一貫的作法來對待這項展覽——以不拘泥於成規的、靈活自我的、家庭小工業的方式，找親友一起完成此任務。從中根本看不到巨核自我對身分和自我表達的注重。

據黃韻然的說法，在如何完成客戶所訂畫作上，一般來講這些大芬畫家的作法相當靈活。他們可以獨力完成承製的畫作，或把作畫工作轉包給他人，或找來一些朋友，以工廠組裝線的方式完成此訂單。這工作還是很累人。許多畫家一天工作十或十二小時，一週工作七天，有些畫家能不時更換作畫類型，或在海景畫或寵物肖像畫等專門領域找到自己的一片天，但其他畫家始終在畫同一幅畫或用同一風格作畫。

但即使是一成不變到叫人難以忍受的工作，一般來講，都散發親密的人際關係，而非機器人般冷冰冰的工作狀態。例如，有位大芬畫家告訴黃韻然，他製作四季組畫，由四幅小畫呈現四季情景，前後製出多達一萬組。這數目叫人目瞪口呆，但說到他的方法：

（就是）每次都一組四幅一起畫，用膠布把四幅固定在畫板上，形成一個四宮格。沈一度雇了一名學徒與他輪流作畫，彼此以從上往下、由左往右的方式對著四宮格依序作畫，展現令人驚嘆的團隊合作精神。

在此我們又看到人際界線的模糊，據黃韻然的說法：「這種能如一人般作業的兩人小組，是這個『組裝線』作業的常見作法。」黃韻然使用了「組裝線」這個詞，但這一切與現代組裝線的關係，還不如其與更古老得多且互賴的作法的關係來得大。在後一類作法裡，中國境內藝術家之間的界線常被欣然淡化。

光怪陸離的古人世界

至於淡化到何種程度，我們不妨再回頭小談一下明朝——一六四四年，明朝覆滅，啟發項聖謨繪出第一章談到的那幅朱色自畫像，但這個王朝也產生了沈周和文徵明之類畫家。這些畫家把友誼看得非常重，因此樂於為了濟助貧困的友人，在自己畫作的仿作上落款。甚至在仿作者就是友人的情況下，也願意這麼做。

但這怎麼可能？我們或許會這麼問。朋友仿冒你作品，還算是朋友？仿冒者不是藝術家的敵人，偷走藝術家的靈魂？喬治亞·歐姬芙（Georgia O'Keeffe）或莎莉·曼（Sally Mann）之類美國人和仿冒她作品的人繼續交好，這種事根本是天方夜譚，更別提在仿作上落款，以便仿作以真跡出售。

但就上述例子來說，那些藝術家自覺凡是同業都是自己人，買畫人則不是自己人，雙方處於對立面。畢竟誠如沈周和文徵明所指出的，藝術家窮，買家有錢，也就是說在他們眼中，人我分隔的實線不存在於他們彼此之間，而存在於「藝術家」群體和非藝術家的群體之間。他們兩人之間只隔著頻頻被越過的虛線，而他們之中任何一人與其他畫家之間的分隔線也是虛線。

例如，文徵明完全清楚他的弟子朱郎常常替他「代筆」作畫，再給他落款，有時更代文徵明落款，然後把仿作當真跡賣。而從某個方面看，文徵明在此類畫落款有何不妥，因為這些畫最初就出自他之手。於是，文徵明「真跡」其實是朱朗所繪，但由文徵明落款——這不就是假畫？據說，曾有個金陵人派遣書僮攜帶禮金去朱朗家求購一幅假的文徵明畫，不料，書僮陰差陽錯找上文徵明的家。文徵明收下禮金後對書僮說：「我畫真衡山（文徵明號衡山居士），聊當假子郎（朱朗的字），怎麼樣？」人我分際的模糊程度，由此可見一斑。

這一光怪陸離的世界，或許會令我們想起莎士比亞劇作裡的許多身分把戲，或想起《愛麗絲夢遊仙境》裡的以下情景。有人告訴愛麗絲：

「你很清楚妳不是真的。」

「我是真的！」愛麗絲說，開始哭。

「哭不會使妳更真實，」特威迪說：「沒什麼好哭的。」

「如果我不是真的，」愛麗絲說——還在流淚，但簡直要笑出來，覺得這一切太可笑——「我怎麼會哭。」

「希望妳不要以為那些眼淚是真的？」威特迪插嘴，語氣極為不屑。

但我們在這部小說裡找到的超現實性，在中國作為現實生活的一部分已很久。這必然是騙子？

的確，不無可能。看看武漢那位雷姓假警察超誇張的騙人把戲。他開著安有警笛的車子四處逛，身上帶著手銬和眩暈槍，把自家改造成派出所模樣，還設了訊問室，以便販售假的公安局文件和令狀。再看看另一個案子，廣州美術學院圖書館館長得知館中某些作品是贋品後，竟拿自己臨摹成的假畫調包館中剩下的真跡，結果卻看到那些假畫再被別的假畫調包。誠如他在法庭上陳述的，「我在十年前臨摹、用來調包的字畫又被人調包了。他以為我臨摹的是真的，而且他臨摹得很拙劣，我一看就知道不是我臨摹的」。[23]騙子並非中國獨有。看看最近被揭穿真面目的那位波蘭猶太教拉比。他其實是個天主教徒，當過廚師，「透過聽以色列電台，學到把人唬得一楞一楞的希伯來、猶太祈禱文」。不過，在亞洲這樣的環境，不管是亞洲人，還是非亞洲人，都特別提防會被騙。

我申請赴上海紐約大學任教時，校方為確定我有教學資格，要我證明真的有愛荷華大學寫作班的藝術創作碩士學位。校方費心寫了信給我，說證明文件送到時，會寄給我掃瞄出來的副本，並主動表示如果我還需要原件，會把它歸還給我。我婉拒了這個好意，因為在這之前沒人向我要這類證明文明，在這之後大概也不會有。

---

23 見 Jess Staufenberg。

把名字當兒戲

同時，在亞洲，《紅樓夢》這部中國經典小說問世了，書中構思了一個虛幻的石牌坊，牌坊對聯有如下一句：「假作真時真亦假」。如果我們想知道這一現象的重點是否真是在詐偽，那就看看視客戶需求簽名（或未簽名）的大芬村複製品，它們有時簽了仿作者自己的名字，有時則簽原作者的名字，有時兩者皆簽。這些畫家被要求簽自己名字時，往往也被要求以羅馬拼音簽下，外國人熟悉這個中文拼音系統，但畫家通常不熟悉，於是錯誤百出，到了完全胡扯的程度。此外：

有時（藝術家）被要求不簽上任何名字，還有些時候，他們被要求一定要簽名，簽上什麼名都沒關係……（有個客戶要求）「每幅畫用不同的簽名」。這個客戶未交代要簽什麼名，於是令畫家傷透腦筋，得自行想出數百個名字。然後，有個日本客戶……要求「每個簽名看來一模一樣！」畫家大為惱火，不得不叫一個人專做這工作，這個人開始使用轉印紙，以符合眾多簽名要求。

這根本不把名字當一回事，而且這種把戲出現在許多層面上，於是中國學生取英文名取得那麼乾脆——把那視為某種強行同化的表現，可能令美國的教授困惑，但這些學生卻往往以較兒戲的心態對待。有個學生改名改得太頻繁，惹來他所有朋友的嘲弄，他因此又改了幾次名字。同樣的，我想起在哥斯大黎加，有對美國夫婦因為導遊堅持要他們叫他 Peter 而不開心。他們一再說，「那不可能是你的真名！」但導遊只是大笑，告訴他們如果不喜歡 Peter，可以挑別的名字叫他。

當然，有些文化不把名字當一回事，因為不得不如此。我女兒的阿拉伯語老師易卜拉欣·達赫爾成長於黎巴嫩內戰期間，他說他大姑姑死掉，另一個姑姑誕生時，祖父母就把他們已死那個孩子的出生證明給新生兒用。於是，直到今天，她姑姑證件上的年紀一直比她實際年齡多了兩歲，證件上的名字一直是她姊姊的名字。

西方人對名字很慎重，其他人卻不把名字當一回事。我的美髮師出生於巴西，本來應該叫 Miriam，但因為她父親報戶口時搞錯一個字母，便一直被叫作 Mirian。她本可以將它改過來，但為此得大老遠跑到城的另一邊，嫌麻煩於是作罷。許多中國人也被按照家中排行來叫，於是有長女或次子的叫法。家庭成員的彼此稱謂，體現了彼此的相對關係。例如，不只是泛稱兄弟，而是叫兄或弟；不只是叫祖母，還要清楚交待是外祖母或內祖母。重點是他們在家族裡的角色。

於是，有了龍揚（Long Yang音譯）之類的學生。他出生於中國，就讀波士頓學院四年級。他說他讀《哈利波特》時，從未根據妙麗（Hermione）的名字想起這個角色。他來美國已十六年，說得一口流利英語，但他說他只記住她的名字H，知道她的地位和角色。同樣的，先前討論過的那位畫假畫者，即完成假羅斯科畫作給蘇富比主席買下的錢培琛，畫出的傑克遜．波拉克（Jackson Pollack）畫幾乎毫無破綻，只在一處露餡：偽造簽名時，他在畫作上簽了「Pollok」。

靈活自我的人生觀

靈活自我若非明顯不在乎人我分際的明確，就是明顯不在乎賦予個人以名字，而不管是上述哪種不在乎，都不只意味著人我界線的模糊，還意味著對改頭換面的看重。例如日本浮世繪師葛飾北齋在其漫長且多變的創作生涯裡，取了三十多個稱號，從他當學徒時給取的稱號，到創作大量漫畫時所取的號，再到他七十五歲時，為宣告自己進入成熟階段最後取的號——畫狂老人、卍。這一靈活自我的名字遊戲，與儒家注重不斷完善自我一事有關。這由他的生平自述就可看到：

我六歲開始愛好描寫物形，約五十歲起畫作才頻頻刊行於世，但到七十歲為止，我所作的畫都不值一顧。七十三歲我稍稍能窺知草木生長之態和鳥獸蟲魚的結構。因此，希望八十歲時我能越益精進，九十歲時進一步探明萬物的奧妙，以便一百歲時在藝術上臻於神妙之境，一百一十歲時一點一畫皆栩栩如生。只要夠長壽者都會見證我所言不虛。

多富啟發性的一段話。事實上，讀過這段話之後，我發覺自己有點遜，竟只有八或九個名字，覺得這表示自己毫無進步。[24]

24 除了自小有的兩個名字（英文名 Lillian Jen 和中文名任璧蓮），我以中學時的綽號 Gish 為筆名，然後嫁給姓 O'Connor 的男人。我沒冠夫姓，但還是常被人叫 Gish O'Connor 或 Lillian O'Connor。此外，Jen 大多是姓，是 Jennifer 的簡稱，而 Gish 一般是名，所以我常被叫作 Jen Gish。再者，大家認為 Gish 這個名字從某個方面來說屬亞洲人的名字，因此常被誤拼寫為 Geesh。然後，因為我的中文名拼音是 Bilian，而針對這個 Bi 所相對應的漢字，有人搞不清楚，而且因為有些學者認為我的筆名既然是 Gish，我在中國應該以 Gish 的音譯中文名為人所知，所以我也有幾個版本的中文名。

西方的觀點

西方也有許多人在模糊界線一事中找到樂趣。以一九六六年的精彩喜劇片《偷龍轉鳳》（How to Steal a Million）為例，奧黛莉．赫本在戲中演一個標緻的巴黎女人，父親從事藝術名作的仿冒。刑警彼得．奧圖愛上她，而隨著他發覺自己無法依法將他父親起訴，陷入典型的規制俘虜狀況，情況也變得複雜難辨。看戲的我們，不由得對此鼓掌叫好；而到了戲尾，這位本性難改、超級熱愛藝術品的父親，竟然讓人覺得充滿魅力，討人喜愛，而非令人厭惡的壞蛋。事實上，在這部出自作風或許不盡然屬個人主義的德裔美籍導演威廉．維勒（William Wyler）之手的電影裡，真正的壞蛋是那位想把某個藝術傑作據為己有的貪婪加州收藏家。也就是說，最後受到譴責的是事事只想著自己的超級個人主義者。這人購買藝術品時，懷著不想讓世上其他人再看到它的意圖。至於這位刑警是真的愛上這位搞藝術贗品的女兒，還是只是為了破案而假裝愛慕她？這齣構思奇妙的電影，以令中國人激賞的真假難辨方式回答了這個疑問。

於此同時，就中國大畫家來說，界線和身分的界定就不容馬虎。個人身分如果不易被認出，令人意想不到的是，反而透過複製來尋找或證實。前蘇富比中國畫部門主管張洪如此描述這過程：

> 畫家／鑑賞家以「重建」的方式審視畫作。他看待已完成的畫作時，簡直把它當成一張白紙，並在心中重建該畫，從它的小元素到粗放筆法、結構、構圖、設色都不放過——好似要將它依樣複製。他在心中重新揣摹原畫家的運腕手法，運用從這個觸覺模擬過程中得到的深刻認識，判定真偽和品質問題。傳統中國鑑賞家深信，偉大藝術家的特質會展現在他筆下的每一劃裡，因此每道筆劃都應透露畫家的筆法。透過一再臨摹、細究，中國畫家／鑑賞家已編出一套自成一格的視覺藝術語彙或許多不同藝術家的筆法性格。

這個作法，我們或許會認為與香港藝術家梁以瑚在她的婦女節大芬藝術展上的作法有關聯。這種筆法「鑑別術」，一如仿製本身，與知識財產權或竊取知識財產權之事沒有內在關聯，它只是中國人互賴生活之語彙的一部分。

我們的獨特性決定一切？

對靈活自我來說，人當然各不相同，但人我差異未受到重視，只有碰到大藝術家時例外。回應個人主義時，靈活自我似乎在問：酪梨核自我真的是我們最重要的東西？比人的情感還重要？為了讓自己有價值，我們得很稀有、不可取代或與一般不同？非得要別出心裁，與眾不同，才能有所助益或有出息嗎？

例如，我在上海教書時，要學生說出三個偉人，並解釋他們為何偉大。若是在美國，我們或許會認為答案會是愛因斯坦或埃莉諾．羅斯福或碧昂絲——有個南美學生立即回答她的姑姑很偉大，因為她為她的社群貢獻良多。不只這位學生主張平凡人的偉大。課堂上大部分學生認同她的看法。誠如某人所說的：「人不偉大，但能做出不凡之事。」

出於同樣思路，已在中國鄉間做了不少研究的學者鮑梅立（Melissa J. Brown），始終憤慨於農婦不喜歡說自己在「工作」，而只說自己在「幫忙」。她覺得，大部分農婦聲稱勞動工作是掌握自己人生的憑藉，但她們不會往這方向走。她們堅稱自己是大我的一部分。男人理所當然把自己的勞動稱作「工作」一事，是否點出性別與互賴方面的什麼現象？絕對是。整體來講，女人的互賴性的確往往高於男人，再者，雖有許多例外，中國農婦一般來講不在例外之列。鮑梅立所訪談過的女性都覺得自己有用，覺得自己對家人有所貢獻，而且覺得那就夠了。

提議代寫論文

在對靈活自我生活的上述種種探討中，我認為最有趣的地方，是這類人的生活碰到個人主義時所發生的事，也就是雙方大多是兩條平行線，沒有交集之處，即使有個雙文化人在場幫忙解讀亦然。例如，黃韻然憶起有天在大芬村，她向某藝術家說明她正以大芬村的歷史和其與原創性的關係為題寫博士論文，結果該藝術家提出一個疆界混淆 (boundary-blurring) 的提議：

（他指出）他本身是個優秀且多產的作家，而由於他待在大芬的時間比我久得多，由他來捉刀寫我的論文會容易許多。他還解釋說沒必要把此事歸功於他，因為他說他寫的東西，可以無償讓我掛我的名字出版，他不想讓自己的角色公諸於世，即使用化名也不想。然後他問我的博士論文希望採取什麼組織架構，見我遲遲沒回答，他立即主動提出他的計畫：「我猜你想從三個角度談原創性：第一，畫家的角度，第二，經銷商的角度，第三，官員的角度。」我同意這的確是個很不錯的大綱。他嚴正表示，搞定各個影響因素之後，一或兩個禮拜後他就會用電子郵件把完成的作品寄給我。

就他所提議的服務來說，這位藝術家是不二人選：身為共青團大芬支部書記，他提出許多份關於大芬與原創性問題的內部政策文件。他也早就寫了關於「創意產業」的報告——這是疆界混淆的一類產業，不只包括中國藝術、音樂和電影，還包括許多令人想起北京奧運開幕典禮的大型戶外實景劇。因此，這位藝術家的提議，就是要讓我取用他深信比我的分析報告和資料遠更好用的同類資料，肯定要花一筆錢的。真的？他作此提議時的確信心滿滿，誠如黃韻然所寫道：「他的知識和經驗涵蓋了我關於大芬所能知道或撰寫的一切東西。」誰曉得？或許他說得沒錯。

但不管他說得對不對，我們可以注意到，他未把具備客觀、頑強、穎悟這些特質但未具備別的特質的孤零零個人，視為特別厲害的角色。此外，誠如黃韻然所說，他完全未認識到「身為美國學術機構裡的論文作者，我的寫作努力會在哪種環境裡接受評價，以及美國學術環境有多看重作者親自執筆」。也就是說他未理解到如果論文並非出自作者的神聖酪梨自我，論文就一文不值，也未理解到完全不應該模糊她與他之間的界線。

對文化的深信不移

這是很常見的一種雞同鴨講的現象，而且其中具有常被巨核自我忽略掉的一種東西，即黃韻然口中該支部書記有「男子漢自信」。她認為這種男子漢自信與共黨有密切關係，但事實上，許多靈活自我極為信賴集體力量和知識。回想一下那位孟加拉裔移民如何覺得一般美國人沒有可供隨時求助的人際網絡很可憐。黃韻然也指出，大芬畫家雖然天真無知，卻「對基本的繪畫本事有某種程度的自信」，而這種對自己本事的自信與對整個傳統和文化的更普遍信心和驕傲有關係。

這種禮俗社會（Gemeinschaft）自信常被人合理化，尤其是在類似中國這種改變緩慢的地方已被合理化數千年，許多地方如今仍被合理化。為何要重新發明輪子？為何不借鑑文化傳播裡的經驗？打造並傳遞文化，不正是我們這個物種的最大長處之一？這是舊時代氣息很鮮明且在中國大行其道的主張，例如由這張一九九九年上半身紋身照片之類的東西就可清楚看出。對於這幅呈現中國傳統山水畫的紋身，紋身師黃岩發表意見「我的文化是我」──在美國的藝術館裡不常看到的主張。當今美國藝術家的文化傳統可能不是拿來被歌頌，而是被拿來評論的，因為在西方人看來，藝術家就該立足於社會之外。

因此，當黃韻然理所當然拒絕大芬村支部書記「助」她完成論文的提議時，那位書記打從心底的驚訝──不是驚訝於她的剛正不阿，而是驚訝於她的自大和愚蠢。不懂她在幹什麼？

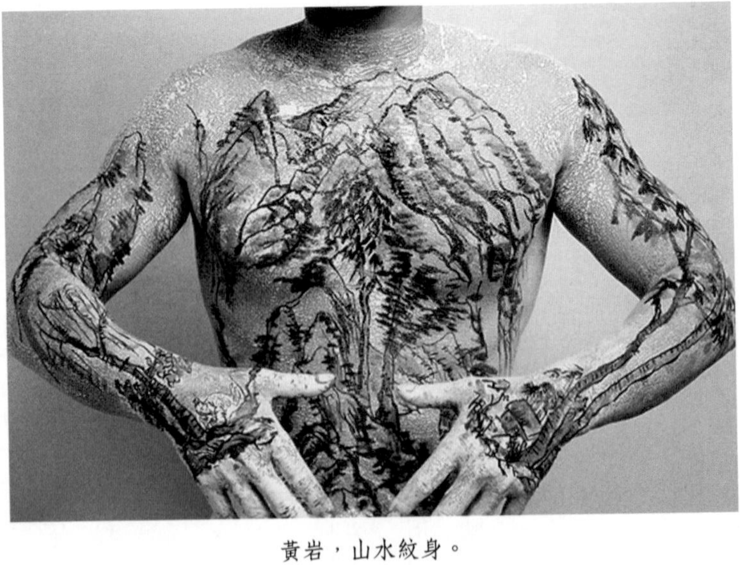

黃岩，山水紋身。

大芬藝術家表白心跡

在梁以瑚辦展覽兩年後再訪大芬，我們也找到一個雞同鴨講的現象。諸多大芬畫家再度被延攬參與一項巨幅油畫創作計畫，計畫主題是他們的主觀性。於是，五百名畫家群集於一處廣場，被要求在那裡各畫一幅小油畫，在畫的背面寫下自己的夢想。最後他們拿到錢和一組六罐裝啤酒作為回報。

然後，將這些油畫拼綴成一幅巨畫，旁邊擺著達芬奇的《蒙娜麗莎》——大芬音似達芬奇。這幅巨畫裝飾了二〇一〇年上海世博會深圳展覽館的外牆，而在館內，則用擴音器播放創作者陳述的個人夢想。這些藝術家意識到他們的內心想法會被人以如此方式「和人分享」？無論如何，大部分人表現出想要獲肯定為藝術家或接受為藝術家的互賴性心態。例如「為了得到世人欣賞和喜愛而作畫」，或「被人稱作著名女藝術家」。有一個人還寫：「我想成為傑出藝術家，想到世界走走！」簡言之，這些畫家表現出想要得到看重的心理，但一如那位大芬支部書記，未意識到西方藝術界所最敬重的，就是明白展現無畏無懼的酪梨大核。

當然，即使我們能讓某個西方著名畫家，比如已故的盧西安·佛洛伊德（Lucian Freud），死而復生，也很難想像我們能叫他為了一些錢和六罐啤酒在油畫背後匆匆寫下他的個人夢想（佛洛伊德是超級個人主義的英國藝術家，最後一章我們會再談到他）。但如果奇蹟出現，我們叫得動他，他的陳述肯定不會是「為了得到世人欣賞和喜愛而作畫」，或「成為傑出藝術家，想到世界走走！」之類的話。反倒很可能會寫出「除掉每個讓人安心的假象，揭開振奮人心的真實，使任何人都不再傾心於假象」之類的話。因為，在他眼中，那是二十世紀的天才所為之事。這些天才致力於探明文化底下的真實面，他們自己和他人之酪梨核的真實面。

至於佛洛伊德的個人夢想若被人透過擴音器播放出去，展館裡會有的反應，我們或許可想像招來哪些竊竊私語。遊客會說：**怪，非常怪**。如果遊客被告知那是天才所為之事，私語大概只會變得更大聲。**「天才？」**那是什麼東西？——而這個疑問把我們引到若要了解靈活自我的生活就必須弄清楚的另一個主題，即巨核自我和靈活自我對最了不起之人物的不同看法。這種人是以酪梨核之力改造世界的個人主義天才？還是吸收、改良偉大高貴傳統並將此傳統傳給下一代的互賴大師？

七、天才與大師

西班牙普拉多美術館的貯藏室裡，老早就存放了一件《蒙娜麗莎》仿作。沒有人認為它值得一看，因為這類仿作很多。有些仿作頗有歷史，包括某些把她畫成坐姿裸女的搞笑仿作。但整個來看，由於仿作太多，若有人在大芬油畫村與文藝復興佛羅倫斯之間看出類似之處，或許也幾乎會得到原諒——即使把後者當成某種佛羅倫斯油畫村亦然。過去，人們顯然很喜歡這個達文西「神情」，而且當時一如今日，有企圖心的仿製者都樂於盡情模仿該神情。

但眼下在二〇一一年。羅浮宮博物館要辦一場需要用到《蒙娜麗莎》的特展。該畫

《蒙娜麗莎》複製品，西班牙馬德里普拉多美術館收藏。

達文西的《蒙娜麗莎》，法國巴黎羅浮宮博物館收藏。

原作當然收藏於該博物館，但羅浮宮很不想把它搬離其超級安全的擺放位置，於是詢問普拉多美術館可否借用其收藏的仿作來代替展出？普拉多同意。一切搞定。

接洽借展期間，羅浮宮突發其想，詢問此仿作是否經過研究？這不是非做不可。但普拉多美術館技術文件資料部門一位研究人員，忠於職責檢視了這幅畫。她用上她的紅外攝影機，答案立即揭曉。這件仿件的作者，肯定是達文西繪製原作時坐在達文西旁邊之人，因為它不是仿自已完成的《蒙娜麗莎》。這幅畫顯示了達文西本人作畫時所作的種種修改——在已完成的《蒙娜麗莎》上看不到的那些修改。誠如《紐約時報》所報導的：「達文西調整《蒙娜麗莎》頭部大小或修改她的手部或縮小她的胸部或放低她的連衣裙上身時，普拉多《蒙娜麗莎》的畫者也跟著照做。」仿作的紅外影像與原作的紅外影像相符。

這幅畫出自達文西的助手和據說勢他的愛人薩萊（Salai）之手？或出自他人之手——會不會是他的另一個助手佛朗切斯科·梅爾齊（Francesco Melzi），畢竟有些原被認定是達文西真跡的畫作，後來被認定出自梅爾齊之手？為什麼？有人認為達文西希望製作出某種立體效果，為此他會需要畫兩個肖像；還有人認為他同時承接了兩個一樣的委製案。還有人認為他可能只是在訓練學徒。畢竟這種作法在當時很普遍。當時的藝術家通常收學徒，開作坊。例如提香和吉奧喬內都曾在貝里尼設於威尼斯的作坊學藝，而文獻資料表明達文西有學生跟著他一起作畫。但除了這幅畫，沒有證據證明曾有此事——如果這幅畫真可當證據的話。無論如何，答案並不清楚。

戳破「原創」觀

清楚的是，即使在西方，作為天才表徵的原創性，也並非總是被視為神聖不可侵犯。不然，想想中世紀大量製造出的數百萬種版本的《聖母子》。的確有喬托《聖母登極》（*Ognissanti Madonna*）之類的作品問世，但自出機杼的原創性並非最受關注的事項。再就今日來說，掛在傑夫．昆斯（Jeff Koons）名下的藝術作品，其實出自工作室數十名助手之手，我們對此怎麼看？或者參與設計建築師法蘭克．蓋里（Frank Gehry）所負責之某棟建築的那些人，我們又怎麼看？

誠如現今一再有人指出的，要把某件作品歸於單單某人名下，從來都不容易。有趣的是，就在人們對「原創」之說更加存疑之時，製作取樣音樂（sampling）和其他因網際網路而得以實現的表現方式，已使人開始注重傳統手工技術，例如手工製作混音帶的大受看重。事實上，大家競相戳破「原創」觀的荒謬，因而有鮑伯．迪倫之類人煞費苦心修正人們對他們的看法。

誠如他某次領獎致詞時指出的：

> 這些歌並非憑空出現。我不是完全靠自己想像創造出它們……如果你和我一樣把〈約翰．亨利〉（*John Henry*）唱了許多遍——「John Henry was a steel-driving man/ Died with a hammer in his hand/ John Henry said a man ain't nothin' but a man/ Before I let that dream drill drive me down/ I'll died with that hammer in my hand.」如果把這首歌唱很多遍，你也會寫下「How many roads must a man walk down?」。

這說法和先前大家常聽到的大不相同，而且不無道理。製片人寇比．佛格森（Kirby Ferguson）說，鮑伯．迪倫的早期歌曲約有一半直接汲取自民謠，而且就連剽竊手法都師法民謠歌手伍迪．蓋斯瑞（Woody Guthrie）。「下面說的這點很重要，」蓋斯瑞勸道：「別擔心曲子。找個曲調來，人家唱低，你就唱高，人家唱慢，你就唱快，然後你就有了新曲子。」我們該為此感到驚訝嗎？當然不必。民間音樂圈，一如中國繪畫界，如果不走互賴之路，必定毫無長進。

平庸之輩

但我們大部分人認為把「約翰．亨利」唱再多遍，自己都不可能寫出「Blowin' in the Wind」。而且我們大部分人也清楚，我們永遠可以對著達文西的作品作畫，但他的畫會永遠是唯一的《蒙娜麗莎》，我們的仿作則是平庸之作。作家馬爾孔．格萊威爾（Malcom Gladwell）之類的人士已證實，多種因素能造就出天才（包括出生日期、階級出身、文化傳統），但我們大部分人在天才面前終究是蠢才。我們敬佩貝多芬、居禮夫人、愛因斯坦、史蒂夫．賈伯斯之類的人打破陳規、不受拘束、有時還沒上過學，但以十足自出機抒的理念，即發自他們的酪梨核的理念，徹底改變世界的人。

天才散發浪漫性格，吃怪東西、一身怪打扮、留怪髮型，私生活不按常規，很容易有不好的下場。他們有時也會惡作劇。以蘋果創辦人之一的史蒂夫．沃茲尼亞克（Steve Wozniak）為例：

> （讀十二年級時他）做了一個電子節拍器（音樂課堂上能發出規律聲音打拍子的器材之一），意識到它發出的聲音像定時炸彈。於是他把一些大電池上的標籤拆掉，用膠帶把它們

纏在一塊，放進學校某個衣物櫃裡；並把它設計成衣物櫃一打開，它就會開始以更快速度滴答響。那天更晚時，他被叫去校長室。

校長召見，他以為是因為他再度贏得學校的數學獎，結果不是。「反倒遭警察盤問。原來，那個裝置被人發現，校長接到通報趕過來，把它揣在懷裡，大膽衝到足球場上，扯掉電線」。沃茲尼亞克在少年拘留所度過那個夜晚，而在拘留所裡他也不安分，進去沒多久就教其他囚犯如何把天花板電風扇重新配線，以使警衛隔天早上碰觸囚室鐵條時觸電。而如果說他未因此停止惡作劇，那是因為他十二年級過得並不如意。「在那裡，我本來很受歡迎，騎腳踏車什麼的，但突然間沒人願意和我來往，」沃茲憶道：「似乎沒人跟我聊上幾句。」但如果別人真的和他講話，他怎會是不折不扣的天才？

不管之後我們認知到創新其實遠沒那麼簡單，不管我們如何努力把通力合作視為創新的要素，西方人還是喜歡這類神童故事，從中看到特殊酪梨核的早期徵兆。此外，我們接受那些把天才與更令人反感的反社會行為掛鉤的故事——詩人艾略特的反猶心態、高更的戀童癖、畢卡索的殘酷……因為我們相信有個強有力的酪梨核決定其要走的路。當然，這類行為違反社會規範。真正的藝術家離經叛道。真正的藝術家打破飯店房間裡的家具。每個人都知道，真正的藝術家毀掉自己，也毀掉周遭的人。

大師，永遠的大師！

也就是說，如果每個人都這麼做，那就談不上真正的藝術家。我們敬重天才，在這點上我們與許多文化，包括中國文化，大相逕庭。中國人一般來說把大師捧得高高的。大師不是滴酒不沾的人；事實上大師經常被人發現微帶醉意。例如，葛飾北齋畫了李白觀瀑圖，畫中這位唐朝大詩人李白站在懸崖邊，一臉醉意，出神望著瀑布，一名男童抱著他的腰，以免他跌落深谷。而在許多中國畫作裡，李白也被畫成神智不清的模樣。

但喝酒是大師藉以喪失自我、而非表達自我的手段。如果天才文化看重的是盡情發揮酪梨核自我的潛力，大師文化所看重的正好相反。大師致力於除去自己內在的酪梨核，其互賴性質鮮明的目標乃是完全泯除人與外物的分際，達到與自然、與天地合一之境。

大師與外物的關係，非常類似其與傳統的關係。傳統不是用來襯托出自身之獨特性的東西，反倒相反。大師是浸淫於傳統（一般來講透過仿效），然後以某種方式將其改造，再傳給他人之人。我有個在中東教書的朋友總是說他的學生喜愛以高明手法再現傳統主題，遠更甚於創造完全自出機杼的東西。唐朝大畫家范寬也是個絕佳的例子（後面會再談到此畫家）。此外，當今身價數百億美金的電子商務巨擘阿里巴巴的創辦人馬雲亦然。

靠微調既有模式來賺錢

這是說大師文化與常常採用既有技術並將其巧妙微調以改善其效用的中國經商文化有關聯？沒錯。這種文化並未憑空發明出電子商務，而是研究過亞馬遜電子商務網站，加進重要的新特色，以滿足中國消費者需求和打消他們疑慮。例如，支付寶將消費者支付的錢款保留在第三方，直到買家拿到貨並確認貨品合意，才把錢款交給賣家，藉此取得消費者信任。而阿里巴巴的天貓讓愛迪達、蓋璞（Gap）、添伯嵐（Timberland）、巴寶莉（Burberry）之類名牌企業得以直接售貨給消費者，打消買到假貨的疑慮，從而更強化消費者對其信任（如果要中國消費者用真品價買廉價假貨，他們和我們一樣不幹）。阿里巴巴也協助買賣雙方以即時訊息溝通，使他們得以照中國人的傳統購物方式討價還價。它也透過淘寶網這個結合了eBay與Etsy經營方式的交易平台，模糊了消費者與製造商之間的界線。

至於此一彈性企業的經營成果，二〇一四年阿里巴巴首次公開募股（IPO），以兩百五十億美元的規模，創下紐約證券交易所歷來最高的ＩＰＯ募集資金。

創造出互賴性商業成就的，不只阿里巴巴。還有個叫小米的公司，以五年時間，就從沒沒無聞躍升為中國智慧手機市場的老二，僅次於蘋果，而該公司的成功是憑藉極大師文化式的作風。小米最初連自己品牌的手機都沒有，但有個安卓作業系統供手機用戶安裝在其所用的任何一款手機上，把經營重點擺在使三星等品牌手機運作更良好上。要帶來革命性改變根本不可能，於是小米專注於細部的改進，例如提高手機的回應力（responsiveness）和延長電池壽命。小米工程師以靈活自我的作風根據用戶的習慣和需求來設計產品；他們好似文藝復興時期某畫坊裡的學徒，努力掌握軟體面，再嘗試設計可供運作他們所設計之程式的自家手機。

小米真的有了自家品牌的手機後，也表現出靈活自我的作風，未在產品開發和商品行銷之間劃上一條涇渭分明的實線，反倒還利用那些協助他們改善產品的米粉來作宣傳。如今小米仍不斷與其粉絲群聯繫，不只納入他們在軟體更新上的建議，而且是每週這麼做。在產品開發上蘋果始終極盡可能的保密，一如史蒂夫．賈伯斯，深信「顧客不需要了解自己想要的東西」，而小米的作風與蘋果截然不同，小米工程師與米粉之間的界線，和中國醉詩人與天地間的界線一樣彈性靈活且可穿過。有位分析師說「他們真正過人之處，在於清楚中國消費者的使用行為」，「消費者覺得自己能有所貢獻。在中國，這一套非常非常管用」。

令西方分析師大惑不解的是，小米不只製造高度先進的自家品牌手機，還製造看來普普的 iPhone 仿冒品。小米為何自貶身價做這種事？怎麼會如此建立品牌？眾多分析師不解。小米卻不大在意自我界定之事，其實它在任何層次上都不大在意西方的標準作業程序。

小米反倒以其即興、不拘一格的作風經營，例如以線上限時搶購的方式取得訂單，於是在未製出產品前，就已賣出產品。小米也未替手機打廣告，而是透過社交媒體和米粉聚會活動製造熱門話題。小米執行長雷軍有時甚至在產品發表會上，一身史蒂夫．賈伯斯的招牌打扮——藍色牛仔褲和黑色圓翻領毛衣，以絲毫不在意他人指指點點的抄襲向賈伯斯致意。憑藉上述的互賴性活動，這家公司已取得叫人咋舌的成就——九十秒就把第一批推出的十萬組小米 3 手機賣光（沒錯，就是九十秒）。

錢學森之問

當前美國副總統拜登，志得意滿的要美國空軍學院畢業班說出「一項來自中國的創新計畫、創新式改變、創新產品」，以為中國根本沒有創新可言時，根本是狀況外？沒錯。阿里巴巴、小米之類公司其實有所創新，而且是以大部分西方公司難以想像、更別提落實的方式創新。

在這同時，中國人自己清楚他們的創新作風不同於西方，清楚那種創新作風再怎麼欣欣向榮、成就斐然，終究無法讓他們拿下諾貝爾獎。中國人想要勝過世上其他國家，心心念念想拿諾貝爾獎。然而，誠如《紐約時報》記者狄雨霏（Didi Kirsten Tatlow）所指出的，中國人心中有個疑問：「為何中國有那麼多聰明人，天才卻那麼少？」中國著名科學家錢學森就常發出這疑問，得名為「錢學森之問」。

此疑問有數個標準答案，並可見於蕾吉娜・阿卜拉米（Regina Abrami）、威廉・寇比（William Kirby）、麥法蘭（F. Warren McFarlan）合著的《中國能當老大？》（*Can China Lead?*）中。他們寫道，「有些人歸咎於工程師」、「還有些人怪罪政府不保護智慧財產權……又有些人歸咎於中國的教育制度」。這些的確都是因素。但據《外交政策》的引述，有個很有人氣的中國博客指出別的因素：

> 中國人並不擅長從活躍的辯論中獲得昇華的靈感，中國的公司也不懂如何去運用合作與競爭，或者說「合作性競爭」。由於文化和政策的影響，我們習慣於結為盟友，而不是在利

益的驅使下參與「合作性競爭」這種模式。

這再度支持了我們的模糊界線說。因為這位博客所談的，也就是靈活自我的傾向，他們在較個人主義的文化裡喜歡與競爭者結為朋友——像是仿造他人藝術作品的人。難道這是因為孔子勸人以和為貴，而必須委屈求全的維持和諧？

不過，教學事務輔導員露西婭．皮爾斯（Lucia pierce）卻反對這種做法。她在上海紐約大學輔導學生十年期間，曾經回憶說：

當發生我認為離譜而該處理的事情時，我卻一再聽到中國友人說，與其生氣，氣鼓鼓的處理該問題，以至於邊做邊表達沮喪／憤怒之情，根本是在浪費時間。如果想達到最終目標，就該把重點擺在終極目標，而非一路生氣、沮喪。

直抒不滿不只不符儒家精神，而且會因小失大，偏離了更大目標。把目光放在所要追求的東西上，才是王道，對畫家、生意人、大學行政人員來說皆然。

在軍隊之外的領域強調，為了目標而團結一致，是西方人幾乎無法想像的。在西方，我們認為忠實表達自己意見的辯論是獲致可得結論的途徑，沒有這樣的辯論過程令人憂心。例如，不算太久以前，我是美國國家圖書獎小說類的五位評審之一。由於評審過程很順利，我們的主席，著名的《紐約客》小說類主編奇普·麥葛雷思（Chip McGrath），反而覺得不放心。他也透過電話和電子郵件對我們的審議「太客氣」一事表示關切，而「太客氣」不表示我們沒有暢所欲言，事實上我們有。國家圖書獎其他委員會有人曾憤而退出以示抗議，但我們這五人沒人這麼做。我們審議結束時，甚至談到改天要再聚聚。這樣不對嗎？

在中國，不會有人覺得不對。事實上，中國人很可能會認為我們達成任務且有效率。對他們來說，難以理解的是對抗，以及更糟糕的，沃茲尼亞克那種為了好玩而莫名其妙瞎搞的「天才」行徑。當然，在人口超過十億的國度裡，任何通則都必然有許多例外。不過，一般來講，中國人不是教育家所謂的擴散思維者（divergent thinker）——能針對東西（例如磚塊或樹枝）找出新奇用途的思維者。而鑑於先前對互賴自我的種種闡述，這並不足為奇。靈活自我具有一個配合模式或形態做調整的感知過濾器，透過它略去新奇的東西，而偏愛一般且一再出現的事物，因而這類自我特別難以從事擴散思維，尤其，擴散思維顧名思義，未把焦點擺在達成目標上。

我們問錯了問題？

馬雲認為，假以時日中國會變成更合錢學森之意的文化體。他說：「要擁有創新文化，需要約兩三代時間。」但他也在中國的靈活自我適應力裡看到優點：

我去那裡（美國）時，他們要蓋一條公路，討論了兩三年都未定案。但中國呢？不多說，蓋出來就是了……我看過許多行動很緩慢的國家。中國，至少行動快速，做決定迅速，我們有實踐的文化。這一乾脆俐落的作風，也源於中國由上而下的治理作風。

此外，他認為以前人成就為基礎，精益求精的大師文化式創新，並非一無可取，而有些人也認同此說。例如《華爾街日報》以阿里巴巴、騰訊（開發出極受歡迎、群體導向、極為靈活之社交即時通信軟體微信的公司）為例，說明麥肯錫上海分公司合夥人艾瑞克·羅斯（Erik Roth）所謂的「透過商業化達成創新」：

這與發明不同。中國許多最具創新性的公司，並非產生於靈光一閃，而是在一連串漸進改變中生成。它們最終變成中國特有的東西。

至於這些結果是否會帶來革命性劇變，《華爾街日報》作家安德魯．布朗（Andrew Brown）的答案，也是斬釘截鐵的「是」。如果我們以小米為例，考量小米不只賦予智慧手機開發和行銷新的面貌，還賦予公司新的概念，就能理解他的意思。這不是 Uber 或亞馬遜或 Airbnb 之類的電子交換中心，而是截然不同的東西，有機的、會變形的、敏捷回應外在變化的、網絡的、分權的東西。

重點不在擴散思維和天才文化。但在此有個令人振奮且重要的東西。只問互賴式創新是否稱得上創新，會不會使我們看不見阿里巴巴、小米之類公司所完全清楚的發展潛力？我們問錯了問題？認為最終只有創新者會主宰業界的商界領袖，把重點擺在中國創新與西方人創新的比較上，或許做得沒錯。而領袖們把重點擺在二十一世紀是否如中國愛說的是「中國的世紀」，這疑問是否要在創新上頭尋找中國 GDP 成長和中產階級急速壯大兩者對美國產業有何影響，同樣也問對了問題。

但類似拜登要人說出「一項來自中國的創新計畫、創新式改變、創新式產品」這種瞧不起別國的自大質問，更加強化了西方人認為天才式創新最為重要這個看法，儘管連美國境內，也非每個成功企業都建立在革命性劇變上。的確，我們有蘋果，但我們也有微軟——建立在漸進演化上的一家公司。例如微軟大賣的Windows作業系統，乃是微軟最初的作業系統MS-DOS與麥金塔圖形用戶界面兩者的混合物。如果天才式創新是美國在國際上的競爭優勢，那不是因為它是商業成功的主要因素，而是因為美國能把天才文化和大師文化都搞好，而中國目前為止只能做好其中一項。抱持不偏廢心態的公司，發展態勢最好？的確。同樣不需要多說，想法、講話像拜登那樣充滿個人主義心態的執行長，在亞洲不可能成功。

某種觀點

在此同時，誠如作家大衛．高德曼（David Goldman）所指出的：

諾貝爾獎得主埃德蒙．費爾普斯（Edmund Phelps）所謂的「大繁榮」（mass flourishing），即生產力提升的急速擴散，與我們所通常認為是「創新」的東西毫無關係。費爾普斯論道，投入工業革命的科學知識，都是在十七世紀被人發現，十八世紀成為定論，而使工業革命得以成真的種種發明，都是在十八世紀最後三分之一時期才就定位。但要到一八一五年，生產與生活水準才真的開始有革命性劇變。

換句話說：

促成經濟革命者不是科學或技術或發明，而是所有人願意擁抱創新、改變行為的心態。問中國人的創新程度平均來講是否高於他人，根本離題……重要的是過去三十五年裡已有五億中國人從鄉村搬到城市，相當於從烏拉山到大西洋的歐洲所有人口，中國人被扯離傳統生活，置身於較有前途的新環境裡，比世界史上其他任何民族更願意擁抱改變。

此外，我們不妨回憶一下某些互賴式文化（例如歐洲、俄羅斯猶太人的文化）曾被人如何貶低，而且貶低的用語和今日用在中國人身上的措詞非常類似。誠如作家達林．麥克馬洪（Darrin McMahon）要我們知道的那個令人心寒的過往：

希特勒和張伯倫（前英國首相）都認為猶太人是特別反創造力的民族。希特勒主張，「猶太人完全沒有創造文化的本事」。猶太人是「膚淺的模仿者」，而非「腦筋靈巧的創造者」，因此，從來沒有，絕不可能有，真正的「猶太藝術」。

麥克馬洪接著說：

把天生富創造力的德意志民族（German Volk）和完全不具創造力的猶太反民族（Jewish Gegen Volk）如此執拗的視為南轅北轍，是在拿一項重要差別大作文章，而且自十八世紀以來，只要討論富原創性的天才，都會談到這項差別。所謂創造，就是生出新且前所未有的東西；模仿，就是複製、呈現別人已做的。創造需要天才；模仿頂多利用到才能。

讓人認清事實的思考方式之一就是去回想，讓人想起欲將不同自我評定等級的心態，有時源自最醜陋的動機。附帶一提，那樣的心態也可能造出彌天大謊：例如過去曾有人把七成九至八成七來自東歐的移民歸類為「蠢人」。

但儘管如此，擺在眼前的事實是大師文化在中國大陸大行其道，並與中國大陸越來越像後共產主義的法理社會（Gesellschaft）配合得頗好。鑑於中國政府的威權主義作風，這支探戈舞跳來綁手綁腳？很有可能。中國政府選擇社會穩定而非鼓勵擴散思維，或許做得沒錯，但也因此使自己在全球舞台上陷入不利處境。

在這同時，如果我們想知道大師文化如何延續不絕，途徑之一就是檢視中國的教育制度——東西方不同調的根源之一。而且誠如後面會提到的，大師文化已大發神威。

八、考試再考試

時為六月，一試定生死的中國大學入學考試「高考」正在舉行。美國人常認為高考有點類似美國的學術能力測驗（SAT），差別在於高考一年只舉行一次。但事實上，那就如同拿月球車與全地形汽車相比，拿煙火與爆竹相比，相差甚遠。

首先，誠如在中國出生的作家龔衍娜（Yanna Gong 音譯）所描述的，全國人民的心思圍著高考打轉，那種看重程度是在美國看不到的。就連美國超級盃足球賽所受到的關注程度都比不上。

為安徽毛坦廠中學高考學生送行的畫面。

（在北京）公共運輸車輛不准按喇叭鳴笛……考場方圓半哩內的工地一律不得發出聲響。讓考生不受干擾分心，乃是全民的社會責任。監考官不准穿高跟鞋或灑香水，或不准穿會隱現內衣或低胸的上衣。種種作為就為避免應試者分心。

而不只是北京如此。在上海、青島、南京、西安、昆明、拉薩、深圳，計程車司機都在儀錶板上放了「愛心送考」標誌，免費送考生赴考場。同學一個個站在走道旁，舉起標語歡呼致意。老師獻上最後的叮嚀和鼓勵。進考場前，考生接受仔細檢查，以防止挾帶可用來作弊的東西。然後歸於靜默。有些父母和祖父母在考場外引頸的人群和傘海中等待，有些人則趕赴一座座廟宇，或一座座教堂，或從廟宇到教堂再到廟宇，獻供祭拜祈求金榜題名。

時為六月，天氣炎熱，但無妨。幾年來他們為孩子買書、請家教、讓孩子上特色課程。有些人把三分之一或更多的所得投入孩子的家教費和書籍費。他們要孩子吃得飽、睡得足、有安靜的好地方讀書。他們讓孩子得以把時間全拿去讀書——寧願加班好讓小孩不必工作，包辦炊煮打掃好讓小孩不必炊煮打掃。這一切全為了一場考試。

這種精神叫人不能不動容。當然，每個學生都要獨自面對考試。但這完全不是個人主義性質的活動。它的目的，一如整個中國教育，與自我發掘或自我實現或「留下印記」或「產生影響」或「寫下自己的故事」毫無關係，更別提與發明出前所未有的顛覆性技術有關係，而是與互賴性目標有頗大關係，也就是與在周遭每個人的無私協助下掌握並應付社會規則一事有頗大關係。誠如十八歲的艾琳在接受訪談時告訴我的：「覺得得到整個社會的支持，讓人感到溫暖且舒服。」[25]

25　本章中引用的許多中國學生的話，來自 Skype 訪談。

賺錢養家

舉辦這種高度儀式化之大學入學考試的國家，並非只有中國。例如南韓有為期一天、一年一次的大學修學能力試驗，簡稱修能（Suneung）。這一天，南韓調整空中航班路線，以免飛機飛過考場上空，上班時間和股市開市時間延後，以免考生受阻於交通堵塞，趕不上應考。趕不及的考生甚至可請警察免費護送到考場。

但他們為何因為趕不及應考而心急如焚？在本書自序提到的那部ＢＢＣ紀錄片裡可略窺端倪。在這部片子裡，中國教師被派來英國教英國小孩數學，而在這場試驗性教學的結尾，有個叫趙偉（音譯）的老師評論，英國小孩的問題在於福利太好。他此話並非表示英國政府太慷慨，或小孩被寵壞或不該享有這樣的福利。他只是以典型的互賴式作風指出一個環境因素。他說：「他們即使不工作都有錢，不必為錢操心」，「但在中國，他們得不到這些東西，因此他們知道『得用功讀書，得努力工作，賺錢養家。』」

這是切合實際且許多人都會同意的評斷。上海紐約大學的露西婭．皮爾斯回憶：

> 我一再聽到家長和學生說花錢供孩子讀中學，日後孩子找到好工作和供養老父老母，就

是回報。這往往讓人覺得像是清楚表明的對價關係……孩子知道父母工作讓他們能安心讀書，父母則明白提醒小孩來日要回報。父母愛自己小孩，小孩也愛自己父母，但父母表明他們已盡了本分，如今小孩該盡他們的本分，我常為此而大吃一驚。

在美國，也常有人做與此大同小異的事。例如，加州大學社會學家李智英（Jennifer Lee）和周敏（Min Zhou）描述了某越裔美籍家庭裡的輪流供養制：

詩（Thy），二十五歲，第二代越裔女子，畢業於加州大學，如今已在工作，擔任信用分析師。她說她的姊姊賺錢幫忙養家使她中學、大學時不必兼差賺錢，如今她已大學畢業，有了全職工作，她也賺錢幫忙養家使她的弟妹也能有機會專心讀書，不必兼差賺錢。

詩：我們兄弟姊妹每個相差約兩至三歲，因此（大學畢業後）找到工作時，沒人真的告訴你找到工作時，你就該幫忙養家，但家裡人認為這是你該做的。我現在就這麼做。

訪談者：請說得更清楚些。

詩：我進大學時，我的哥哥和姊姊已在工作，因此他們幫父母分攤房租，還有父母的保險費。

訪談者：所以他們幫助你們，但你們有工作時，換你們回報他們，幫他們？

詩：嗯。我們兄弟姊妹有八個，因此先是由老大老二擔負起這事，然後是老三老四，再來是我和泰蕾莎。老七老八剛進中學讀書，如我以前那樣。

有時，即使有人輪流幫忙養家，也無法讓所有小孩都受教育。這時，一如以往科舉時代人們的做法，他們會把全部資源用於培養一個小孩。過去受培養者會是長男，如今則可能是弟弟或妹妹，如果，比方說，這個弟弟或妹妹會是英語講得最好的小孩。詩的弟弟妹妹年紀最小，因此他們畢業後會協助供養年老的父母。大家期盼下一代會同樣互相幫助，然後，在足以自立時，反過來幫助他們。

在家境較好的家庭，「回報」有時較不關乎金錢或物質的回報，而較著重於做出讓父母可以拿來吹噓的事，也就是光耀門楣的事。通常是指上大學或選擇了在家族的圈子眼中很有面子的職業，或就女孩來說，嫁給有這種職業的人。小孩受家庭栽培，當懷感恩之心，也該避免做出有損家庭身分地位的事，而在美國，這樣的叮囑有時會讓較獨立且互賴的小孩覺得苦惱。例如女兒想與她所瞧不起的高社經地位丈夫離婚，做父母的卻不同意？他們不愛自己女兒嗎？但往往從父母的觀點看，小孩得善盡一份即使他們的酪梨核自我覺得不妥都不能逃避的職責。這表示連父母都認為小孩有酪梨核自我。例如，二〇一二年，有個中國大亨公開表示，只要有男子能把他的同性戀女兒追到手，就懸賞五億港幣（約合六千五百萬美元）。

讀書＝成功

讀書真的是家庭揚眉吐氣的關鍵？對許多亞洲人來說，這可是至理名言。如果說亞裔美國人有什麼「祕訣」或「長處」，使他們成為學霸，那很可能就是這個信念。[26]在針對紐約市外來移民小孩所做的一項名叫「傳承城市」（Inheriting the City）的調查中，的確沒有華裔調查對象表達了「有時從其他群體聽到教育未必會讓人出人頭地這個意見」。反倒，一如俄羅斯裔（另一個很有成就的移民群體）調查對象，中國人「甚至不懂那個提問的意思」。亞洲人如此看重教育，以致有些華裔幫派成員甚至過著雙重生活，即不讓學校朋友知道他們的幫派活動，同時不讓幫派朋友知道他們仍努力在名校拿好成績。還有些人走過一段作奸犯科時

26 辛艾米（Amy Hsin）和謝雨（Yu Xie 音譯）這兩位學者主張，亞裔美籍學生成績好不能歸因於智商較高，因為亞裔美籍學齡孩童的智商和他們的白人同學一樣水平。見 A. Hsin and Y. Xie。

期，但還是在群體裡許多人幫助下走回正路。有個曾是鬼影幫一員的年輕男子，從中學退學，並與父母爭吵後離家，以正式幫派成員的身分過了兩年，在這期間都用化名示人。這期間他犯了多項重罪，但受法律制裁後，他退出幫派，拿到GED（普通教育發展證書），進大學，最後就讀享有盛名的法學院。

借助靈活自我，才有可能過這樣的雙重生活？確實是，而且事實就是如此——上述事例正是靈活自我眼中大野狼改過自新的現實例子。在靈活自我觀裡，大野狼能懺悔，向小紅帽和她祖母道歉，幫派成員同樣也能痛改前非，成為模範生。

至於在中國人的模式裡讀書如何讓人出人頭地，那就是透過儀式化的考試。因為如果，如愛默生所曾說的，「制度是人的加長影子」，考試就是靈活自我的加長影子。

起源

要了解互賴與考試如何密不可分——一如互賴與山寨品的密不可分，我們得從中國科舉制度談起。那是歷來人類將互賴制度化的最偉大發明之一，用以挑選人才為官，沿襲了約一千三百年，直到一九〇五年才被清廷廢除。有人認為科舉是今日所有標準化考試（包括

SAT）的根源。伏爾泰的確對此大為嘆服，而有如此感受者不只他一人。甚至曾有許多外國人（來自越南、印度等地的人）參加科考。

但無論如何，如把中國比擬為紡紗機，科舉猶如中國的紡錘。凡是供得起一個或更多個兒子專心讀書的家庭都如此培養下一代，因為通過科考意味著可覓得官職，成為士大夫，而成為士大夫不只代表出人頭地，還使整個家族地位上升。此外，這表明此人才德兼備才能有此成就，因為中國士大夫不只代表腦筋好，還代表他透過自省、自修、苦讀，才成為這樣的人上人。

這一切造就了最早的「中國夢」，儘管並非只要有能力，就能通過科考當官。畢竟，讓一個兒子數年不必幫家裡幹活，絕大部分農家承受不起，更別提花錢供兒子苦讀（不苦讀考不過）。或者，請老師教導？當時，一如現在，有補習班，而當時的補習班大部分為上層人士服務。例如，我曾帶我的上海紐約大學學生前去參觀的上海嘉定中國科舉博物館，就是當時的補習班，各地的有錢子弟來此讀書。

然後，令人大為吃驚的，科舉偶爾招來反效果。有個特別值得一提的例子，主角是個名叫洪秀全的年輕男子。他四次應試皆落榜，精神失常，還見到異象，得知自己是耶穌基督的弟弟。他信奉基督教，開始燒書，招募其他考場失意的年輕人（其中許多人和他一樣是少數民族客家人），一起投身摧毀儒家的大業。他在這方面的成果比讀書考試還行，到了一八五〇年發動太平天國之亂，那是十九世紀最慘烈的戰爭之一，造成至少兩千萬人喪命（一八五〇年美國人口普查結果，全美約兩千三百萬人，由此可見生靈塗炭之巨）。

發奮苦讀的書生

一般說來，科舉帶給人希望。在中國，像霍雷修·阿爾傑（Horatio Alger）筆下那種不畏艱難努力不懈終至成功的人物，始終是發憤苦讀的書生——買不起燈油而鑿壁借光苦讀的人、靠螢火蟲的光苦讀的人、靠雪映照的月光苦讀的人。

在其他傳統故事裡，我們看到對這種極端苦讀精神的類似強調，例如書生用繩子把頭髮懸在梁下，以便打瞌睡時頭髮一扯，把自己痛醒的故事，或者書生想打瞌睡時就用錐子刺大腿，使自己清醒的故事。當然，為了發揮自己的固有潛力，巨核自我也會奮發向上。並非所有巨核自我都認為自己有過人天賦，但所有亞裔靈活自我者都認為用功很重要。

他們會相信酪梨核裡毫無才華之人也能拿諾貝爾獎嗎？不相信。但一如他們相信大野狼會改邪歸正，他們的確相信透過努力和吃苦能讓自己改頭換面。俗話說得好，吃得苦中苦，方為人上人；而好似把吃苦真當成要實際吃苦，有些極度具備互賴性的西藏僧侶告訴我，拜日常食物裡有石屑之賜，他們能飛！

那些為了省下吃飯時間而打點滴充飢的高考學生，和這些僧侶相比，相形失色。但可喜的是，晚近已有人呼籲考生留意健康，勿為了考好成績而走火入魔。艾琳等人針對此說，他們從高考經驗得到的重要教訓之一是，即使壓力很大，也要吃睡正常。最初的科舉沒有這類平衡可言。在應考期間，考生都得待在遼闊的考場裡，不得出去。考場裡有許多間陳設簡單至極的號舍，每個考生一間號舍，考生坐在其中的木板上，在另一塊木板上作答。

從大提琴家馬友友父親馬孝駿看待困難樂曲的態度裡，我們也看到來自發奮苦讀者較可取的學習觀。馬友友的姊姊回憶，「我父親常說沒有什麼是真正困難的」，「如果有什麼難的，就把它切成四塊，如果還是難，就把它切成十六塊。最後總能克服難關」。他說的有沒有道理，誰曉得？畢竟據說馬孝駿曾教一隻狗哼蕭邦的曲子。

至於現今中國人的靈活自我，會不會把它不達目的絕不罷休的精神，延伸到就讀米爾頓學院之類的私立學校上，答案是「肯定會」。我想，若說大部分美國學校的招生部門把自己視為撮合中心，而非等著被人一點一點擊破、直至攻克的障礙，應該不為過。此外，如果招生部門有選擇權，他們肯定會同樣快速的將那些把他們當成攻克目標的發奮苦讀者拒於門外。但誠如行李提領處那個女孩和其他類似者所表明的，發憤苦讀者往往抱持這樣的心態。

大師文化大行其道

科舉考試絕非程式設計大比拼。科舉不把重點擺在以創意解決問題或其他技能上，而是要求考生以極難的形式展現其對儒家典籍的透澈了解。畢竟，要精通，必然得花不少工夫。換句話說，科考與中國象牙套球一脈相承。套球以一塊象牙或樹脂雕成，裡面雕了多達三十或四十個可自由滾動的獨立球，大小球層層相套。熱愛困難之風，在中國延續未絕。例如，有個夏天，有位開陶藝坊的親戚給了我一只帶有精美飾帶的宜興茶壺，並強調那可是花了他好幾天才大功告成。

但科舉作文比我們所認為的還要生動活潑。紐約大學學者茲維·貝奈特（Zvi Nen-Dor Benite）解釋：「今日學者很清楚，科舉考試並不乏味。的確有些考生讓人覺得乏味，但許多考生就政治、政策問題寫下擲地有聲的文章。」但到了清朝，八股文之類事物，導致科考走入歷史——按照八股文體例，考生需於頭兩行破題，在接下來五行承題，引申說明破題中的緊要之意，然後起講，概括說明題意，接著以固定行數的對句發議論，諸如此類。科考被視為食古不化，食古不化也是帝制中國覆滅的主因之一（特別是因為科考不考數學、科學。諷刺的是一百年後，亞洲的教育文化仍然擺脫不了考試，但改以注重數學和科學而著稱），於是在一九〇五年被清廷廢除。

改變與延續

想徹底消滅考試，就跟要西方人廢除聖誕節一樣困難。考試的傳統根深蒂固，因此，儘管考試細胞老早就移除，為其他目的而做的考試仍然存在。例如，我父親通過大學所辦的考試，在一九三〇年代入大學就讀，而且還因為通過某項考試來到美國：二次大戰久久未分出勝負，有人建議在上海港開闢第二戰線對付日本人，於是中華民國交通部辦了一場考試遴選優秀水利工程師，並把成績好者送出國。此外，一九四九年解放後數年，全國性大學入學高考開辦。要到文革大亂時，考試才終於從中國完全消失。

會不會有人以為考試將從此消失？時光快轉十年，來到一九七七年十月，正是毛澤東已死、鄧小平復出的大好時刻，電台宣布大學將復設，全國性考試會再度舉行。人們最初的反應是既驚且疑，然後是雀躍不已！，再來是難過，難過於教育停擺了這麼多年，人人都未做好準備。此外，老師和學生要一起在考場裡應考，表明了中國的教育受到多大的傷害。龔衍娜描述了這一切有多讓人喪氣：

一九七七年高考後，第一批應考者裡有許多人大為沮喪，包括我的父親，因為他們所受的教育極為不足，不具備考出好成績的學識。因此，六個月後的一九七八年夏天舉行第二次高考。為準備第二次考試，我父親參加複習班，有系統的研讀數學、化學、物理、國文、政治學。為找到足夠的考古題，他去了城裡的每所學校和每間教室，索要複習材料，而這些材料通常是手寫在一張便條紙上的一些問題。十年毀滅性的政治混亂，造成學術材料奇缺。它們幾乎全在前一個十年裡被燒掉。

雖然有過這段創傷，高考如今在中國人生活裡的地位，明顯類似科舉考試。可喜的是，如今，考試包含多種科目，包括數學和科學，而且女人能和男人一起應試。

早早就開始準備

不過，高考還是具有改變生活的潛力。考試成績攸關能否考上好大學，因此有些父母在小孩一進幼稚園時，就在日曆上圈出高考日期。《紐約時報》中國特派員狄雨霏根據個人親身經驗，寫出如下報導：

小孩從六歲開始就得學各種東西，直到高中畢業為止。每天十二小時（週六日時數較少，但還是要用功），這在一年級很常見。我六歲兒子在中國的第一個寒假，學校給了四十二頁數學和四十二頁國文的家庭作業，要在四個星期裡做完。目標？就是進入北大、清大之類的名校。

走火入魔？絕對是。我們會像狄雨霏那樣對自己小孩受到這制度擺布而感到驚愕？很有可能。

許多中國大陸老師也對此制度感到驚愕。喬斯琳・瑞克福（Jocelyn Reckford）還在讀書時就創辦了「谷林與朝外：肩並肩」（Glenwood & Chao Wai: Side by Side）網站，該網站拿一所中國小學與一所美國小學比較，指出「在許多情況下，老師會想借鏡美國學校，會想較偏重想像和動腦筋解決問題」，也就是說，更酪梨核導向。但「他們說家長希望把重點擺在客觀的作業、練習、考試上，以幫學生做好考前準備。可怕的大學入學考試，『高考』，像風暴雲籠罩整個受教經歷」。

家長真蠢？

把重點擺在考試，家長真蠢？或許是，但也或許不是。至少有位中國企業高階主管的女兒說，用人完全看應徵者讀的是哪所大學，不看該人的在校平均成績或其他因素。換句話說，用人其實以應徵者的高考分數為依據。菲多利（Frito-Lay）公司某經理透過電子郵件向我證實：沒錯，大部分公司，尤其是講究規矩的大公司或政府組織，偏愛雇用名校畢業生。他們深信高考成績好的人較聰明。事實上，有些最聰明的小孩不必參加高考。有些學校看出校裡有資賦優異的學生，會讓該學生自動保送頂尖大學。但如此上大學的學生很少。

簡而言之，這套制度雖然有問題，但家長以讓小孩考上好大學為目標，卻不盡然愚蠢，特別是因為，誠如前面那位經理接著指出的，「人生活在看重階級的社會裡，而高考是決定你階級或『關係』的重要憑藉之一」，所謂「關係」，就是能幫你「避掉競爭」的人脈。換句話說，如果把黑澤爾．馬庫斯的互賴自我圖表再拿出來看看，就會看出高考有助於確立支配你生活內圈的範圍。誠如卓微（Weymi Cho）這位年輕女子所說：「在中國，重要的不只是你做了什麼，還有你有什麼人脈。」卓微這番話，是針對可能在習近平大刀闊斧的反貪行動裡中箭落馬一事而發表，但其實這番話可適用在任何事情上。

新加坡、越南等國的想法也差不多。在南韓，「修能」考試拿高分，就代表進入頂尖大學，從而表示會成為專業人士或進入三星等大財閥工作，而這當然是人人都夢寐以求的，因為，誠如前《經濟學人》南韓特派員丹尼爾．都鐸（Daniel Tudor）所說：「凡是值得奪取的市場，其實都已被財閥獨占，因此，最穩當的路子，就只有加入財閥一途。」在日本，俗話說「四上五落」，意為一晚睡五小時的學生會落榜。至於考得好壞有什麼差別，東京大學也是嚴格按照考試成績來招生，然後，該校畢業生往往頂著名校畢業的光環而受雇用。

這一切很容易就招來西方媒體的嘲諷。但其實誠如哈佛法學院教授馬克．拉姆塞耶（Mark Ramseyer）所指出的，有些亞洲考試，例如東京大學所設計的考試，有其效用且適切。學校教授「為本校入學考試出題並打分數，以補強標準化的測驗……他們出的試題，確保招來的學生，學識既有廣度也有深度。例如要就讀法律系學士班，高中生得通過英語和一門第二外語、現代日語和古日語、兩種社會學科、自然科學和數學的考試。（此外）東京大學教授出的試題特別難」。如此招來的學生，與眾不同者或許不多，但才華出眾且適合所需者卻不少。

代價

至於代價，在上述這些國家，一如在過去科舉時代，每年都有人精神失常。精神失常的案例比西方多？我個人推斷，許多人如此認為。但其實，這事無法明確定論。在中國出生的布朗大學心理學家李瑾（Jin Li）主張：

根據能取得的資料，這觀點不成立。有人比較中、日、美三國中學生因應家長、學校壓力的心理調適能力，發現日本學生面臨較高的家長期望，家長對他們的學業表現較不滿意，但他們所顯現的調適問題卻比美國中學生來得少。中國學生在壓力、學業焦慮、侵略性情感方面，也低於美國學生，儘管中國學生的確較常出現抑鬱情緒和訴說身體不適。

此外，在美國，根據來自美國衛生與公眾服務部最近的資料，以曾發作重鬱症的年輕人（重鬱症是自殺的有力先兆）的自殺想法為題，亞裔年輕人得重鬱症的比例，低於十二至十七歲歐裔美籍年輕人的比例。[27]

這與大眾的認知背道而馳。但李瑾的觀點得到亞裔美籍心理學會的支持。該學會主張，亞裔美籍中學生自殺率高於其他種族／民族群體出身之學生的說法是個「迷思」，並說家庭內聚力和父母支持具保護作用。

更清楚的是大學生活帶來強烈衝擊。亞裔美籍心理學會指出：「亞裔美籍大學生比白人學生更可能有自殺念頭和自殺未遂。」雖然資料不夠完整，或許是因為大學不願提供資料。李智英和周敏這兩位社會學家說，一九九六至二〇〇〇年密西根大學六十九起自殺中，十六起的自殺者是亞裔美籍生。這意味著亞裔美籍生只占全體學生一〇%至一一%，但二三%的自殺者是這個族群的成員；其他人針對康乃爾、麻省理工學院之類名校，也發出類似看法。

---

27 美國物質濫用與精神健康服務局報告，二〇一五年十二至十七歲重鬱症發病率，依族群區分如下：白人 12%；西班牙裔 11.5%；亞裔 10.4%；非洲裔 9.1%。見 Substance Abuse and Mental Health Services Administration, *Behavioral Health Barometer: United States*, 2015。評估方法可能因文化因素而有所偏差。

即使有較完善的資料，也難以確立學業壓力與精神壓力之間的明顯關聯。精神壓力與歧視、或學生生涯選擇矛盾、或男女情感問題的關係，很可能一樣大。為免我們自以為「知道」學生腦袋裡在想什麼，我們或許該聽聽自殺權威大衛・萊斯特（David Lester）的自述。他告訴《大西洋》雜誌撰述漢娜・羅辛（Hanna Rosin）：「大家認為我應該知道人為何自殺之類問題的答案，但我自己和我的友人閒暇時常坦承，自己其實不大了解人為何自殺。」

學校食堂裡正反兩派家長壁壘分明

不管用功讀書是否真的危害精神健康，許多亞裔認為會逼學生用功的教育才是好的教育。二〇一五年發生在紐澤西州普林斯頓附近高社經地位的西溫莎—普蘭斯博羅學區（West Windsor-Plainsboro）的爭議，就能充分說明此點。由於晚近有印度裔、華裔、韓裔移民家庭移入，亞裔在該學區所占的學生比例突然高達六成五，而且某些家長說，學校因此大不同於以往。由於改變太大，而且鑑於六年來在加州帕洛奧托地區同樣高社經地位的中學發生兩起自殺事件，以及自己學區學生接受精神健康評估案例大增（其中四十人經評估後住院治療），督學於是施行一連串改革，包括取消期中考和期末考。

不要期中考？不要期末考？

在某場教育委員會會議上，亞裔家長坐在中學食堂裡的一邊，非亞裔的家長坐在另一邊，雙方壁壘分明。賈麥克（Mike Jia）之類移民主張，把本學區小學數學資優班計畫的施行起點從四年級延到六年級，使學童的教育變簡單——因為參與資優班的學生有九成是亞裔。他說：「當前這裡的情況，反映出會使我們的小孩無法好好掌握未來的全國性反智趨勢。」反之，曾任家長教師聯合會會長的凱薩琳．佛利（Catherine Foley）主張，壓力妨礙學習。她說：「我兒子四年級，他告訴我，『我以後會沒出息，因為我的履歷乏善可陳』。」

在《紐約時報》對這場衝突的報導中，社會學家李智英好心指出，白人中產階級家長有時不了解晚近才移居美國者想讓自己小孩躋身中產階級，其實就是在美國站穩腳跟的念頭有多強烈；他們或許也未領會到他們的小孩所擁有的實習機會和別的機會，是這些移民家庭的小孩所無緣享有的。在此我或許還可加上一點，這個例子裡，亞裔移民或許真的是教育水準特別高的族群，對他們的子弟來說，美國小學四年級的數學實在太簡單。籠統的說，許多亞裔移民家長認為美國的教育水準太低。有位曾是工程師但目前在紐約皇后區開計程車的華人，甚至對史岱文森高中成績最好的學生感到不以為然。他直言不諱說：「在中國，那些人只能算中等。」

無論如何，他們備受壓力，美國境內那些擁有較穩固地位的家庭，就像行動主義者芭芭拉・埃倫賴希（Barbara Ehrenreich）所說的，也會有「擔心跌出」中產階級的壓力，而不容置疑的，這兩個壓力互相牴觸。但引人注意的，西溫莎－普蘭斯博羅學區的改革，也致力於確保所有小孩均有權參與音樂活動之類事物。亞裔移民家長大力支持舉辦音樂競賽，而督學則施行「雞貓子喊叫也有權發聲」（a right to squeak）的倡議，讓學生即使不擅長演奏樂器，也能在學校樂團或學校管弦樂隊裡演出。照美國的主流觀點，教育應該著重於讓學生的巨核自我盡情發揮和表達，因此他似乎驚愕於學校竟照亞洲靈活自我的觀點，著重表現的精湛，把競賽視為理所當然，並強調紀律和練習。[28] 至於我個人對此的看法則是難道不能有兩種音樂團體，一種供有志進入茱莉亞音樂學院的學生參加，另一種供純粹想試試吹大號的人參加？

高考考題

在這同時，中國的教育運作，其互賴程度比在美國所看到的任何教育運作都要高上千百倍。例如，至目前為止高考考題的特色一直偏重在測試考試能力，而非測試真正的思考能力。我知道許多人會主張，美國的 SAT 也獎勵考試能力，但程度差異極大，有些中國學生因此自認是「SAT粉絲」，因為SAT考題非常「合理」。他們驚嘆於SAT備考書籍不只在書末給答案，還解釋為何那些答案正確。

相反的，不諳考試之道的考生，再怎麼厲害，都很難在終究屬內群體性質的考試裡拿高分。畢竟，碰上二〇一五年高考作文之類的題目，這類人很難不傻眼：

題目：生物技術研究人員、搞焊接的、攝影師，三人都是卓有成就的，你認為誰最有風采？

生物技術研究員：老李帶領公司走進了國際化的領域。

焊接工：老王是普通焊接技工，通過自己努力變成了國際名牌工匠。

攝影師：一個攝影師拍攝一組照片發到自己微博，受到廣泛讚揚。

題目：路

作文題目以路為話題，根據材料：①「世上本沒有路，走的人多了，也就成了路」（魯

---

28 理察·尼斯貝特指出令另一所學校的亞裔家長吃驚的事，即在該校的頒獎典禮上，竟有學生因完成家庭作業受到肯定。

迅）；②有時，走錯路也是有意思的。如果沒有走錯路，就不會發現新的路；③世上沒有走不通的路，只有不敢走的人。這三句話自選角度寫作文。

題目：蝴蝶翅膀有沒有顏色

閱讀下面的材料，根據要求寫一篇不少於八百字的文章。

為了豐富中小學生的課餘生活，讓同學們領略科技的魅力，過一把尖端科技的癮，中科院某研究所推出了公眾開放日系列科普活動。活動期間，科研人員特地設計了一個有趣的實驗，讓同學們親手操作掃描式電子顯微鏡，觀察蝴蝶的翅膀。

通過這台可以看清奈米尺度物體３Ｄ結構的顯微鏡，同學們驚奇的發現：原本色彩斑斕的蝴蝶翅膀竟然失去了色彩，顯現出奇妙的凹凸不平的結構。

原來，蝴蝶的翅膀本是無色的，只是因為具有特殊的微觀結構，才會在光線的照射下呈現出繽紛的色彩……。

考生早記住多種教誨性、激勵性的「榜樣」來因應這些題目。例如，某年，有個名叫孫東霖（Sun Dong Lin 音譯）的男子，就成為無數考生選擇的榜樣。孫東霖每年固定在春節時發給員工薪水。有一次，要去發薪水途中，孫發生車禍，他的兄弟不幸喪命，但他還是想辦法讓他的員工領到薪水。於是，無數高考作文以他為例，說明信守承諾的人。

在英文作文裡，同樣有某些片語或詞彙被鼓勵使用，或被勸誡勿用。有個學生說，如果閱卷者看到某些複雜的字眼，會給你加分。看到「in order to」之類片語和「drinking the water in my room, I felt better」、「reading the book slowly, I understood more.」之類複合句，亦然。另一方面，「There be」句子，也就是以「There is」或「There are」或「There were」開頭的句子，則應避用；大體上來講，短的簡單句亦應避用。學生得讓閱卷者看出已然精通，而誠如先前已提過的，要讓人看出你已精通，就得讓人看出你已掌握困難的部分。

至於喬治·歐威爾之類的人如果考高考，成績會如何？中學畢業班學生尼爾指出，由於他強烈、直接的散文風格，肯定考不上北京大學。畢竟高考不看重清楚有力的表達人的酪梨核自我，而著重於考生證明自己既聰明且極富彈性。

考試的工具性

把高考與人口控制扯上關係，有沒有道理？西方人或許會說沒有。但對靈活自我來說，政府為防止更多人移往人口已太多的北京、上海之類東部城市，規定學生在戶籍所在的省分應考，雖然不符己意、不公平，卻不奇怪。那些考試的錄取率比在上海、北京的錄取率還要低，因此如果民工的小孩跟著父母到處跑，很可能會落榜。

另一方面，如果他們待在自己家鄉省分，至少有機會進大學。對少數民族成員來說尤其如此，中國政府對此類考生有加分政策。例如山西人克里斯第二次考高考時考上頂尖大學。後來克里斯去上海讀研究所，也在上海找到工作。如今他拿到上海居住證；以後有小孩的話，他的小孩會成為更容易考進上海大學的人之一。至於他會不會有小孩，那是另一回事。他說：「上海姑娘，眼光很高。」二〇一四年，考生考上頂尖大學的比例，在上海是二一．九二％，在北京是二四．八一％，但在山西省只有六．一七％，由此可見像他這樣的人要考上頂尖大學有多難。[29]

對於高考的這項規定和其他方面，埋怨當然是從來不斷。那麼，為何中國人不會一起極力抗爭？許多人會主張，因為「那沒有好處」，因為為了整個國家，人人都得忍受不公平。簡而言之，大草原的健全最重要。而儘管面臨種種問題，中國運用種種措施，獲得前所未有的成就——幾十年裡使八億多人脫貧？

不同地方，不同學校

中國人抱怨的事情，不只高考；他們也抱怨教育不平等。例如史蒂芬妮運氣不錯，得以就讀雲南首府昆明的一流中學——這所學校自信能讓夠多的學生上頂尖大學，因此老師也能提供電影、政治學之類培養酪梨核自我的選修課。

但這樣的學校，在雲南僅此一所，而雲南省人口超過四千五百萬，比加州還多。而就在北京、上海之類城市以外的地方求學的經驗來說，山東人艾琳的經驗更具有代表性。現年十八歲的她說，她在學校的時間從早上六點到晚上十點，現年二十一歲來自遼寧省的彭在校時間與此差不多，而且還為了準備高考，參加了她所謂的「閉關」班。這類學生無論何時都不能離校；沒上課時，就待在有老師在場督導的自習室。

同樣很常見的，是這類學校的班級分級制，最好的老師一般來講被派到最好的班級授課。根據作家趙勇（Yong Zhao）的描述，在許多學校裡：

---

29 山西的比例還不是最低的。在四川省，考生上頂尖大學的比例是5.46％。二〇一五年官方數據相差不大：北京24.13％、上海20％、山西9.2％。二〇一五年找不到四川的統計數據。

為了掩蓋這些差異，用到諸多不同的名字，用「火箭班」、「特長班」、「實驗班」之類委婉語，把班級從慢到快分級。較差的班級往往就直接稱作「慢班」或「差分班」。

例如十七歲的湖北人維琪也回憶，某些學生經考試評定能力後上額外的課程，然後再考試，接著進入有最佳師資的「實驗」班，前提是學生得簽約保證參加高考。學校的目標是藉此製造出更多得高分的學生。

藉由其他方法

本身已通過能力分班的維琪，對這一切大為反感，但她終究屬於少數。事實上，有些未能編入好班的學生家長，想方設法扭轉編班決定。這涉及到許多沿襲已久的作法，從幕後操縱到送相關人士赴歐洲度假皆有。中國國家主席習近平發動的反貪行動，減少了現金的使用，但送禮太盛行，因而如某學生所說的，「骨子裡還是一樣」。

在這同時，發生於編班層次上的事，也發生於座位編排層次上。教室通常塞了許多學生，坐在教室後排的話，有時很難看到黑板上的字，於是許多家長設法為自家小孩爭取視野較好的座位。位於前排而較受青睞的座位，照理分配給考試成績較好者，但家長的「影響力」同樣能改變原本的決定。

至於上課情況，艾琳說有些老師想力求公平，但就是無法由衷關心成績較差的學生。在其他學校，甚至不追求公平。趙勇說，據說有所學校不會想辦法幫助較遲鈍的學生，反倒給名列前茅的學生免費加課，而名次較差的學生要加課則得付費。在其他地方，名次較差的學生得戴綠領巾，以有別於成績好的學生所戴的紅領巾，或者被要求在教室外考試。

難怪學生在此環境裡待久了，不只學會牽就所屬群體，還把關注焦點擺在自己在那群體裡的地位上。上學後的第一個心得，且是最深刻的心得，乃是若不爬上頂尖位置，不會有好日子。在中國，「瞧不起」一詞仍然深具威力；在韓國，情況亦差不多。如丹尼爾．都鐸所說：「如果你被視為沒出息的人，別人真的會讓你覺得你低人一等。」

作弊在所難免

在這一階梯狀世界裡，待在底部就是沒好日子過，但透過苦讀可以層層往上爬，而這樣的社會認知與亞洲人考試時作弊的盛行有無關係？的確有關係。如今中國大陸高考時使用無人機防範作弊。考場附近的無線電信號受到嚴密監控，而且政府反倒為此成就而自傲，也為其成功逮到各種作弊工具的供貨人而沾沾自喜。作弊工具包括手錶、筆、錢幣、眼鏡、鞋等，其中許多東西精巧到讓人納悶為何還沒人開間「作弊博物館」。

我們在亞洲看到的作弊情事，比在美國看到的還要多？在亞洲，作弊肯定更常被視為人生在所難免的事。[30]十足正派的中國學生的確很多，而且他們為某些同學的無恥作弊行徑所受到的傷害，比其他任何人所受到的都要大。此外，我告訴某些中國籍研究生，我這輩子未認識哪個朋友或同事在考試時作過弊，他們聽了大為驚愕。我兒子同樣憶起他在香港的中學同學考試時攤開教科書被逮，結果老師只要他們把書本收起來；若在美國做同樣的事，會被停學。在某美術館當主任的白鈴安（Nancy Berliner）也回憶，她住在台灣時，人們會請友人代寫論文，就和請友人替他們去雜貨店買東西一樣自然。威廉斯學院（Williams College）名譽退休教授蘇珊·格雷佛（Suzanne Graver）回憶，她有些日籍學生做了剽竊的事，後來她向他們說在美國不該做這種事，然後，出乎意料的，他們就此罷手。

但在此有個疑問：這個現象的癥結，只在於標準太寬鬆和考好考壞的利害關係很大？或者，一如非法複製，這也是靈活自我所具有的某種不光彩的特性，一如這類人具有某些值得嘉許的特性？

但求順遂

每年過年，我母親都會煮一鍋火鍋，舀出其中某些菜，同時解釋它們的象徵意義。母親把魚丸和肉丸舉到空中，嘴裡念著「團團圓圓」，意味「闔家團圓」。但她也會舉起一隻蝦子，提及牠彎曲的形狀，說著「彎彎順」，意為「願你找到方法繞過難關」。

這與作弊八竿子打不著，反倒與許多頌揚靈活自我且體現道家精神的故事相呼應。例如，據認出自思想家莊子之手的文章裡，有這段〈庖丁解牛〉的故事：

> 庖丁為文惠君解牛，手之所觸，肩之所倚，足之所履，膝之所踦，砉然嚮然，奏刀騞然，莫不中音……
>
> 文惠君曰：「嘻，善哉！技盍至此乎？」
>
> 庖丁釋刀對曰：「臣之所好者，道也……。始臣之解牛之時，所見無非牛者。三年之後，

---

30 在美國，作弊受到痛斥，但伴隨著美國開始施行高利害關係的考試，也已爆發一連串令人極難堪的作弊醜聞。見 Yong Zhao, *Who's Afraid of the Big Bad Dragon?*

未嘗見全牛也。方今之時，臣以神遇而不以目視，官知此而神欲行。依乎天理，批大郤，導大窾，因其固然，技經肯綮之未嘗，而況大軱乎！良庖歲更刀，割也；族庖月更刀，折也。今臣之刀十九年矣，所解數千牛矣，而刀刃若新發於硎。彼節者有間，而刀刃者無厚，以無厚入有間，恢恢乎其於遊刃必有餘地矣，是以十九年而刀刃若新發於硎。雖然，每至於族，吾見其難為，怵然為戒，視為止，行為遲。動刀甚微，謋然已解，如土委地。提刀而立，為之四顧，為之躊躇滿志，善刀而藏之。」

文惠君曰：「善哉！吾聞庖丁之言，得養生焉。」

這位靈活自我型的廚子，以整體觀照的方式處理牛。他把「全牛」當成某種田野一般。然後與其說他處理它，不如說他安然走過它——他的精神「依乎天理，批大郤，導大窾，因其固然，技經肯綮之未嘗，而況大軱乎」！

中國的靈活自我文化告訴聽者，這就是行事之道。武術大師李小龍回憶，他的師父曾告訴他「絕勿違逆自然，絕勿與任何問題正面對幹，而應藉由與它一起擺盪來控制它」，還要他「順應自然的變化」來「保住」自己。這些看法與中國經典名著《道德經》相呼應。此書頌揚柔韌的長處：

天下莫柔弱於水，而攻堅強者莫之能勝。

還勸誡世人：

兵強則不勝，木強則兵。

人生處世最好像彎而不斷的竹子，或者像湯瑪斯．塔爾海姆的星巴克調查裡的華南人。西方人很容易就認為不把擋道的椅子移開的華南人消極被動，但這些華南人很可能自認靈活有彈性，採取不對抗的明智策略。畢竟道家思想透過我媽和李小龍之類積極傳播它們的人流傳至今。例如李小龍常說「要像水那樣一路穿過裂隙」。這話是指學生應該作弊？不是。一如鼓勵孩子繞過障礙的我母親，李小龍只是在傳遞傳統思維。

行李提領處的許多留學生

在中國，許多人認為高考是必要之惡。他們說，根本沒別的辦法來處理每年將近一千萬想上大學的學生；高考雖有種種問題，但比起可讓人透過關係直接左右結果的大學招生方式，高考還比較公平。許多中學教室牆上貼了這麼一幅標語：「沒有高考，你拼得過富二代嗎？」此外，對許多人來說，高考是標誌人生重要階段的重要儀式。「為了做好高考準備，學生得處理來自社會、老師、家長的壓力，」艾琳說：「我們得冷靜，集中精神，為自己好好想想，然後我們日後就會具備那個能力。」

復旦大學大四生史蒂芬妮，較不信這一套。她說，師長告訴她，如果妳高考考不好，「就完了」，但她對此存疑。阿里巴巴的馬雲考了三次高考才考上杭州師範大學（好學校，但非頂尖學校），此事肯定說明了考試成績和有沒有出息並無必然關係。馬雲也說他被哈佛大學拒絕了十次。

至於中國的海外留學生人數為何暴增：有些留學生是為了增進英語能力；有些人相信在美國待過會使人更外向（誠如某學生所解釋的，「我父母認為我頗內向」）。有些留學生喜歡美國的冒險刺激；有些認為海外留學是身分地位象徵，豐富人生閱歷所不可或缺。有些留學生對政府在保護他們免受外界傷害的說法存疑，想親自去看看這個邪惡世界長什麼樣；有些則根本自知不可能考好高考，認為最穩妥的辦法就是另闢蹊徑。許多留學生認為西方教育就是比較好。即使在中學層次，學生也往往發現美國課程較不僵化，較吸引人。此外，美國空氣較乾淨，考慮到日後會真正想定居的地方的話，政治情勢較穩定。

但也有些留學生覺得整個高考制度太互賴——他們不相信通過它所進入的體制，是他們或他們家人所需要的，如果他們本身很富有的話，尤其如此認為。在韓國，許多人根本對現狀感到失望。誠如金智淑（Kim Ji-sook）這位家長所說：「生活太苦，我的小孩不想在國內生養小孩。但這又無法改變，現實就是如此。」考試是個沒意義的活動？他們如此自問，同時仍不失互賴作風的問，為何不想辦法繞過去？

模式大師

亞洲留學生如果去美國會發現什麼？他們將面對與自己習以為常的思考方式大不相同的思考方式。中美的諸多差異之一，即是在中國，最受肯定的老師會被派去教學生準備高考，他們最受肯定的原因之一，是如艾琳所說的，他們「看過許許多多考試，時間可能從一九九〇年代到二〇一〇年，地點則涵蓋十或二十個省，而且他們能看出一再出現的東西」。也就是說，他們以互賴方式專注於一再發生的事物。

而在這點上，中國老師反映了靈活自我生活的另一個重要且少有人知的面向。這是在開始談巨核自我之前必先探討的第四個面向，也是最後一個面向，即靈活自我有著喜歡專注於通則而非例外的傾向。靈活自我對支配宇宙的法則感興趣，有心使自己的生活與宇宙法則一致，此傾向正是這種心態的一部分。至於那是否導致訓練出與巨核自我的本質完全背道而馳的東西——沒有錯。

九、模式與訓練

在我的成長階段，父親常談他看過的一部電影。他生於一九一九年，在上海西邊的某個湖畔鎮長大，看電影的機會並不多。移民到美國後，由於生活壓力，記憶中我母親和他從未出去約會過。

但有部電影卻讓他印象深刻，不是因為電影裡的角色，或因為那部電影很好笑或很好看或拍得很好；他連電影片名都不知道。但他記得那部電影的劇情，講述某島上一群尋寶人，他們只知寶藏埋在形似字母W的東西底下，於是整天搜尋，翻查過每個石頭、葉子和蟻丘。他們找過原木底下，仔細翻找過海草。日落時他們不得不死心，開車離去；就在這時，在電影結尾，觀眾看到「W」形狀出現在天上，這是樹梢影象所構成的W。我一直未找到父親所描述的這部電影。在《瘋狂世界》（*It's a Mad, Mad, Mad, Mad World*）中，有個「大W」，但劇情不一樣。

父親講這故事時總是開懷大笑，搖著頭，對這群人笨到淨往小角落翻找，顯出不以為然的表情。而且他提到這故事時，也常連帶提到故事的教訓——指出人們無法「看到大W」，囑咐我也要「把目光擺在大W上」。這則故事告訴我們不可見樹不見林，但其真諦不止於此，它還要人思考更大的模式，思考什麼造成該模式？支配該模式的原則為何？

理

我父親這種整體觀照的思維方式，有點類似先前我們談過的那位藝術鑑賞家，就是那位想透過藝術家特有的筆法或調性來鑑別該藝術家特徵的人。這套可透過其留下的痕跡辨別出他的支配性或規範性原則——即它的「大W」，中國人稱為「理」。「理」賦予萬物以模式。

它賦予一塊木頭特有的紋理；它支配雲與雨暴的形成；它是月相的成因。它不是靜態的藍圖，比較像是受精卵成為胚胎再成為幼兒的發展腳本。它是宇宙中規律性的根源。[31]

「理」與許多西方人聽過的「氣」有關係。「氣」指充塞於天地間的生命力，就像風水講求的，必須確立建築或鏡子或牆的正確位置，才能確保「氣」的自由流動。中國很看重風水，以香港摩天大樓的興建為例，破土動工之前，一定會先請風水師勘輿。這個做法具有清楚無誤的互賴意涵，也就是任何工程，即使規劃得再怎麼完善，若未與所處環境相合，施工絕不會順利。但即使氣的流動未受阻礙，仍有賴於「理」賦予其形體，比如把氣轉化為竹叢或蓮葉或颱風或魚。

非常古老的執著

數千年來，亞洲人一直念念不忘於窮究「理」。例如，日本藝術家葛飾北齋不只希望八十歲時能精益求精，還希望九十歲時進一步探明萬物的奧妙。換句話說，他希望窮究「理」。而在教育上，對「理」的執著，至今未消。又例如中國教科書，相較於美國的教科書，薄得叫人吃驚。這是因為它們著重最基本的概念，不詳述通則的例外，也不把有趣但不相干的事或叫人發噱的事例納入。這不是說它們是學生的重點導讀手冊，反倒相反。例如，每本數學教科書都交待公式如何導出，因為掌握來龍去脈是獲致真正了解的關鍵。事物的源頭為何？在數學裡，一如在生活裡，系譜很重要。但好的教科書緊抓住永遠最重要的東西，去掉不相干的東西，去蕪存菁。

此外，好的老師也是如此。例如大提琴家馬友友的姊姊回憶，一九六〇年代她父親如何在家自行調教她和她弟弟：她說，為了備好一堂十分鐘的課，父親會忙上兩個小時，挑出科目裡最重要的部分教他們。她父親的作法，類似我已故的父親。我父親與他屬同一個移民世代，在大學教授土木工程學，以不需講課筆記就能教學的作風而甚受敬愛。至於他如何做到這點，他常說每一章只有一個法則，只需要掌握那個原則——「理」，就能教授整章。

然而，西方教授一般常鼓勵學生在課堂上發言，許多互賴型的學生覺得此舉不只不自在，而且沒效率。為何把寶貴的上課時間浪費在只會掩蓋住主要重點——大W的論辯上？

31　無形之物組成我們所見萬物的說法，可能讓人想起柏拉圖的「地穴寓言」。根據柏拉圖，我們人類所認為真實存在的東西，就像投射在牆上的許多影子，實際的東西存在於我們可能將其概念化、位在我們身後、不為我們所見到的領域裡——但中國人的思維焦點不在物，而在過程。

中國人的道德教育也把重點擺在「理」上？沒錯。例如，子女為何該照顧長輩？因為那符合「天理」。誠如凱尼恩學院（Kenyon College）教授孫笑冬（Anna Sun）所說的，這「是超乎社會習俗、甚至超乎法律的東西。它是世間萬物的法則。就中國人的思維，所有人最終都會用它來引導或合理化我們的行為」。

政治上的「理」

中國最高權力決策機構，由九名常委組成的中國共產黨中央政治局常委會，每十年人事全部換過，這種方式處處可見「理」的概念，人事更動沒有選舉；沒有公開說明或任何一類明確的程序，就像日出般發生，令西方觀察家大為困惑。例如哈佛法學院教授諾亞·費爾德曼（Noah Feldman）把這稱作「現今中國治理方面最叫人吃驚的一點」，在其《涼戰》（*Cool War*）一書中指出：「從一九九二年起，然後是二〇〇二年，再到最近的二〇一二年，中國共產黨每隔十年就要其最高領導班子退休，換上差不多較年輕十歲的另一個班子。」他接著說：「叫人注意的一點是竟能一再如此：中國的領導層以固定的模式自願退下，換上較年輕一輩。」當然，在二十世紀大半時間，中國領導層的人事更動不可預測，有時還刀光劍影，訴諸暴力；其實沒有什麼「天理」使這一規律不可避免。但晚近幾十年，人事更迭頗有規律，似乎有心援引天地之「理」。

費爾德曼還指出，中國的高層領導人「通過漫長且複雜的一連串任官步驟」才坐上政治局常委之位。這一連串步驟使「他們經由共識而雀屏中選，從同一代人中脫穎而出。那一共識與權力的取得和執行密切相關。就連熟諳中國共產黨的專家，都難以充分解釋有多少人事升遷與友誼、恩庇網絡相關，與擔任政府官職或黨職期間的績效卓著有多大關係。黨員本身可能都無法充分解釋這個複雜的一系列社會過程」。

事實上，根本沒有「可簡單陳述的法則——（沒有）嫡長子繼承王位、拿最高票的候選人當選、總理任命閣員」之類巨核自我所偏愛的作法，反倒存在一些彼此部分重疊且受「理」支配的模式。例如，一再有實權人物的私人祕書或侍衛，常年隨侍在側，好似在耳濡目染中，自然而然取得個人權力。這些晚輩與他們恩師之間的關係，類似先前所討論過明朝習畫學徒與畫師之間的關係。他們往往以靈活自我的作風彼此替代，互做對方的工作。

至於為何如此，我們不妨想想許多民間故事，講述完美模仿天地之「理」如何成功發送真正的「氣」。例如，孟嘗君遭敵人追殺，卻被守城門者擋住去路，而城門要在天亮後才會打開。就在坐困愁城之際，有個食客模仿公雞叫，模仿得維妙維肖，其他公雞聞聲也跟著叫。

城門隨之打開，孟嘗君得以逃脫。

當然，模仿成真的觀念也令西方人著迷。從一隻填充兔玩偶如何受到主人無比的喜愛而變成真兔子的童話《絨布小兔》（*Velveteen Rabbit*），到常聽到的若陷身困境就該「假裝自己可以，最後會真的可以」這個建議，在西方文化裡處處可見模仿的威力。然而，在中國文化裡不同之處在於那不只是模仿，而是對能真正產生強大作用之「理」的模仿。儀式在中國文化裡如此重要，原因在此。例如中國共產黨領導層的人事更迭具有規律性、不透明且看來永無休止，卻似乎與先驗法則相符。這個黨可能打算透過模仿「理」來發送真正的「氣」？無論如何，這個黨的所作所為似乎就是如此。這項儀式所具有的、不可思議的規律性，已協助這個政權取得實權。

兩頭獅子

這一切也與許多去過北京紫禁城的西方觀光客所問的一個問題有關：「為何那些獅子長得那麼奇怪？」

那是因為中國不產獅子，有很長一段時間，獅子被當成異獸，中國人主要是透過來自印度的佛教藝術來認識這種動物？許多西方人肯定會以這類說法作為答案，因為中國獅子大多讓人覺得很不真實。例如次頁第一張照片裡的獅子似乎主要在呈現獅子的剛猛有力，而非呈現獅子的真實模樣。在西方，風格化動物的存在也是非常悠久，但西方的風格化動物沒有東方的此類動物具有的哲學意涵。

對中國人來說，紐約市立圖書館前那頭獅子才乏善可陳。有誰能從那頭皮包骨的雕像裡看出獅子是萬獸之王？它的肋骨太逼真，它那種熱切專注的模樣，活脫脫像隻等著主人的狗。它太貼近真實，根本獨一無二——它太卑下，受制於表面的呈現，太遠離「理」，因而永遠發送不出任何「氣」。中國獅子才會把周遭的「氣」吸引過來。[32]

主要意旨

中國人的思維習慣，常把會令人從「大W」分心的細節（包括西方人覺得至關緊要的細節）濾除掉，凡是去過中國的西方人都會認出這一種習性。例如，最近在上海有人要我簽一

32　中國藝術也曾有過更注重寫實的時期，但寫實不是中國藝術的主流風格。

紫禁城外的獅子（上）與紐約市立圖書館外的獅子（下）。

份短期的飯店式公寓租約。合約書有四頁，詳列租賃條件——租金、租期、毀損後果。然後在最後面，「其他事項」底下，出現如下條文：「為防（此約）英文版和中文版彼此抵觸或不一致，一律以中文版為準。」如今，這是許多國際合約的標準用語。但就我碰到的情況來說，對方並未給我相關的中文版合約，只有一行虛線供我簽名。那麼這份租約究竟有何意義？當然沒有意義。我最後未簽名，因為那根本不是租約，只是像租約的東西。比較像是互賴性的儀式用物件，而非真正具體的協議。

同樣的，在印尼，就連一九四五年脫離荷蘭獨立的重大宣言，都從頭到尾讓人覺得只是篇類似宣言的文件：

> 我們，印度尼西亞人民，在此宣布印度尼西亞獨立，與權力轉移之類問題有關的事務會盡快細心執行。

這麼重要一份具有宣言性質的文件，傳達了此宣言的主要意旨：印尼自此獨立，卻在其中用到「之類」這個字眼！但沒人會把此宣言的撰文者與湯瑪斯．傑佛遜搞混。

再者，不妨談談來自我親身經驗的另一個例子。話說上海書展的主辦單位為了我的到訪，事先請我提供個人簡歷，而且寄來一份範本──在西方從沒有哪個主辦單位給過這種東西。那封電子郵件以「以下是自我介紹的範本供您參考」的好笑句子開頭，然後寫道：

某人一九三二年生於千里達，一九五〇年拿獎學金赴英格蘭留學。在牛津大學的大學學院讀了四年後開始寫作，自那之後未從事其他職業。他於一九八九年獲封為爵士，一九九三年獲頒大衛柯恩英國文學獎，二〇〇一年拿到諾貝爾文學獎。他擁有劍橋大學和紐約哥倫比亞大學的榮譽博士學位，以及劍橋、倫敦、牛津三大學的榮譽學士學位，目前住在英格蘭的威爾特郡。

這裡的「某人」，誠如任何文人都會立即告訴你的，就是諾貝爾文學獎得主奈波爾（V.S. Naipaul）。至於要我根據這個範本寫簡歷，很遺憾，我這方面的能力很差。

「西班牙人不懂什麼是西班牙風格」

畫「理」之掌握，往往存乎一心。例如大芬畫家常根據範本仿製，但通常並非不動腦子的照樣仿製，而是致力於突顯畫作的「主要特徵」。於是，「大芬村所畫的《蒙娜麗莎》幾乎個個都較大，《星空》則各個都有較繁密的星星」。外國建築也好似經過美圖軟體強化過，為此，外國建築師常覺得「他們的」建築經過中國人山寨後具有奇怪的一般性。他們會說那好似根據明信片設計出來，或者說像迪士尼，或者說整個比例都不對。

中國的仿製者不像英國建築師湯尼・麥凱（Tony Mackay）那樣有這三項抱怨。先前談過的「泰晤士小鎮」，就出自麥凱的設計，他說：「泰晤士小鎮具有這個近乎夢境般的歐洲特質。運用數種不同石材，根本不對。在道地的英格蘭教堂裡，絕不會像這樣使用。」

但道地的英格蘭教堂，其效果當然會和紐約市立圖書館前的獅子一樣；就教堂來說，這樣的教堂太貼近真實，不是中國人想要的。作家畢安卡・博斯克（Bianca Bosker）說：「中國人仿造的城鎮往往把城鎮重新構想得比原版還要大……（或者）不讓每個複製的地標性建築以等比例放大，（於是）建築往往在高度、大小和平面布局上顯得不相稱。」但中國人不在乎這點。只有拘泥於原作的外國人觀點，才會有這個困擾，因為那樣的觀點著重於一致性與真實不偽之類的巨核自我。事實上，就連赴海外實地考察其主題的中國設計師，回國時往往出現在西方人看來只想著吸引最多客人上門的心態——「一種似乎從觀光明信片、好萊塢電影或炫麗通俗雜誌得來的概括性觀點」，強調「最易認出的東西和西方的招牌文化成就」。

並非只有中國人具有主題公園傾向。例如，杜拜的旅行社哀嘆埃及人對觀光太不在行。有位旅遊業高層問道：「如果由我們來處置金字塔，你想像得出我們會怎麼做嗎？」[33]

擁抱「理」之人和不懂何為「理」之人存有隔閡，而鑑於這樣的隔閡，外國建築師覺得東西方難以合作，但只有他們有這樣的感覺嗎？並不是。中國人這邊往往覺得外國建築師連自己在做什麼都欠缺最基本的理解，覺得他們未能認知到自己的「理」。誠如某位氣憤的中國建築界泰斗所說：「西班牙人不懂什麼是西班牙風格」。

為「理」而閱讀

從某些閱讀方式，也可看到東方人對「理」的關注。例如，康乃爾大學心理學家王琪指出，在亞洲出生的大學生根據語法分析所讀章節時，作法不同於他們的歐裔美籍同學。她把下面這段文章給一群歐裔美籍學生讀，結果他們把它分成七小節（在此，小節與小節間用斜線隔開）：

三月六日，用早餐時和皮特就家族史和父母私奔、結婚之事談了頗久。這些事我們兩兄弟覺得很有意思，我們的太太沒那麼感興趣，我們的小孩則根本覺得無聊至極，因此你才和你的兄弟姊妹膩在一塊。／回家上樓／沖澡，在這裡，沖澡是件令人困惑的事。照理人不該為這樣的小事生氣，應該把重心擺在更大的精神性事情上，但英格蘭的管道設備還在初期的摸索階段，我這麼認為。管子、水龍頭和機械裝置是不少，但蓮蓬頭出來的水，水溫一直在變。小小調整一下水龍頭，水溫就大變。很不想花十五分鐘沖個澡，因為會洗到大叫。／我的侄女貝姬過來找我們。她住在離倫敦一小時距離的地方，開了家玻璃器皿店。和說話帶著那種腔調的人有親戚關係，並不常見。她提到 motorways（公路的英式說法）和 lifts（升降梯的英式說法），把 bath（洗澡）說成 bawth。但她來自家族的南方分支，那個分支於四十年前為了躲避寒冬，移往佛羅里達。他們講話有自己的怪腔調，都是浸信會教徒。／皮特和我下午去看戲，戲名「仙境」，／然後在今晚和家族的英國分支一起吃晚餐（在義大利餐廳）。／但皮特要去看足球賽。我們每個人都不懂他為何那麼愛看足球，但他就是個狂熱的足球迷，要搭地鐵到遙遠的郊區市鎮，與喝醉、魁梧、下流的男人一起靜靜坐在看台上。／三月七日……

33　見 Ilan Stavans and Joshua Ellison, *Reclaiming Travel*。

亞洲出生的一群美國學生把同一段文章分成僅僅四小節：

三月六日，用早餐時和皮特就家族史和父母私奔、結婚之事談了頗久。這些事我們兩兄弟覺得很有意思，我們的太太沒那麼感興趣，我們的小孩則根本覺得無聊至極，因此你才和你的兄弟姊妹膩在一塊。／回家上樓，沖澡，在這裡，沖澡是件令人困惑的事。照理人不該為這樣的小事生氣，應該把重心擺在更大的精神性事情上，但英格蘭的管道設備還在初期的摸索階段，我這麼認為。管子、水龍頭和機械裝置是不少，但蓮蓬頭出來的水，水溫一直在變。小小調整一下水龍頭，水溫就大變。很不想花十五分鐘沖個澡，因為會洗到大叫。／我的侄女貝姬過來找我們。她住在離倫敦一小時距離的地方，開了家玻璃器皿店。和說話帶著那種腔調的人有親戚關係，並不常見。她提到 motorways（公路的英式說法）和 lifts（升降梯的英式說法），把 bath（洗澡）說成 bawth。但她來自家族的南方分支，那個分支於四十年前為了躲避寒冬，移往佛羅里達。他們講話有自己的怪腔調，都是浸信會教徒。／皮特和我下午去看戲，戲名「仙境」，然後在今晚和家族的英國分支一起吃晚餐（在義大利餐廳）。但皮特要去看足球賽。我們每個人都不懂他為何那麼愛看足球，但他就是個狂熱的足球迷，要搭地鐵到遙遠的郊區市鎮，與喝醉、魁梧、下流的男人一起靜靜坐在看台上。／三月七日……

歐裔美國學生好似不斷在問，這是個與其他活動不相干的個別活動？反之，在亞洲出生的互賴性學生在尋找有意義的共通性。他們似乎在問這項活動可以和另一項活動歸為一類嗎？以及這兩項活動之間的界線是實線還是虛線？更大的模式為何？難怪為高考作文作準備的中國學生拚命想搞定他們所謂的「那些細節」，或為了搞定他們所認定的「具體細節」，竟要事先記好一些勵志性的事例——亦即典範。

例如，這個人「回家上樓，沖澡」一事重要嗎？或者沖澡是重點，回家上樓只是讓人把注意力轉離重點的次要事項？這一為了找出「大W」而分類之舉，或許部分反映了中國人口眾多、歷史悠久等特點。誠如文學評論家余秋雨所指出的：「在一個琳瑯滿目的世界，學會排序是一種本事，不至於迷路。」那包括對細節的排序分級，因此對個人主義者來說是非比尋常的細節，對互賴者來說卻是無關緊要的。如果細節不是完全無關緊要的，那就是次要的。誠如華東師範大學教授金衡山所說：「我們先掌握一般模式，再往下及於細節。」這也是中國企業家營運的方式。前美中聯絡官塔米歐．史匹格爾（Tamio Spiegel）說：「正式協議的締結始終很費勁，因為中國人只在意整體關係和合夥雙方共同追求的總目標，而美國人一心只想搞定條文細節、小地方和規定。」

識別模式

在這同時，中國出生的波士頓學院大四生龍揚發現，「模式」以他許多同學未曾碰到的方式迸現在他面前：

模式的識別很有意思，因為這可用在我生活的許多領域裡。模式的呈現，在我的求學生涯裡，最為清楚可見。我活到現在一直在求學，因此上學是我唯一可提的真實例子。這不只涵蓋亞洲人全都擅長數學這個刻板印象。我數學很好，但只好到某個程度。當數學只是代數、三角、簡單微分函數的時候，那很容易，因為我只需要識別出模式，把模式用在不同的數學難題上。那就像拿起拼圖的一塊拼片，試圖把它與我所找到的拼片合在一塊。但當碰上高等微積分，在這門學科裡，真正重要的是要從理論層次上理解數學，結果我拿到我求學生涯裡的第一個C。

再說，這也不只見於數學這門科目上。看書籍文章時，我的第一個本能是審視我在正文裡所能認出的諸多模式，也就是與我所讀過的其他東西有關的東西。

他還說：

在我的生活中，識別模式的另一個用處，就是讓我很快上手謀略遊戲。不管是玩棋盤遊戲、打撲克牌或打電玩，如果有個類似的致勝模式或公式，我很快就能看出。最近一個這方面的例子，或許是我和我的朋友學會玩「卡坦島」（很好玩、建議試試的桌遊），偶爾就聚在一塊玩。我很快……就掌握了策略，也就是勝算最大的公式或模式，勝率始終超過五成。就四人遊戲來說，那是很高的勝率。

這一著重模式的行為，與西方商界人士與中國人談判時碰到的久久不出聲有關？中國人想利用這段不出聲的時間辨識出互動模式，擬出對應策略？多半是這樣。

訓練

鑑於對模式的看重，也難怪中國人支持以訓練為教育的方法，他們覺得訓練是養育小孩所不可或缺。加州大學洛杉磯分校學者趙魯絲（Ruth Chao）指出，對大部分中國母親來說，

「訓練」一詞是正面的字眼。[34]因為畢竟所謂的訓練，不過就是思維的模式化——從外而內的模式化，模擬自然由外而內將無形的氣模式化為協調一致之宇宙的作為？

對刻意保護酪梨核般自我的西方人來說，訓練和熟記（兩者關係密切）極富爭議且敏感。例如，有位美國兒科醫生最近拜訪了上海一家高檔幼稚園，對其英語教學方式頗不以為然。她說園方教小孩背誦，但小孩完全不了解自己背誦的東西的意義。她的發展式教學觀認為用沉浸式方法教小孩英語，效果會好上許多，而這說法很可能沒錯。

但要怎麼替五歲小孩打造這樣的沉浸式教學環境，不得而知；在這同時，利用死記硬背和練習，中國已製造出數量驚人的能說英語者。還有更多人寫得比說的好？的確。以心理學家王琪為例，一九八〇年代就在四川接受這樣的背誦教學，如今說得一口流利的英語。同樣的，英語教學名師俞敏洪在森林裡背誦對話，藉此學會說英語。他後來寫了一系列教科書，促使數百萬中國人用同樣方法學英語。又如山西籍的上海居民李克里斯回憶，他每天回家後，每晚十點到十二點會背兩個小時英語。他說他最初還有所懷疑，後來發現這方法真的管用。

就連十八歲江蘇人阿曼達，讀幼稚園時就開始跟著一個以英語為母語者學英語，她從事任何活動時，包括白天小睡時，都有那人陪著，但阿曼達卻推薦以熟記、背誦來學英語。事實上，她主要的語言學習法之一，是找來該語言的DVD，熟記其中的台詞，而且不只把這方法用在英語上，還用在法語和德語上。例如，她熟記英語「小紅帽」卡通裡的台詞，於是如今她仍記得「I'm your mother. It's my job to worry.」之類的台詞。她把這模式改造，以適用於其他情況，自然就有效果（例如「I'm your daughter. It's my job to worry.」），作法和龍揚針對學習微積分前的數學課程的作法差不多。

當然，在美國也用到模式性練習。但自我表達在美國所受到的強調，遠大於在中國所受到的強調，若有美國學生一天花兩小時在背誦，會蔚為千古奇談。

中國式熟記

背誦在中國有其效用，是因為中國式熟記並非不動腦筋的死記？在《高考》（*Gaokao*）一書中，龔衍娜引用了中學教科書裡的一段文字。該段文字解釋：

> 熟記經典和重要文章，在中國教育裡沿襲已久。熟記之前，應先朗讀文章，正確念出每

---

34 見 R. K. Chao。

個字，適切的暫停，並強調語調以顯得流暢。這時，應該大略了解文章的意思，不是完全了解，而是局部了解——理解文章主題、結構、中心思想、重要片語、詞語、句子。應以此為基礎，快速、低聲、一再的誦讀，以利能流暢誦讀文章。

我們或許注意到這段文字對流暢的強調。這段文字接著說：

> 至此就做好熟記的準備。
>
> 逐節熟記。在每一節裡逐段熟記。在每一段裡逐句熟記。記住一個句子，接著記住下一個句子，把諸個句子連成一段。記住一段，再記住下一段，把諸段連成一節。記住一節，接著記住下一節，把諸節連成一篇文章。

讀到這裡，令我們印象深刻的或許是對連結的強調。

> 熟記不只是死記硬背的學習。嘗試記住句、段、節時，要思考它們，理解它們，要心口合一；熟記是個自然過程，就像水之從泉流出。熟記是用心去學。應該使節、句從口中發出；

使意義從心中發出。這是熟記的要素。把書本的養分化為你的血肉。

這一切和畫家對著大師名作臨仿時所想做到的差異不大。學生把著作積極內化於自身，吸收其「理」。他們自豪於即使面對一般材料也能做類似這樣的事？沒錯。誠如漢學家白魯恂針對中國商場談判者所評論：「中國談判者的確不管什麼時候都會完全掌握過往所發生的事；在有利於他們的情況下，這麼做會考驗對方的記憶力。」這是在打量對手。這個人若考高考，會考得怎麼樣？中國人很想知道。

「我在字的形狀裡蕩鞦韆」

今天會有人（包括中國人）主張教育就該死記硬背嗎？當然不會有。但暫且不談講究互賴式訓練和模式導向的教育能使西方人有辦法和中國人一較高下這問題，眼下只問這種教育方式可取嗎？畢竟，就連我們最早的個人主義者亨利．大衛．梭羅，都因為其追求實效的拉丁語、希臘語教學方法，而被他的學生稱作「訓練者梭羅」。此外，如今許多美國人認為徹底揚棄熟記的作法錯了。

例如詩人卡蘿・穆斯克杜克斯（Carol Muske-Dukes）憶及她在北達科塔州的背誦文化裡長大，有個修過「朗誦課」、從而「記住」許多詩句的母親。這讓她們母女倆都受益良多，因而她和其他詩人致力於重振熟記式教學，往往不顧學生的強力抗拒。例如，詩人約瑟夫・布羅茨基（Joseph Brodsky）在哥倫比亞大學的研究生寫作課上採行此作法時：

大部分學生說不想照做。後來他們開始背誦在課堂上和課堂外所記住的詩。學期結束時，學生已以一副極權威的語氣和十足樂在其中的心情「講」奧登、畢夏普、濟慈、懷亞特的詩。某種變化改變了他們的想法。他們所學到的詩如今融入他們血液裡，跟著他們的心一起跳動。

至於記住的字句如何內化於她自身，穆斯克杜克斯憶及她母親一邊推她蕩鞦韆，一邊念羅伯特・路易斯・史蒂文森的〈鞦韆〉。穆斯克杜克斯說，「我在字的形狀裡蕩鞦韆；我用我的身與腦學字」，「我在……將會永遠不消的東西裡，在詩本身的身體裡，蕩鞦韆」。她母親打算也用這方式來形塑穆斯克杜克斯的人生，把她女兒打造為詩人？無論如何她的確把女兒打造為詩人，而且容我補充一句，並未毀掉她女兒的創造力。

讓你難堪是為你好

訓練有個特點，那就是很費工夫，也就是說訓練與發憤苦讀的書生一貫具有的那種靈活自我的堅持不懈精神相容，而且也與靈活自我所深信能把十足的愚笨都化解掉的頑強決心相容。看看「勤能補拙」、「笨鳥先飛」之類的無數中國俗語。

誠如這些俗語所意味的，亞洲式激勵學生向上的作法，無關乎保護自尊。反倒教育者很可能一開始就直言學生有多無藥可救。例如，在上海的科舉博物館，有塊紀念清代大學者張謇之成就的牌匾，上面寫到他老師早早就告訴張謇的一句話：「譬若千人試而額取九百九十九，有一不取者，必若也。」張謇受此刺激，從此發憤苦讀。甚至如今，在先前談過的那所無比活潑且現代的北京朝外小學，學生的作業評比和考試成績仍公開廣播、張貼示眾或既廣播且張貼示眾。「考得好，就和用功讀書一樣，受到表揚。因為考不好而覺得難堪的學生，應該更用功。」一概括說明了校方對這一作法的看法。

這一作法對每個人都管用？大概不是。至於為何它實際上很有成效，原因在學生很怕受到內群體排斥。此外，在受儒家文化薰陶的國家，「打罵教育」被許多人視為常態而予以接受。打罵當然帶來身心痛苦，但一般來講，不像在西方那樣帶來長遠的心理創傷。

在學校，嚴教勤管，在理想狀況下會搭配家庭般的溫暖。例如，朝外國小的老師住校，往往按照傳統作法一至六年級帶同一班。這項作法讓人想起另一個以教育成就斐然而著稱的國家芬蘭：老師或許也多年帶同一班。在這兩個國家，許多學生談起老師，口吻就和中國某寄宿學校學生說自己老師「如同自己父母」一樣。曾有人回憶：

有個冬天，週日晚上，夜已經很深時，刮起大風雪。院子裡積滿雪。我們學生看著所有老師到外面，開始鏟院子裡的雪。他們要讓我們早上能安然去上課。看著他們，心裡想著他們正為我們做的事，我們有點感動。

最好的靈活自我型老師，一如最好的巨核自我型老師，的確很有愛心。亞裔美國人廉安東尼（Anthony Yom）在加州一所亞裔學生占了八成的中學教數學，而且教學成績備受肯定。誠如他向《洛杉磯時報》解釋：「有人會覺得這說法老套，但你真的必須發自內心愛他們。取得他們信賴之後，不管要他們做什麼，他們都會付出比你所預期的還要多的努力。關鍵就在於愛。」鄒賽門（Simon Zou）是被ＢＢＣ請去英國教當地小孩數學的數位老師之一，他似乎也把建立溫馨的靈活關係視為教學成功的關鍵。他說：

我把中國的益智環介紹給學生。我從中國帶來七十件益智環，發給每個學生一件作為習題，要他們解下其上的環，並告訴他們那是我送給他們的小禮物，不必還給我。

但他的溫情未得到賞識。鄒說：

> 令人遺憾的，晚間課後，有些學生把益智環留在桌上，有些甚至棄置在地板上。空盒子散落地板各處。那天晚上我例行檢查教室時，覺得很難堪。

那是令人難過的一刻，而且他溫和的回應——難堪——更讓人覺得難過。

有些中國老師則沒這麼溫和，訴諸威脅和羞辱，有時激起學生反抗。例如，福建人王立潔（Lijie Wang音譯）回憶，她四年級時有個老師要學生週末到校為某個競賽作準備。學生不滿這項要求，把書本藏起來，結果挨老師打。這件事令她至今餘怒未消，而有這類記憶的中國學生，不會只有她一個人。

山東人艾琳也記得有個化學老師碰到學生答錯問題，會用尺打學生頭，而且是用力打。她挨老師打之後，她父母氣憤的告訴她，如果老師要再打她，要「跑掉」，但他們也知道向校長抱怨「沒用」，知道校長不會在意「這種小事」。我們或許可以說，他只專注於找到「大W」而已。因此，她說她大部分時候會只是「躲著，調整自己，以改善情況」——這是靈活自我之自我規制壓過巨核自我之自主行事的典型事例。誰曉得有多少中國學生受過類似的不當對待。

但許多學生因此受到激勵，變得特別用功，在這兩個國家教過書的中國老師，不管用什麼方法，都很快就證實他們在中國享有某種程度的課堂紀律，是他們在美國所無緣享有的。事實上，像德拉瓦州威爾明頓友好高中（Wilmington Friends School）徐小紅（Xiaohong Xu 音譯）之類的中國教師，若列舉他們用來管教美國學生的策略，肯定會邊說邊笑得東倒西歪。他們在教室裡擺了糖果，他們說好話鼓勵學生，一有機會就說「幹得好！」從未大喊「不對！」「錯了！」不行，而是始終說「很用心！」（儘管結果不如人意）。

「模範少數族群」？——石珍妮

這也衍生下面的問題：在美國每個人要改變自己的作風？還是某些亞洲人為逃出舊世界來到美國，卻在此複製舊世界（訓練等等事物）？哈佛法學院教授石珍妮（Jeannie Suk）的父母似乎屬於後者。她父母在韓國時過得很苦。珍妮的祖父母、兩個姑姑、一個叔叔一九八〇年代就來到首爾投靠她父母，她家的日子因此不好過。更慘的是他們全都搬進珍妮家，和珍妮、珍妮父母、珍妮的妹妹一起擠在僅有兩間臥室的小公寓裡。彼此爭吵不斷。

儘管如此，並非每個人在此情況下都會前往美國以擺脫困境。事實上，我們或許可以推測，珍妮的父母在韓國社會裡屬於最個人主義的一類；他們發揮個人主義的一貫作風移民海外。像她父親那樣身為長子者，很少離開家鄉；弟弟離開的機率比較大。此外，家人關係緊張的根源之一，是珍妮的母親不願照婆婆的要求把薪水交給她。（身為媳婦者，面對此要求，通常會照辦。）

在美國，珍妮的母親也被認為是頭一個擁抱新事物者——美國產品、美國作風、美國電視節目。但儘管如此叛逆，她還是展現靈活自我的作風，替珍妮報名參加紐約皇后區的韓國人補習班。在當時，這個補習班是新東西，而且規模很小，只有十個學生。但該補習班適合舊世界的文化模式，他們設計出一個專注於特定目標的課程，以協助小孩通過杭特學院附屬高中的入學考試。一如在其他亞洲國家，韓國學生苦讀以通過招生考試進入首爾大學（或就女學生來說，進入梨花女子大學）。那是紐約市專門招收天才學生的中學，為了進入這所名校，小孩需接受艱苦的訓練，但大部分小孩通過考試。

訓練占了多大功勞？

珍妮可以出人頭地，絕對離不開社會地位這個因素，因為她的父母都是韓國頂尖大學畢業。李智英和周敏這兩位社會學家指出，許多來到美國的亞洲人，教育程度比他們母國同胞要高出許多，而事實的確如此。例如，二〇一三年來到美國的中國移民，半數[35]擁有學士或研究所學位，相對的，在他們的母國，只有四%中國人擁有如此學歷。

不過，她的故事不只是說明一個高社會地位的群體如何來到美國，然後無縫接軌的在美國再度躋身高社會地位的故事。她的故事其實也是充滿艱辛的故事。她父親從十三歲起靠自己賺錢完成學業；雖然一路苦讀念到醫學院，畢業後還是過得很辛苦，因為他沒有其他韓國醫生所擁有的家族人脈，也就是沒有圈內人「關係」。在韓國，一如在中國，關係至關緊要。珍妮在首爾度過刻苦銘心的艱辛童年，然後隨父母來美後，又過了數年的貧窮生活。她父母在陌生的環境裡工作，沒有大家庭，沒有退路，沒有安全網可倚侍，因此在成長過程中，她未感受到充分的家庭溫暖。難怪她說自己是個「憂鬱」小孩。

儘管如此，她家的亞洲靈活自我導向，以及不以接受訓練和訓練目標導向為苦，的確在她身上帶來成效。而這肯定也與亞裔占美國人口不到六%，但亞裔美籍學生在哈佛、耶魯、普林斯頓、史丹福等名校占了超過兩成一事有關。

提醒

所有亞裔美籍靈活自我者都出人頭地？非也。以二〇一〇年的普查為例，只有一五・三％的赫蒙族裔美國人和一八％柬埔寨裔美國人擁有大學學歷。[36]此外，就連學歷高的亞洲人和亞裔美國人都面臨種種問題，又以所有少數族群都擺脫不掉的歧視問題為首。最近，有一組來自多倫多大學和史丹福大學的研究人員證實，投履歷找工作的非裔美國人，如果把個人履歷「白人化」——即拿掉姓名、所屬協會或經歷方面的族群印記，收到回音的比例，比未「白人化」的非裔美國人多了一倍半，而把履歷「白人化」的亞裔美國人，收到回音的比例則比

35 包括二十五歲或年紀更大的成人移民。

36 其他力爭上游的族群，包括薩摩亞裔美國人、寮裔美國人、越裔美國人、孟加拉裔美國人、夏威夷原住民等。第一代亞裔美國太平洋島民（AAPI）大學生，在六年裡拿到學位者不到三分之一。見Catherine Bitney and Cindy Liu。

未「白人化」者高了一倍。這種事並非在晚近中國崛起後才有。誠如並無受害者心態的我父親所深切了解的，美國大型工程公司在一九五〇、六〇年代不只會雇用華裔工程師，還會在工作結束時把他們都解雇。這些中國人被認定極為能幹，但沒有人得到升遷。

我自己也清楚記得，在紐約州揚克斯（Yonkers）的勞動階級居住區長大的經驗。我的兄弟常被其他小孩攻擊，父母因此送他去學柔道防身。我五年級時從勞動階級揚克斯市搬到同州更高級的斯卡斯代爾（Scarsdale），最大的改變就是有人朝我們丟雪球時，雪球裡沒挾帶石頭。我為此深懷感激，因而有人問我我父親是否開洗衣店，或我會不會說點中文時，心裡並不介意。那終究讓我輕鬆了不少。布朗大學心理學家李瑾（Jin Li）講述她兒子的事時，表達了許多人共有的經驗：

> （他）就讀一所幾乎只有單一族群的公立中學。他剛好又有點害羞，運動本事低於一般水平。但他對數學感興趣，擅長數學，在學校成績很好。他的名字登上榮譽榜，張貼在學校走道上。他的經驗就和一般書呆子沒兩樣，每天受同學騷擾。他的某些同學不只出言嘲笑他，不讓他參與同學團體和活動；還曾有個大個子男同學想把他丟進垃圾桶裡……對兒子和我們而言，每天都是個煎熬。

所幸，李瑾的兒子在其他地方有較好的經驗。不過，李瑾還說：

根據可取得的研究結果，幼稚園和一年級這麼小的小孩，就體認到功課好在西方不盡然是件好事……（我）自己運用故事完成法（story completions）所做的研究，發現在五歲這麼小的年紀，歐裔美籍小孩就察覺功課好的社會成本。

李瑾指出，中國大陸的幼兒園學生就具有靈活自我，因而「想仿效那些積極進取的同學」，而美國的巨核自我型的幼兒園學生，有時會令人遺憾的，將表現好的同學理解為他們的酪梨核自我欠缺能力或智力的證據。

但反智心態在何處終止，種族歧視心態又在何處萌發？我的哥哥長得帥、風趣又不是書呆子，卻還是受欺負。他很有運動天賦，隨著日益長大和接受訓練（上那些柔道課），他的確常常打敗那些找他碴的人。但這些男孩不肯罷手，這也表明不是只有亞洲人能堅持不懈。

至於他們的恐外心態如今是否已經消失，答案是沒有。美國心理學學會指出：

有人調查過加州境內以拉丁裔或亞裔美籍學生居多的諸多學校裡的一千三百多位六年級生，發現不管校內族群組成為何，亞裔都是最常受害的族群。

就連在《哈利波利》電影裡扮演張秋一角的蘇格蘭華裔女演員梁佩詩，在電影裡吻了哈利．波特之後，成為多個「我恨張秋」網站的攻擊標的。這些事反過來促成亞裔美國人有好的成就，使他們更加相信位在社會底層就是會受欺凌，以及一如在中國，唯一的出路就是取得更好的成就，得為了通過某些重要考試接受魔鬼訓練？或許是。並非每個人這麼做：我自己從未為哪個考試特別作準備，我的小孩也沒有。但我能理解為何某些人會這麼做。

這屋子裡沒有酪梨核

我猜許多移民的第二代看到大廚黃頤銘（Eddie Huang）在其回憶錄《菜鳥新移民》（*Fresh off the Boat*）裡受到的不當對待，大概都不會覺得吃驚。黃頤銘憶及被人用「又硬又粗的三呎長橡膠短吻鱷」打，那短吻鱷的「鱗片上滿布尖銳的突起」。這段往事或許比大部分回憶更加駭人且更加扣人心弦，但在他對人生閱歷的評斷中，卻有著讓人覺得熟悉的東西：

對美國人來說，這或許很可怕，但對第一代或第二代華裔、韓裔、牙買加裔、多明尼加裔、波多黎各裔等移民來說，如果你的父母是「菜鳥新移民」，這是在所難免。你不去談它，躲不掉它，從某方面來說，它使你以後的人生都抬不起頭……短吻鱷鱗片造成的淤傷、刺傷，明顯下手過重，但我不認為我老爸打我們有錯。

這樣的暴力行為說得過去嗎？說不過去，而我要明白告訴大家，我不是要替這樣的行為開脫。但我真的認為，許多小孩認為他們老爸只是在用他們所知道的管教方法讓小孩學乖——很可能就是他父親曾用在他身上的方法，也就是在訓練他們。在美國許多少數族群裡，例如柬埔寨裔族群裡，被迫不再打小孩的父母，常覺得愧疚，未盡到本分。他們覺得自己怠忽了管教職責。

至於最不利於獲得充分訓練的障礙，那當然是在美國的小孩所往往會發展出的巨核自我。這種自我往往切斷其互賴紐帶，揚棄天地之「理」，開始說著表現自我、實現自我、自決之類的個人主義語言。

首先是有做自己事的「權利」，以及如果酪梨核自我要自己不讀醫學院、法學院或商學院就不讀的「權利」。至於「你以為你是誰？」和「你以為你來自哪裡」之類的疑問，以及要你「想想我們已做了多大的犧牲！」這樣的提醒，我知道，以我為例，我曾把它們當耳邊風——明知我父母有所犧牲，而且老實說我不清楚自己是誰（因此我才努力想找到自己）。至於對曾受父母那麼大力栽培且被父母寄望甚深的小孩來說，突然離開所代表的意涵——我們可有了解？

而讓像我之類的移民小孩有這類想法的西方個人主義究竟為何？來自何處？如何發揮作用？我和其他像我這樣的人爭取個人主義，滿口個人主義詞彙，但如今我不清楚西方人是否知道自己在爭取什麼。於是，接下來我轉向東西方隔閡的另一面——「樂土」的真實面和巨核自我的完美典型。

第三部　巨核自我

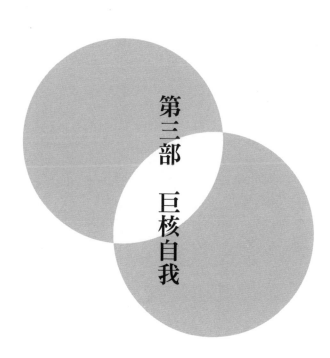

十、我們真怪

一九九五年夏天。加州大學洛杉磯分校有個名叫喬・亨利希（Joe Henrich）的人類系學生，正在祕魯馬丘比丘附近，教住在熱帶森林裡的原住民部落玩遊戲。馬奇古恩加（Machiguenga）部落幾乎沒有社會組織，除了合作毒魚，他們與他人的合作未超過家庭層級，他們也少有貿易。走河路到最近的城鎮要花八小時才能抵達。

但他們有馬奇古恩加語／西班牙語雙語學校，亨利希因此能用西班牙語向他們說明遊戲怎麼玩。這個遊戲叫最後通牒賽局（Ultimatum game），玩家有兩人，第一個玩家（提議者）拿到一筆錢，並得向另一個玩家表示願給對方其中一部分錢。第二個玩家（回應者）不是非接受這些錢不可。但如果回應者不收，兩個玩家都會兩手空空，另一方面，如果回應者收，兩個玩家都可以保有拿到的錢。就北美洲人來說，比如，給提議者一百美元，提議者通常表示願拿五十美元給回應者，且回應者通常接受。但如果提議者願給回應者的錢，讓回應者覺得不公平（比如三十美元），回應者通常會拒收。大部分人處在這情況下也會如此。

或者說，一直以來大家都這麼認為，直到喬・亨利希跟馬奇古恩加人玩起這個賽局，看法才改觀。亨利希看到提議者表示願給另一方二十美元，沒想到對方竟若無其事收下。亨利希寫道，「馬奇古恩加人往往無法三言兩語就講清楚為何他們願意收下不高的金額，但有數個人表示不管提議者拿到多少錢，不管他願給多少錢，他們都會收下。他們未認為自己被提議者『占了便宜』，反倒似乎覺得自己就是運氣不好，才會當了回應者，而非提議者」。

馬奇古恩加人收下低金額一事，意義重大。誠如亨利希所清楚知道的，大部分社會科學著作，例如經濟學、心理學方面的著作，倚賴這類賽局，並相信它們所揭露的結果放諸四海而皆準。但如今，他了解到，天啊，它們未必放諸四海而皆準。

這一發現的衝擊之大，簡直無法想像。

不久後，亨利希和其同事針對從坦尚尼亞到印尼的另外十四個非西方、非工業化的社會裡展開調查，得到彼此差異極大的結果。例如，在可用送禮來買到特殊待遇的文化裡，提議者有時會願意給高金額（相當於六十美元或更高的金額），只為讓心存提防的回應者拒收。然而，各回應者的回應彼此差異極大，同時也都與亨利希的西方模型大異其趣，亨利希因此開始納悶世上有多少人和美國人類似？

結果調查發現，這樣的人不多。事實上，西方人反而太異類，亨利希和其同事刊登在《行為科學與腦科學》（*Behavioral and Brain Sciences*）的二〇一〇文章，因此宣稱一般西方人、特別是北美人是「世上最怪的人」（The weirdest people in the world），並以此為該文標題。

這其實是學者在自己的學術領域裡最不樂見的事。《今日心理學》（*Psychology Today*）刊出一篇文章評介此文，並附上數個「有趣事實」，包括九成六的受測者來自只占全球人口一成二的西方工業化國家；六成七的美國受測者和八成的國際受測者是大學心理系學生；美國大學生成為心理學實驗對象的機率是西方之外隨機選取之人的四千倍。這傳達的要點是，社會科學家不能再把他們在這些人身上調查出的結果一體適用於全世界。他們的調查結果根本不具普世性。

哎！不久就有人玩起雙關語，把西方人稱作WEIRD。這個詞既是Western, Educated, Industrialized, Rich, Developed（西方的、受過教育的、工業化的、富裕的、已開發的）的頭字母簡稱，又有weird（怪）之意——而這還不是最糟的。因為調查發現，許多美國人更WEIRD，而且越來越WEIRD。社會學家羅伯特・普特南（Robert Putnam）指出西方人和外界連結的程度降低了多少，「就連有能力參與（自己本地社群），原本就為數不多且還越來越少的美國人」，都越來越少參與本地社群。例如：

> 住在大都會區之外且很少看電視的富裕單薪夫妻，過去二十年和社群、社交生活越來越脫節……在以恬靜鄉村生活和風光為特色的佛蒙特州，熱心公民事務的小村落，居民出席鎮

民大會的比例，從一九七〇年代初期到一九九〇年代晚期下跌了將近五成。

這不是說人們不參與政治運動、「為飢餓而走」募款活動之類的。巨核自我對於與他人連結感興趣的程度，和靈活自我一樣大。差別在於對這些連結有所抉擇。他們看重自我界定和自我表達更甚於履行義務，往往投入意願較低，很容易就中斷連結而非維持不墜。普特南還說：

年紀是（這一趨勢）的顯著例外……比起較年輕的人，中年人和更老的人更積極參與更多組織，更常上教堂，更常出門投票，更常讀、看新聞，較不孤僻且較富慈善精神，對政治較感興趣，投身較多的社群計畫，更願意主動服務。

但他所謂的「漫長的公民世代」，即一九一〇至一九四〇年間出生且較互賴的那個世代，已讓位給像我這樣的嬰兒潮世代。嬰兒潮世代在很想造成改變且深信會造成改變時貢獻一己之力，但並非都是社會的棟梁。而在我們之後是較個人主義的世代。誠如小說家大衛·佛斯特·華勒斯（David Foster Wallace）所說：「我們改變了自己的公民觀。把自己視為公民時，未抱持過去那種身為大我的一分子，且大我永遠較為重要、我們對大我負有重要責任這種老觀念……如今我們自認是大餅的分食者。」

越來越 WEIRD

想想宗教信仰如何變成個人化，就能窺知情況已發生什麼樣的改變。《心的習慣》（*Habits of the Heart*）是評論個人主義的權威著作之一，描述一個叫希拉（Sheila）的護士，信奉自創的、十足個人化的宗教希拉教（Sheilaism）——她說上帝曾對她說話，但那聲音，她認出是自己的聲音；儘管如此，就一九八五年來說，宗教的重點還是在遵循教會的教義。對天主教徒來說，尤其是如此。而誠如先前已提過的，天主教徒的立場在基督教裡偏向互賴那一端。埃米爾·涂爾幹指出，傳統上「天主教徒把現成的信仰照單全收，不加細查」，而「新教徒則更遠像是自己信仰的創始人」。但據二〇〇五年的某項民意調查，四分之三的美國天主教徒說，當碰上難回答的道德問題時，他們「遵循自己良心」的機率高於遵照教宗的訓諭；如金·團吉（Jean Twenge）、坎伯（W. Keith Campbell）這兩位心理學家所指出的，「支持個人主義價值觀的宗教和義工組織（越來越）昌盛，而未支持這類價值觀的宗教和義工組織則往往式微」。

例如，已取代傳統新教教會的巨型教會（megachurch），如今是「巨大的、可按個人偏好提供服務的宗教商場」。在這裡：

你能從露天體育場裡，從外面，或在咖啡店／書店的平板電視上，觀看禮拜儀式……儀式本身始於一組連續演奏的樂曲，演出者是個才華洋溢且很能感動人心的音樂家，歌聲像大衛．馬修樂團（Dave Matthews）。歌詞打在螢幕上，讓你如果想跟著唱，也能跟著唱（這也是由你選擇）。接著是一位激勵人心的講者上場，講述一個蘊含人生哲理的精彩故事（提到來自聖經的保羅）。儀式結束後，各人都有甜甜圈可吃，和更多真的很好喝的咖啡。小孩則在草地上玩耍。

這些教會建立在新教所主張個人與上帝之間不需經過中介的直接關係上，鼓勵教徒把自己與上帝的關係個人化，且得到許多教徒採納。例如，在後面的圖表裡所看到的，「個人的救世主」和「與耶穌的私人關係」之類短語在書籍裡出現的頻率，從一九六〇至二〇〇八年呈劇增之勢。當然，事實表明這一向個人主義走的趨勢，一如其他任何趨勢，易受外界影響。例如，誠如朴熙珍、金．團吉、派翠西亞．格林費爾德這三位心理學家所證實的，二〇〇八

用谷歌 Ngram 瀏覽器得出「與耶穌的私人關係」、「個人的救世主」這兩個短語的出現率

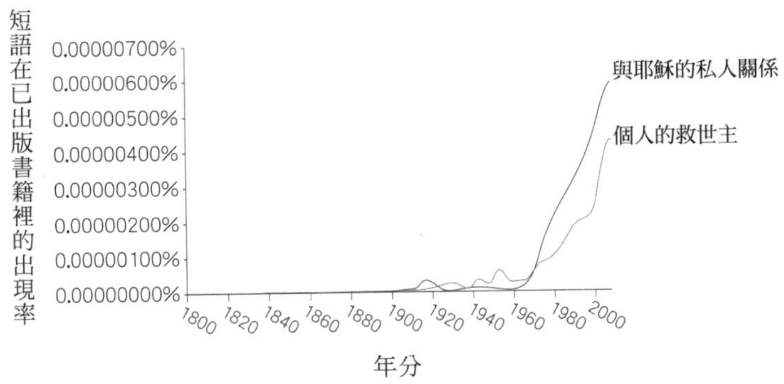

年經濟衰退所造成的心理創傷，使青少年的個人主義程度明顯降低。但當前這個時代，是把違抗社會規範視為社會準則的時代。在從嬰兒性別斷定到疫苗接種到擁槍的各個領域，巨核自我都是「我」說了算。

基本歸因謬誤

巨核自我的怪異絕對有其可取之處：偏離常軌、天才式的創造力。巨核自我的特色，或許不是唯一有益於世界的一種創造力，但它的確造福很多。西方的創造發明，從強力膠帶、矽晶片到人工關節，形形色色，種類極多。此外，如前面已提過的，分析性、酪梨核導向的自我，是許多極重要之文化發展成果（包括民主制度和科學方法）的基礎。這些發展影響非常大，難怪西方人把自己看得很了不起，甚至覺得，容我在此小改一下柯爾．波特（Cole Porter）的歌詞：

我們最了不起！我們是古羅馬圓形劇場。
我們最了不起！我們是羅浮宮博物館。

但每個文化都有其短處，巨核自我的文化也不例外。誠如先前說過的，個人主義滋生自戀心態，這是其一。凡是巨核自我都自戀嗎？幾乎是如此。有許多人矢志促成世上每個巨核自我的發展和盡情發揮，並把時間和精力投入完全志願性的協會。這些人是典型的巨核自我，他們的巨核催生出對特定事物的熱愛，且和靈活自我一樣獻身於自己一生的志業。但自戀和與其關係密切的唯我心態仍然是危險之物。

個人主義也助長認知偏差。其中最為人知的偏差，被谷歌的人力運營部主管拉斯洛．柏克（Laszlo Bock）定為打擊目標。他說谷歌挑人時挑明凡是「犯下基本歸因謬誤」的人都不予錄用。「基本歸因謬誤」於冷戰期間由愛德華．瓊斯（Edward E. Jones）和維克多．哈里斯（Victor A. Harris）這兩位心理學家首度發現。他們在參與一項實驗時，請杜克大學學生讀立場互異的不同文章。文章裡表達的意見，未必是撰文者的意見；如受測學生被告知的，撰文者根據他人指定的立場來撰文。但瓊斯和哈里斯發現，學生大多認為寫下支持卡斯楚之文章者，其實支持卡斯楚。

在某個相關的實驗中，參與的學生被要求親自寫下一篇這樣的文章。實驗的主持者指定他們的立場，要他們根據該立場寫下一篇文章，然後要他們評斷照同樣要求寫成的另一篇文章。儘管如此，他們仍繼續認為撰文者其實認同自己所寫的東西。這一偏見如此根深蒂固，曾有一段時間被認為是所有人所「固有」。

但對來自其他文化的人做同樣的調查，卻揭露出耐人尋味的東西。非美國人也很容易犯下這謬誤，但如果先讓他們對撰文者的角色有所體認，他們就不會犯下這謬誤。如果先要他們寫篇主張某觀點的文章，然後問他們對在類似情況下寫成之文章的看法，來自其他文化的人即把文章的立場歸因於撰文者所處的環境，而不會犯下歸因謬誤。只有北美人才會無論如何都堅持把文章的立場歸因於撰文者本人。他們堅信巨核強大到無法壓過，而且始終能被發現。

對基本歸因謬誤的反思

回頭看看我們對「個人對抗社會」敘述的探討，不難看出為何基本歸因謬誤會透過意象和敘述得到強化。事實上，說強化因素無所不在，也不為過。例如，黑澤爾．馬庫斯和其團隊檢視二〇〇〇年夏季奧運期間金牌得主的得獎感言，一如預料的發現拿下兩百米女子蝶式游泳金牌的美國選手米斯蒂．海曼（Misty Hyman）著重於「我的本事」，她說：「是時候讓世人看看我的本事。我很高興自己能做到這個。」而拿下女子馬拉松金牌的日本選手高橋尚子，以互賴口吻說：「世上最好的教練、世上最好的經理、所有支持我的人，這些湊在一塊，才有這面金牌。因此我認為我不是獨力拿下金牌，不是單靠我自己。」而在媒體對他們的報導裡，也可見到這差異。與日本媒體相反的，美國媒體往往以「相對來講較聚焦於某一點且範圍較明確的方式」來描述運動員，而且把運動員說成「像個實體——不是具有必須具備的特質，就是欠缺那些特質」。一如海曼，他們認為主要得歸功於這兩位女選手的酪梨核。日本媒體的焦點，不只擺在運動員與他人的關係上，還擺在運動員的經歷、背景、心態等上面。

犯下基本歸因謬誤的傾向，會因「移動」而被有趣的強化。例如，越是能四處移動的大學生，在描述自己時越是著墨於自我——把自己描述成聰明的或勤奮的，而非描述成好朋友或總教練。令人不安的是，這一傾向也會因富有而強化。當然，並非所有富人都顯現這樣的跡象。比爾蓋茲基金會、喬治·索羅斯的開放社會基金會、布羅德研究所（Broad Institute）之類機構，不只證明美國人能發揮格外崇高的慈善精神，還證明美國人了解客觀環境對人類行為傾向的影響力。

不過，「富人」身分能扭曲我們的認知。加州大學柏克萊分校心理學家保羅·皮夫（Paul Piff），在某項練習中以兩人為一組，指派數組玩家玩大富翁。他替遊戲訂了非常離譜的規則，因此所有人從一開始就很清楚這遊戲不公平。例如，有對玩家如此評估情勢：

富玩家：你有幾張五百元？

窮玩家：只有一張。

富玩家：真的？

窮玩家：沒騙你。

富玩家：我有三張。（大笑）不曉得他們為何給我這麼多錢。

在類似的一對玩家中，一名身穿條紋T恤的褐髮玩家特別受到偏袒。誠如記者麗莎・米勒（Lisa Miller）所描述的：

（他）從遊戲一開始就從大富翁銀行得到兩千元，每次通過起點又領到兩百元。第二位玩家是個戴眼鏡、胖嘟嘟的年輕男子，相對來講較窮。他一開始得到一千元，每次通過起點領到一百元。T恤男能擲兩顆骰子，眼鏡男只能擲一顆，前進的速度因此受限。

然後呢？

T恤男不只贏了，還把眼鏡男徹底打垮。最初他以一連串讓人不舒服的笑回應他和對手之間的不公平，那些笑或許表示他承認當前情勢本來就令人尷尬。他的表情似乎在說：「嘿，這很怪而且不公平，但沒辦法。」但不久後，隨著他大發神威，買下房地產，收租金，他所曾感受到的任何不安似乎都煙消雲散。他是個瘦皮猴，身形卻變大，四肢往桌子另一邊伸展。他落棋時總是把棋子啪的一聲砸在桌上（在這項實驗中，富玩家拿的棋子是勞斯萊斯）——一砸再砸又砸，每次走玩，都砰得一聲把戲板震得抖動。玩四分鐘後，他就拿起眼鏡男的棋子，小小的精靈鞋，幫對方下。隨著遊戲接近尾聲，T恤男的勞斯萊斯跑得更快。嘲笑就此結束：他太厲害。他正眼不瞧眼鏡男。拿走輸家的錢時，他表情冷若冰霜。

隨著遊戲進行而越來越粗魯、霸道的「富」玩家，也不是只有T恤男一人。許多玩家也是如此，而且，許多玩家後來藉由扼要重述他們所走的步數來「解釋」他們的勝利，好似他們是靠自己本事贏。誠如皮夫所說的：

玩了十五分鐘後，我們請玩家談談他們玩得如何。富玩家談起他們玩這個先天不公平的大富翁遊戲為何必然會贏時，談到他們為了買下不同房地產，贏得這場遊戲，所做的努力，遠不如剛開始時那麼清楚意識到這個遊戲的種種不同特點，包括讓他們一開始就得好運、占上風的擲硬幣選角色這一點。

富玩家的傲慢，似乎到了令人咋舌的程度。但他們把得勝歸功於自己的本事而非被動了手腳的遊戲規則，純粹犯了基本歸因謬誤。誠如皮夫所說的：「並非（事先占得先機而覺得高人一等）人變壞，只是使他們更加自我中心。」他們也被發現較無法看出他人的情緒，較可能有冒失行為，例如未經詢問就自行拿取為小孩準備的糖果。

而越裔美籍作家阮清越（Viet Thanh Nguyen）對贏得二〇一六年普立茲小說獎一事的謙遜回應，則與上述富玩家的心態大相逕庭：

贏得普立茲獎，當然讓我非常高興。但拿到此獎後才幾分鐘，我就體認到我得大大的感謝在我之前就投身爭取社會正義、和平、真正的平等、讓社會各階層的人都能有代表為其發聲這項還在進行之大業的每個人……凡是少數族群作家，凡是有色人種作家，都沒資格說純粹靠自己的本事成就事業。我們每個人都應大大的感激走在我們前面，為我們的個人成就打下基礎的集體奮鬥和行動主義者，感激每個有幸為人所記得的人和許許多多已遭遺忘的人。

阮清越的口吻和日本金牌得主高橋尚子何其相似。

一堂生命課

究竟該把結果歸咎於人的巨核自我，還是歸咎於人所處的環境？這個疑問，一如所有文化性事物，都會引發激烈爭議。我在二〇一三年波士頓紅襪隊跌破眾人眼鏡拿下世界大賽冠軍後，對此尤有切身的體會。當時有約十二名波士頓居民受邀為《波士頓環球》（*Boston Globe*）寫一篇四百字的文章，以該年更早時發生的波士頓馬拉松爆炸案為背景，談這項勝利對波士頓所代表的意義。我是受邀者之一，並接下這邀請。似乎因為某些已交的稿子寫離題，主辦方在交稿截止日前一天左右，提醒我文章要把世界大賽和爆炸案連在一塊。

於是，我的文章主題不脫我本來一開始就要寫的東西，即賽後的訪談。畢竟看到大衛．奧蒂斯（David Ortiz）和上原浩治這兩位我非常喜愛的移民，在久以種族歧視而聞名的城市裡成為目光焦點，實在叫人大呼驚奇。儘管波士頓曾有過為實現種族融合而派校車接送外區學童就學，也發生過銀行或保險業者不願向弱勢者貸款或承保等風波，綽號「老爹」（Big Papi）的奧蒂斯還是以非常怪腔怪調的英語表達他無上的喜悅；而雖然上原浩治透過翻譯接受賽後採訪——就我所看過的世界大賽，這是頭一遭。他還是受到大家無比的喜愛，從中似乎表明波士頓真的有所進步。

但我始終未忘主辦單位的提醒，於是也在文章中帶到波士頓馬拉松炸彈客，即同樣是外來移民的茲霍卡・察納耶夫（Dzhokhar Tsarnaev），心想我們是否在某方面虧待了察納耶夫一家人，尤其是茲霍卡。若再給我數百字的篇幅，我或許會說明茲霍卡上過我女兒的中學；說明我們所認識的許多人認識他；說明在波士頓我不會是唯一一個不解於曾和其他小孩一起上課、摔角、聚會的人，怎會以如此令人髮指的方式對付自己的鄉里鄰居。

這不是在替他開脫。在我們所在的鄰里裡，有許多人自此終身傷殘。他的作為無疑令人髮指，不可原諒。但自我裡互賴的那一面讓我自忖環境因素會不會是肇因。這一悲劇根本是邪惡的酪梨核自我所致？或者有什麼事是我們本可以做到卻疏忽的？

我的文章被擺在這項專題報導的末尾，埋在照理沒人會發現的角落。但還是有人找到它，而我立即被右翼運動媒體盯上。有人在網路上登出我的照片，並在照片上橫寫「這就是人渣的臉」、「仇視白人者」之類文字。有次，我出席劍橋市立圖書館「美國最佳短篇小說」朗誦會，赫然發現會場外有數輛閃著燈的警方巡邏車。原來是有人打電話給圖書館，揚言帶約八十名抗議者到場。

所幸抗議者未現身。但他們甚至揚言對我在紐約的經紀人不利，而這完全因為我甘冒大不韙的說察納耶夫可能是受環境影響而行凶這樣的話。至於我的酪梨核的本質，唉，有人把我主修英語一事揭露於世。這下就真的打到痛處了。

選擇狂

所謂的「怪」，還有什麼意思？那就是美國人雖然把重點擺在自我界定和自己決定，還是個超愛有眾多選擇的民族。例如，與法國、德國、義大利、瑞士、英國的居民不同，唯獨美國人偏愛有五十種冰淇淋可選，而非只有十種。賓州大學心理學家保羅．羅津（Paul Rozin）評論：

在美國，大家認為食物就該多樣化，以配合每個人的口味。這與法國等歐洲國家較集體取向的食物觀截然相反。例如，在平價的美國餐廳裡，牛排有多種料理手法的馬鈴薯（馬鈴薯泥、烤馬鈴薯、薯條、薯餅、馬鈴薯沙拉）可供搭配，而與法國境內幾乎固定搭配炸薯條大相逕庭。美國餐廳的餐桌上往往也擺了鹽、胡椒、辣椒、芥子醬、蕃茄醬等調味料，供用餐者按個人喜好調味。在法國，比較可能是主廚做出什麼就吃什麼，用餐者不再加調味料。

尤其是美國的中產階級和上層階級非常看重個人選擇，因此，眾所周知的，即使美國人和其他國的人處於同樣的情境裡，仍自認擁有比他們還多的選擇。[37]例如在某項調查裡，同樣在花旗集團消費者部門裡從事同樣性質的工作，美國籍員工說他們所擁有的選擇，比他們來自他國的同事還要多。你聽了或許覺得奇怪，但留學京都的美國人也說他們所擁有的選擇多於他們的日本同學。儘管他們上同樣的課，而且在日本只住了一個月，很可能連有哪些選擇都不清楚，他們還是說自己一天所擁有的選擇多了將近五成。

想想王琪的閱讀實驗，我們就能領會這一認知或許有一部分得歸因於他們如何構想出選擇。讀過同樣一段文章後，歐裔美籍學生把它分割出的小節，就是比亞裔美籍學生所分割出的還要多，同樣的道理，在京都留學的美國人，以擇屋居住為例，或許認為得選擇住哪個街區和住哪種房間——也就是做兩個選擇；而日本學生認為只要作一個選擇，即選擇住哪裡。無論如何，一半以上的美國留學生也說，他們無法想像置身在要他們最好不作選擇的環境裡，

37　比起美國的中產階級和上層階級，美國的勞動階級，一如東亞人，較不看重作選擇，也較不會用自己的選擇來確立自己的獨特性。見 N. M. Stephens, H. R. Markus, and S. M. Townsend。

這會有多難受，但沒有任何一個他們的日本同學表示希望時時可作選擇——這樣的差異正透露了認知上的差異。

那意味著西方人是控制狂，而東方人不是？絕非如此。抵美不久而剛做過和自己美國同學一樣的許多事的東印度學生，認為自己已作的選擇少於美國同學。但這些印度人在美國待得越久，自認已作的選擇就越多。當然，他們的改變很可能只到某種程度。誠如許多外來移民證實，自我裡有一些部分，即使來美數十年仍未被同化。

但對選擇的看法影響學習興趣甚大，因此，如果讓歐裔美國學生在開始玩數學遊戲前給他們機會選擇，例如允許他們選擇以太空梭、火箭或星艦為棋子的話，他們會玩得更賣力更用心，即使這選擇與玩遊戲本身關係不大。相反的，在母親替孩子選擇的變換字母順序造出新詞的益智遊戲上，三或四年級的亞裔美國學生花的時間，會比花在他們自己選擇的同樣遊戲上的時間來得多，而且會玩得更出色，似乎會玩得更開心。

「選擇」會令西方人高興？

選擇至少使某些西方人較高興？很遺憾的，不是。斯沃斯莫爾學院（Swathmore College）

的心理學家巴瑞．史瓦茨（Barry Schwartz）解釋「雖然有所選擇肯定比無從選擇來得好」，但諸多幸福感評估顯示「在美國和其他大部分富裕社會，選擇變多和更加富裕的同時，其實幸福感降低」。為什麼？首先，問題出在大家所謂的FOMO，即「擔心錯過」（Fear of Missing Out）。我們為未走的路而苦惱——擔心自己選錯。此外，史瓦茨還給了兩個解釋：

首先，隨著選擇、控制的經驗變得更廣更深，對選擇與控制的期望也升高，以利和自己的經驗一致。隨著妨礙自主的東西一個個被打掉，那些還剩下的障礙或許更加令人不安。一如賽狗場上那隻不管狗跑得多快，總是有隻跑在狗前面的機器兔，對控制的渴望和期望跑在渴望和期望的實現之前，不管一時的實現讓人多麼的釋懷皆然。

第二個解釋是更多選擇未必使人更有控制權。或許，機會多到讓人無所適從。我們未覺得自己在掌控，反倒覺得無力應付。

他建議，為「避免這類負擔的加重，我們必須懂得在作選擇上有所挑揀」。也就是說，我們必須選擇何時作選擇——我們可能覺得難以採行的高見。

嗯，我們不是很厲害？

但如果有人能採納這個高見，那不就是美國人？美國人是這麼認為，深信如此一來，個個都會像沃博艮湖（Lake Wobegon）鎮的小孩高於平均水準。華盛頓大學的喬納森·布朗（Jonathon Brown）和大阪大學的小林知博解釋，在宏觀的層次上：

（北美人）認為他們比其他人公正，擁有比其他人更豐富、更具適應力的個性，開比別人好的車，具有比其他人還要令人滿意的人際關係……作為（美國大學理事會在舉行標準化測驗的同時所做的調查）的一部分，將近一百萬中學生被要求拿自己與同儕比。七成的人認為自己在領導能力上高於中位數，六成的人認為自己在運動能力上高於中位數，八成五的人認為自己在與他人和諧相處的能力上高於中位數。其中四分之一自認屬於最頂尖的一%！

出現這些傾向，不只因為年輕自負；在成人身上也見到類似的結果。在某項調查中，有九成的企業經理人自認表現優於其他經理人，八成六自認比同業更符合職業道德。另一項調查發現九成四的大學教授自認表現優於平均水平。

事實上，就連：

健康受到威脅的人（例如得癌症或染愛滋病的人），拿自己與得同樣病的其他病人來作評比時，都顯露同樣的自我膨脹偏差。

當然，同樣是巨核自我，彼此間還是不盡相同；我們要談的是會在某些人身上找到但不會在其他人身上見到的一般傾向。但巨核自我表現出更微妙的基本歸因謬誤，常把成功歸因於固有能力，把失敗歸咎於外部因素，而且常忘記或淡化失敗所代表的意義。

巨核自我也想起成功之事多於失敗之事，於是說起覺得開心之事時，往往把其發生時間說成比實際發生時間還要晚，說起不舒服的事時，則往往把那說成比實際發生時間還要早。即使做這項實驗時，已提醒了參加者事情確切的發生日期亦然。

一個不同的模式

相反的，靈活自我常把成功歸因於外部因素，把失敗歸咎於個人缺點。平均來講，他們更易於想起讓他們覺得難堪的事，甚於令他們覺得自豪的事，淡化自己成功的重要性，強調自己失敗所代表的意義，諸如此類。於是，西方人常認為把優點極盡淡化的東方人自謙過了頭，東方人則常認為把優點極盡吹噓的西方人太自吹自擂，也就不足為奇。

像我一樣的亞裔美國人所記得的考試，往往和歐裔美國人所記得的不一樣。例如，在某項變換字母順序造出新詞的測驗中，歐裔美國人的表現和亞裔美國人的表現幾乎無分軒輊，但大部分歐裔美國人記得自己這次考得比以前好，而大部分亞裔美國人則記得自己考得比以前差。同樣的，在某場籃球測驗中，歐裔美國人常記得他們表現超乎平常水準，而亞裔美國人則常清楚記得當時的表現。

人生何其美好！

巨核自我的認知偏差有其好處。例如，心理學家大石茂弘（Shigehiro Oishi）發現，一群歐裔美國學生和一群日本學生被要求回想過去兩星期的事，兩群人述說那些事時，滿意程度差不多。但兩星期後再要他們回想同樣那兩個星期的事，歐裔美國學生憶述那些事時的口吻，比他們最初表現出來的還要正面許多。這是因為他們的回憶已成為自我的反映且受過自我美化？無論如何，他們回想時顯得熱切，而日本人回想時的情緒一如先前。

長遠來看，巨核自我所表達出來對自己生活的滿意程度，會比靈活自我還高，即使兩者所說的日常經驗沒有兩樣。而且不只是以正面樂觀心態看待過去，未來亦然，這或許是一項文化優勢；誠如美國前總統隆納德．雷根所說，不管是否「美國又迎來黎明！」，相信又迎來黎明這個心態，就很可能鼓勵人冒險犯難。所有巨核自我都是樂觀主義者？當然不是。但一般來講，巨核自我願意冒險，始終願意考慮或接受荒謬的想法，久而久之這或許令自己受益，也造福他人。看看藥劑師約翰．彭博頓（John Penberton）的例子，他為了治頭痛把可可葉與可樂果混在一塊，結果發明可口可樂。即使靈活自我也會冒險，凡是去過澳門賭場的人都能告訴你這點。但他們所冒的險，一般來講不是得大膽進入未經探勘之地區的險，而是涉及運氣的險。

堅毅

弔詭的是，巨核自我雖然敢於冒險，卻以躲避平常等級的困難而著稱。他們往往不做他們不會「贏」的工作，因為這些工作未支持他們的自我形象，而且他們的老師知道這點。美國小孩是在《小火車做到了》（*The Little Engine That Could*）的薰陶下長大，「如果最初沒成功，那就試，再試」，但他們老師用心替他們備好成功所需的各項條件。相反的，日本老師毫不遲疑就為學生立下高標，知道學生若覺得未達標會更加用功。他們也知道學生會堅持不懈，直到達成目標，而且在他們每個教育階段都強調這點。誠如對日本兒童書籍的某項調查所指出的，「面對逆境仍堅持不懈，是出現次數最多的信條」：

一年級讀物裡，有一個小男孩雖然精疲力竭仍忍住嚴寒助父親完成農活的故事。三年級課本裡，有一個男孩被壞小孩惡搞，一再拔掉草莓，他仍每天重新栽種的故事。最後，他的用心得到回報，有些草莓成熟，結了美麗的果實。四、五、六年的課本裡，有科學家、偉人或其他克服逆境或體弱多病而成功的其他人的故事。

結果就是，在某項調查裡，讓日本學生處理一個不可能解決的難題，他們為此花了一個小時的腦筋才放棄，而美國學生平均來講只花三十秒就作罷。誠如加州大學洛杉磯分校的心理學家詹姆斯．史蒂格勒（James Stigler）所回憶，「他們基本上望著我，然後說『我們沒碰過這個』」，就這樣。

與老師合作

所以日本人是死腦筋、堅持不懈之人？那是個人主義之外另一條可走的路？連在有氧健身課上，成年日本人碰上很難的動作，一般來講都會比美國人更努力達到要求。相反的，美國人較可能把例行活動「個人化」，略過或調整他們覺得難的動作。事實上，就在我家鄉、麻塞諸塞州的劍橋，我的瑜珈老師就不斷要我們做自己覺得最舒服的動作，如果不想照她的動作做亦無妨（「練習的人是你們，」她說：「好好探索，時間是你們的。」）這不是表示日本人比較苦幹實幹，而是顯示美國人比較有主動性？

然而，並非如此。事實上，日本有氧運動學員也比美國學員更努力去影響班級的難度等級，日本老師會比美國老師更努力去提供多種難度的課程。日本有氧運動老師眼中的師生分界，比西方老師所認為的更有彈性、更像薄膜，因而較能理解學生；因此，學生堅持不懈時，認定老師會視學生情況快速調整。他們是彈性戰略家。

看看日本的律師資格考試，就能把這種彈性戰略的思維看得更清楚。過去，律師資格考很難，一九八六年兩萬四千名應考者只有一人一次就過，只有三十七人考第二次就過；許多應考者考到第七或第八次才過關。於是，一九九〇年起，律師資格考調整成較簡單一點，但日本律師的素質卻未下滑，反倒上升。誠如哈佛法學院教授馬克·拉姆塞耶所闡明的，在舊制度下，最有才幹的人因為這項考試錄取率超低而打消應考念頭；他們雖然勤奮且有本事，卻選擇走別的路。他們的堅毅還是有其局限。

中國大陸的出版審查員有時也是彈性戰略家。例如《紐約時報》撰文者何偉（Peter Hessler）說審查他著作的官員，如今並非不動腦子的死板審查員，而是對審查制度「出奇的不熱心」。他既是何偉著作的審查員，也是何偉著作的編輯，以極為靈活自我的方式模糊不同範疇之間的分際。誠如何偉寫道：「他的審查是防禦性的；他不高舉某個計畫或掩蓋具體事實，而是盡力去避免招來更高當局的側目。事實上，讓一本書盡可能精確的翻譯並出版，他的目標或許與黨的目標相牴觸。」[38]

固定心態與成長心態

不過，若說靈活自我與謙抑、特別頑強的性格密不可分，大概並不為過。例如，漢學家白魯恂和許多西方商界人士所認同的，中國人「做生意時具有堅持到底的過人毅力，而且幾乎承受不了無聊……他們會一再重新談起他們最早的提議，會幾乎不斷的問對方是否無法重新考慮其立場」。他們只是想利用他們對巨核自我的觀察結果來讓自己受益？——巨核自我與缺乏堅持不懈的精神有密切關係，或許是這樣。亞洲人數學好，與東西方在堅持不懈方面的差異有關，因而促使BBC找中國老師來英國教學，並把教學過程拍成影片？沒錯。但那並非唯一因素；從先前對高考的討論，我們記得考試現象是個涉及逐層社會強化的複雜事物。但靈活自我肯定是因素之一。

對認為優質的酪梨大核促成積極投入與成就的許多人來說，這說法根本與直覺的認知相牴觸——酪梨大核會促成積極投入與成就，或許是因為，在某些例子裡，它的確促成這結果。但調查發現，巨核自我動輒把大野狼視為根本又大又壞的東西，這有一個重大缺點，那就是

38 見 Peter Hessler, "Travels with My Censor"。

動輒把智力視為酪梨核的明確屬性。心理學家卡蘿．德威克把兩類人帶進她的哥倫比亞大學實驗室，一類人具有她所謂的「固定心態」（fixed mindset），另一類則具有「成長心態」（growth mindset），結果發現在他們的腦波裡看出心態上的差異。固定心態者「只在回饋表明他們自身能力高低時才顯示關注。他們的腦波顯示他們在被告知他們的答案對錯時才密切關注。但獲提供有助於他們學習的資訊時，未有關注跡象。就連答錯時，他們都對認識正確答案不感興趣」。德威克說，面臨挑戰時，他們也躊躇不前，「只在當下表現得很好時」才對該事感興趣，「如果某事未證明他們聰明，他們就無法樂在其中」。

相反的，她說，具有「成長」心態的學生，例如靈活自我學生和其他被教導智力就像肌肉可經由使用而強化的人，會「密切關注可磨練他們知識的資訊」。他們喜歡尋找挑戰，覺得「挑戰越大，磨練越大」。

上述描述裡的差異，有點像黑白一樣分明？沒錯。如德威克所說，她如此呈現那些差異，以讓人清楚看到。同時，如果落後就全力追趕的「成長」心態，也催生出驚人的韌性。紐約大學上海分校的露西婭．皮爾斯說：

> 中國人遇到失敗時，似乎認為那表示他／她做錯了什麼（錯誤態度、錯誤決定、錯誤行

動），於是回頭去把它弄清楚。中國人「重整旗鼓」的韌性總是令我驚嘆。

這絕對是件好事。

自我肯定

我們在某些巨核自我身上看到的僵固現象，讓美國的自我肯定運動（self-esteem movement）名聲掃地？的確。這個運動始於一九七〇年代，強調不受任何社會回饋左右的酪梨核的過人之處。誠如心理學家金．團吉所指出：

> 這些課程大部分鼓勵小孩不為任何理由就是覺得自己好。在某課程中，老師被告知要阻止小孩說「我足球踢得好」或「我歌唱得好」之類的話。這一課程的擬訂者會責怪，這麼做使自我肯定取決於成績的好壞。反之，「我們想使小孩永遠肯定自我……那樣一來，不管成績好壞，始終高度肯定自己。」換句話說，覺得自己好比成績好來得重要。課程指南說，應該讓小孩認識到「重要的是他們是誰，而非他們做了什麼。」許多課程在即使出了差錯或小

孩做壞事時都鼓勵他們肯定自己。

簡而言之，有些老師被以緊扣巨核自我精神的方式訓練，要他們「根據學生是誰而非根據學生成績高低或行為好壞，無條件的肯定學生」。這一作法或許立意良善，意在打好學生的心理素質，使其不受有害的社會訊息影響。但哈佛大學心理學家理察．魏堡德（Richard Weissbourd）說，令人遺憾的，自我肯定「既未遏阻暴力、吸毒或其他道德問題，也未激發道德行為，反倒調查顯示幫派老大、遊戲場惡霸、凶殘的犯罪分子和犯微罪者，往往高度自我肯定，而他們對自己的高度肯定會使他們完全不在意受他們傷害者怎麼想」。佛羅里達州立大學心理學家羅伊．鮑梅斯特（Roy Baumeister）同意這一評估，他說：

學校、家長和治療專家投入那麼多心力和經費提升自我肯定，是否可以（因為這些許好處）認為正當合理，這大大令人存疑……我要很遺憾的說，經過這麼多年，我的建議是：別管什麼自我肯定，該把更多心力集中在自我控制和自我約束上。

卡蘿．德威克也同意此說法，她描述了實驗室裡一輪實驗的最後結過：

我們告訴每個學生：「你們都知道，我們要去別的學校，而我敢說那些學校的小孩會想了解這些問題。」於是我們給學生一張紙，要他們寫下他們的想法，但也留下空白供他們寫下在那些問題上他們所得到的評分。

結果，將近四成的巨核自我小孩謊報他們的評分，調高分數以使自己顯得較聰明。這結果令人相當遺憾，但也使我們的討論有了公允的觀照，使人了解到不只專注於高考的互賴型教育制度製造出壓力和作弊。獨立型教育制度也會。

群體肯定

所以東亞人自我肯定（self-esteem）較低？若考慮到中文裡根本沒有 self-esteem 的對應字眼，那或許就不足為奇。但事實上這只道出事實的一部分。看看那些儘管會公開且清楚的自我批評，日本人仍表現出相當含蓄的自我肯定——他們偏愛與自己名字有關係的字母更甚於其他字母，而且深信他們的朋友或家人比別人優秀。當他們與某個外群體處於競爭關係時，他們也會放手自我膨脹（self-enhance），一如人類學家露絲·潘乃德（Ruth Benedict）在其戰後分析日本人性格的名著《菊花與劍》裡所說的。

此外，如果亞洲人移居北美洲，他們公開且清楚的自我肯定的傾向往往變得更強。例如，移居加拿大的日本人，搬來才七個月，自我肯定程度就顯著提高。所以，不管在靈活自我和巨核自我之間能找到什麼東西方差異，那些差異根本非不能改變。其他人也會變成像美國人那樣怪，反之，美國人也會變成像其他人那麼不怪：在日本生活了七個月的加拿大人，自我肯定程度也是顯著降低。有密切人際關係的美國人，例如有過往甚密之友人的美國人，也會開始顯露出這種公開清楚的自我批評和含蓄的自我肯定的模式。這意味著對所有學生來說，最值得一試的事或許是在國外待上頗長一段時間，藉此培養出可替換的不同自我和更廣博的文化素養？

十一、美國，一種解釋

但美國人怎麼會成為世上最怪的人？這是那個在行李提領處的女孩，若在美國待下來，肯定會在某個時間點提出的疑問，而且也是美國人自己偶爾會提出的疑問。這個問題的濫觴肯定來自於一塊廣闊且資源豐富的大陸上一群相對人口較少的住民。開拓者與美洲原住民的衝突和制伏他們所滋生出的傲慢是因素之一；當年的開拓殖民地者和保羅．皮夫那個不公平大富翁遊戲裡的勝者心態沒有兩樣。

當然，他們的喀爾文主義對美國人性格的形成影響甚大，因為一如所有新教徒，清教徒前輩移民從一開始就深信自己的靈魂全由自己照管。沒有神職人員協助他們，一如信天主教的其他移民。但此外，一如喀爾文信徒，他們深信個人的成敗反映了個人是否為上帝挑選之人，反映了人的靈魂。這未使工作成為通往救贖之路，但凡是在世間成功之人，也都是會上天堂的人，

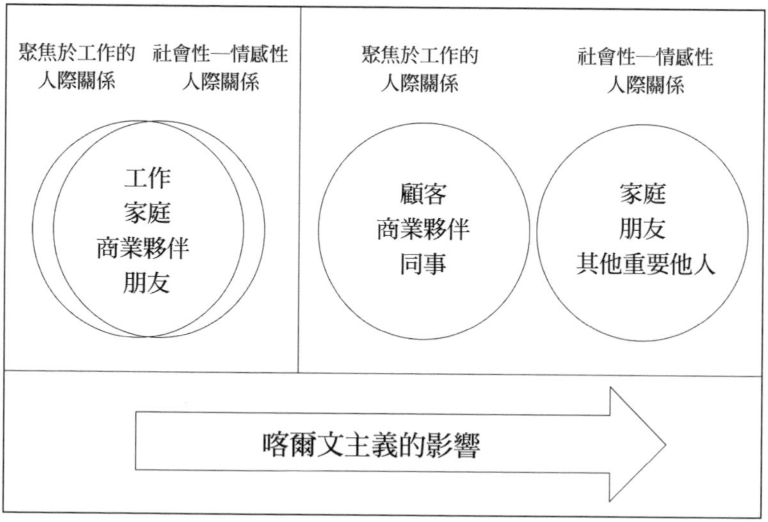

喀爾文主義對聚焦於工作的人際關係與社會性—情感性人際關係兩者有明確區隔的影響

因此，工作不只是養活自己的手段，還是嚴肅到接近神聖的一種活動。

工作也不講究社交。喀爾文宗信徒在閒暇時很願意與人交際，但認為工作時把時間浪費在閒聊和與人交際是罪惡，因為「那使人分心，而無法在天職（calling）裡積極履行上帝的旨意」。也就是說，歐裔美國人的工作場所從一開始就是神聖的領域，與生活的其他領域涇渭分明。如今我們還會稱工作為天職嗎？不管你喜不喜歡，許多人是這麼想的，原因之一是這些觀念仍受到今日許多喀爾文宗信徒（例如長老教會和公理會信徒）支持。事實上，誠如圖中所顯示，將聚焦於工作的領域和社會性－情感性領域嚴格區分一事，與這些教派特別密不可分。

於是出現密西根大學羅斯商學院教授傑佛瑞．桑切斯勃克斯在二〇〇五年所做的一項實驗，讓兩組英裔美國男性在實驗中接受史楚普測試（Stroop test）。這個測試涉及到把某個詞的意義與說出該詞時的語氣脫鉤，例如要某人以極高興的語氣念出「憂鬱」這個詞，以明顯的難過語氣念出「幸福」這個詞。想要探明的問題是語義與語氣的脫節會使人如何困惑？以及那與喀爾文宗信徒出身有沒有關聯？

據桑切斯勃克斯的說法，喀爾文宗信徒出身者，受測試時如果不在工作模式下，困惑程度和其他宗教出身者一樣。也就是說，如果他們穿著夏威夷衫，而且當時還在玩牌，他們就不是特別能阻絕說話者語調裡的情緒。[39]但如果他們一身西裝打領帶，並要他們先讀一個哈佛商學院的案例，再接受測試，他們的結果就大不相同：這時他們不受語氣影響的能力大為提高。相反的，較互賴的其他基督徒，例如天主教徒，在能力上沒有改變。

在與此相關的一項實驗中，桑切斯勃克斯錄下數個英裔美國人與一名研究人員談話的情形，結果發現他們如果穿著夏威夷衫，每個人在無意中做出和研究人員同樣之肢體動作的機率沒有差別（研究人員抖腳，他們跟著抖腳，研究人員搔臂，他們跟著搔臂）。但如果穿西裝打領帶，有些人的情形沒變，唯獨長老會和公理會信徒不再於無意中做出和研究人員一樣的動作；好似存在於訪談者和受訪者之間那道可半滲透的分界已硬如鐵石。對求職面試的靈活自我者來說，這一研究發現具有重大意義？沒錯。桑切斯勃克斯已證實，拉丁裔和其他互賴者往往因為別人未能照做他們的動作而感到窘迫，但他們的表現卻可能被這一喀爾文宗信徒式的轉變大大影響。於是，公司若想招募多元化人才，其所該做的，顯而易見就是讓面試者穿上夏威夷衫。

39 這種不協調不難測量出來，因為能阻絕情緒暗示者，會比無法阻絕情緒暗示者更快辨識該詞的意涵基本上是正面還是負面。

「怪」的其他根源

美國人的「怪」也受到早期美國人的生活狀態推波助瀾。那一早期生活雖然原始簡陋，卻助長平等主義掛帥的自給自足精神，進而有助於孕育出法國偉大觀察家阿列克西・德・托克維爾（Alexis de Tocqueville）所率先稱之為「個人主義」的東西。因為，誠如他所寫：

隨著社會環境變得更平等，財富與權勢都不足以大大影響他人，但那些終究取得或保有足以滿足自身需求之教育和財富的人跟著變多。他們不虧欠任何人，對任何人無所求；他們養成始終自認能獨力過活的習性，很容易就認為自己的命運全掌握在自己手裡。

這一發展具有重大影響。如托克維爾在十九世紀初期就看出的，這種個人主義不只易「使每個人忘記祖先，還隱蔽後代，把他與同時代人隔開；它使他不得不永遠靠一己之力，最後還可能把他完全困在他內心的孤獨裡」。[40]

愛默生、梭羅等對自力更生、公民不服從理念有所闡發的思想家，依舊從這個「認為自己的命運全掌握在自己手裡」的心態，打造出激進哲學。愛默生的觀念為梭羅的公民不服從打下基礎——「對我來說除了我的天性法則，沒有哪個法則是神聖不可侵犯」、「當天賦召喚我，我對父母妻子兄弟都敬而遠之」、「別告訴我……我有義務改善所有窮人的處境，他們是我的窮人嗎？」。梭羅寫下「養成尊重法律，甚至尊重公理的心態，乃是不可取的」作為回應。他還寫過「我理該擔負的唯一義務，就是不拘何時做我認為對的事」。

在美國西部邊疆，個人主義以更粗糙的形態呈現。如史學家佛雷德里克．特納（Frederick Jackson Turner）所指出的，邊疆生活助長「厭惡控制、特別是厭惡直接控制的心態」，從而孕育出一種獨特的民主，這種民主「在自私、個人主義上特別強烈，無法容忍治理經驗和教育，個人自由流於過度」。這是在《日正當中》之類電影裡看到的西大荒。我們在今日美國所看到的許多東西，從這段嚴峻考驗裡萌生，或者說我們最起碼已經相信的東西，就從那裡被打造出來：事實上，第一部西大荒小說，《維吉尼亞人》（*The Virginian*，一九〇二），出自歐文．韋斯特（Owen Wister）之手，此人在哈佛大學時是ΦBK兄弟會成員，主修音樂，後來又就讀哈佛法學院並畢業。他在懷俄明州度過夏天，把牛仔視為中世紀騎士的後代。

但那又如何。當特納說「邊疆生出個人主義」時，他指的是所有邊疆？如果是，何以致

40 「始終自認能獨力過活的習性」，和從人我關係的角度強調自我的儒家思想，猶如天壤之別。

之？這個疑問，直到較晚近時才得以解開，而這得歸功於密西根大學心理學家北山忍所做的一項別出心裁的調查：「志願移居和獨立精神：來自日本『北疆區』的證據」（Voluntary Settlement and the Spirit of Independence: Evidence from Japan's "Northern Frontier"）。

北海道調查

這項實驗不只在美國進行，也在日本進行。在日本，北山忍和其組員把重點擺在北海道的日本人上，北海道是日本最北端的島嶼，像是具有「西大荒」文化的地方：那裡的人大體上和更南邊島嶼的日本居民同種，同樣說日本語，看同樣的電視節目，卻常被認為較疏遠，較像美國人。事實上，許多住在日本的美國人前往北海道求得某種心理上的休息。但這一文化差異與曾遷居這個寒冷偏遠邊疆的那幾類人有關，例如與因為一八六八年明治維新而失業的武士有關？或者是邊疆經驗本身所致？這是北山忍和其他同事所要解開的疑問。

他們做了三個實驗，探索相對較高的獨立性和互賴性。第一個實驗很簡單。研究人員拿一份問卷，請受測者就其所經歷的情緒激動時刻作答，然後要他們評估幸福是與友好、溫暖或尊敬之類的靈活自我感覺關係較深，還是與自豪於個人成就之類巨核自我感覺關係較深？

在日本，填問卷者除了來自京都大學的學生，還有北海道出生和非北海道出生的北海道大學學生。在美國，填問卷者來自密西根大學和芝加哥大學。實驗的假設是美國人會認為幸福與個人目標的實現密不可分；而結果的確如此。

在這同時，北海道出生的北海道大學學生認為幸福與個人成就、社會和諧都關係密切；而非北海道出生的北海道大學學生認為幸福大體上與社會和諧關係密切。至於京都大學學生，他們不只認為幸福與社會和諧關係非常密切，還認為幸福與個人成就之間有負面關聯。這與前面談傳統亞洲人不安於自我炫耀那一節裡討論的某些現象相呼應。在中國，公開競爭的高考文化似乎給較「突出」的表現存在的空間：看看前面我們提及的今日北京朝外小學某教室外的班級座右銘：「我自信，我突出，我用功，我成功。」但「我突出」一詞，大多意指某人在作業評分或考試成績上名列前茅，而與我們在美國所常談到的那種「敢與眾不同」的破壞性「突出」大不相同。此外，它不只是為了自己，也是為了家庭，而達成的成就。

第二個實驗：選擇

在第二個實驗中，北山忍利用了作選擇讓人緊張不安一事來達成其研究目的。在任何文化裡，作選擇都會產生不協調，這種不協調促使所有人為自己的決定辯解。北山忍假設在巨核自我文化裡，不協調的肇因是威脅到個人私下認定的自我形象——例如自認能幹或合乎道德的自我形象。然後他推測，對北美人來說，就是這幾種威脅會出現在他們的自我辯解模式裡。但在靈活自我文化裡，個人的公眾性自我形象才至關緊要，例如他們的名聲和在社會地位裡反映出來的自我形象，因此北山忍推測在他們的自我辯解模式裡會出現的威脅，是對這些自我形象的威脅。

北山忍和其同事據此發給每位參與此調查者十片音樂CD，並要他們就喜愛程度替它們分等級。研究人員接著讓每位受測者就他們手中的兩片CD作選擇。這兩片是他們既不是很喜歡也不是很討厭的CD，也就是在十片CD裡被他們評定為第五、第六喜歡的CD。

針對其中一半受測者，研究人員在牆上掛了一張有諸多臉孔的海報，讓受測者覺得他們作選擇時，那些臉孔似乎在仔細打量他們。針對另一半的受測者，則未掛上海報；讓他們在空白的牆前作選擇。要解開的疑問是：受測者是否表現出想替自己的選擇合理化的衝動？而讓受測者感覺像是被人盯著，是否左右他們表現或不表現此衝動？

結果，巨核自我美國人，坐在空白牆前面時，表現出很想替選擇合理化的需要，把他所拒絕的那片CD貶得比他原來替十片CD評定等級時所評的級數還要低，並把他所選擇的那片CD調到比原來更高級。換句話說，受測者未受到外部壓力時，得讓自己安心自己作了正確選擇。這一效應在有海報存在時被稍稍減輕——好似因為有別人「存在」，而覺得稍稍不能自由作選擇，從而受測者較能讓自己擺脫責任。不過，他們的焦慮不安顯然來自於自我評斷，而非來自別人的評斷。

這意味著親身體會到個人主義會帶來壓力、體會到美式自由並不令人舒服的亞洲學生和其他人，看出了箇中蹊蹺？的確是。自主選擇與要人透過選擇界定自己的文化要求密不可分，因而選擇本身能讓人覺得憂慮多過覺得自由。

在這同時，對靈活自我的日本人來說，感覺到被人盯著，甚至被一張海報盯著，就強烈引發不協調感；使他們感到焦慮不安的，是維護公我（public self）這件事。在沒有海報的情況下，他們未表現出焦慮不安或不協調，反倒似乎感受到像西方許多人可能感到豔羨的自我意識完全喪失。這與北京人穿睡衣上街或在IKEA店裡的家具上小睡（而且是睡到舒服打呼那種深沉的小睡）之類現象有關？沒錯。在未受仔細打量時，人可以非常自由的去體驗屬於某個內群體的感覺。那是與西方式自由大不相同的自由——西方人所幾乎無法想像，但令互賴者覺得很舒服的非自我意識。我認為那也是值得所有人用心去思索的東西，因為那與活得更深刻有關聯。

在此同時，北海道人的行為比其他日本人更像美國人，表現出比其他人更需要把自己的選擇合理化的心態。有趣的是不管他們是否在北海道出生，不管已在北海道住了多久，都會這麼做——意味著邊疆個人主義至少一開始就源於自我選擇。這支持我們先前在石珍妮父母的例子裡所觀察到的東西；人往往因為已有些個人主義傾向而移居美國或北海道之類的地方。

第三個實驗：感知

北山忍的第三個實驗不把重點擺在價值觀或選擇上，而是擺在「感知」這個更深入內在的自我層次上。他和團隊運用了原本用來說明基本歸因謬誤的作文實驗，但在作法上與該實驗的最早版本有些許差異。他們向受測者說了一些故事，故事主角是一名虛構的棒球投手，然後問他們，你覺得這名投手的性格（例如他的性情或態度）對他的行為有何種程度的影響？外在因素（例如他的環境或他人）對他有何種程度的影響？

這時，對此實驗的結果，我們已不會感到驚訝。實驗發現北海道出生的北海道人，一如北美人，強調投手的酪梨核，遠甚於強調他的環境。相反的，非北海道出生的北海道人往往把酪梨核和環境同等看重。

換句話說，北海道出生的北海道人，不只在個人目標和作選擇上，而且在他們的感知和思維上，大體上和美國人一樣的個人主義。但非北海道出生的北海道人，雖然在作選擇時具有和美國人一樣的酪梨核取向，但碰到他們的個人目標或感知與思維時，個人主義程度卻不如美國人。因此，北海道人的個人主義，有一部分來自自我選擇，但如果他們在個人主義文化裡長大，他們也吸收了該文化。

當然，令人意想不到的是，北海道出生的北海道人所接受的測試，顯示他們具個人主義特質，但他們也證明，個人主義者不願受環境影響，他們卻會受環境影響。順帶一提的，北山忍的調查意味著，美國人的「怪」除了我們先前描述的那些因素，還因為自外移居這個因素？的確如此。

邊疆萬歲

在美國西大荒早已是昨日黃花之際，該地區的個人主義仍然大行其道。加州大學柏克萊分校心理學家維多莉亞・普勞特（Victoria Plaut）和其同事已發現，住在洛磯山脈的人，其自主程度、感知到不受約束的程度、感知到對環境的支配程度，在美國居冠。洛磯山脈也擁有很多的獨居者、離婚者或自營者，以及較低度的公民義務。

美國西岸的個人主義也很濃厚。普勞特等人在晚近某項調查中比較了波士頓和舊金山，發現舊金山較強調個人、原創性和自由，而且不只在舊金山的大學介紹手冊裡和舊金山創投網站上看到這現象，在灣區醫院網站上也看到。在舊金山，經驗和名聲的重要性被淡化，而個人化處理手法和另類作法的可取得，則受到強調。至於我們是否真希望碰到隨興、富創造力的外科醫生——這個嘛，無關緊要。

文化感染

但這種地區性差異何以致之？文化為何延續不絕？一如我們已探討過的其他大問題，這有許多答案。為說明文化如何持續不輟，作家尼克．塔博爾（Nick Tabor）以紐約唐人街為例指出，該地區儘管受到龐大的開發壓力，仍維持其少數民族聚居地的性質，原因之一是那裡的建築由多人共同擁有。家庭聯合會在一九六〇、七〇年代買下許多重要建築，如今，要賣掉那些建築幾乎不可能，於是華人新移民有了一個受到保護的目的地，從而可形成足以維繫唐人街於不墜的居民數量。

此外，人類易被暗示所影響。在某項權威性調查中，西北大學心理學家羅伯特．雅各布斯（Robert Jacobs）和唐納德．坎伯（Donald Campbell）讓數組人陸續坐在一間漆黑的房間裡，房裡有一個投射出的光點。每組四個人。光點其實固定不動，但研究人員問參與者覺得光點移動多遠——由於眼睛的不自主運動，參與者通常會覺得光點有移動，而且一般來講覺得移動了約四吋。但研究人員在第一組安插了一名「參與者」，而在此人說他看到光點移動了十六吋後，該組大部分其他成員也說看到光點移動約十六吋。在接下來的幾次實驗裡，每次都更換一人（特意安插的參與者第一個退下），結果參與者聲稱看到的移動距離，依舊比控制組成員所聲稱看到的還要大。前後五組調查對象都如此。此一效應非常強，即使採納某看法的人已少掉一半，該看法仍繼續傳播。

事實最終重新獲得證實。但如果人是紙巾，把美國人稱之為超強吸水紙巾也不為過。美國人的吸收性從長遠來看能因應不同環境而改變，但如果他們受個人主義薰染而深信自己未受所處環境影響，那還真該感到焦慮不安。

說服美國接受「美國」

這一焦慮不安促使美國人在冷戰時把集體主義汙名化？美國人把自己的遵紀守法投射到蘇聯身上，藉此拒斥他們？能以自己的原創性填滿房間般大之畫布且充滿幹勁的傑克遜·波洛克式美國人，或許完美，但不常見。在戰後時期，越來越多美國人住在紐約州萊維頓（Levittown）之類純白人、千篇一律的住宅區裡，而社會學家大衛·里斯曼（David Riesman）在其一九五〇年的經典著作《孤單的群眾》（*The Lonely Crowd*）裡，就要世人提防那個時代所正在培養的僵屍般「冷漠者」。[41]

當時，美國政府把自由（不只指言論自由，還指不受政府干涉隨心所欲做生意的自由）定為美國新聞署「唯一最重要的宣傳方針」，其重點在於不只說服世人接受「美國」，還在說服美國人接受「美國」。政府悄悄宣揚波洛克、羅伯特·馬哲威爾（Robert Motherwell）、威廉·德·庫寧（William de Kooning）、馬克·羅斯科之類美國抽象表現主義畫家的作品，想如杜肯大學（Duquesne University）教授葛雷格．巴恩黑塞（Greg Barnhisel）所指出的，讓世人認同「西方的個人主義使這些藝術家得以有這些成就，現代主義藝術作品體現了這一個人主義」。

在文學界，新的美國準則把《白鯨記》、《頑童歷險記》（*The Adventures of Huckleberry*）之類著作，說成一個「脈絡一致的傳統，這個傳統將美國自由的誕生，戲劇性的描述為已對預見到的極權主義發動其英勇抗爭的文學理想」。[42]而麥卡錫主義者越是把異議人士說成反美的，美國課堂上也就越常見到對孤身維護自己原則之人的描述——誠如先前已提過的，這類描述老早就成為美國人生活的主要成分。

在這同時，威廉．福克納（William Faulkner）之類的作家為了美國「自由」，不辭勞苦

41 在里斯曼看來，不管是他口中想被愛而非想被尊重的「他人導向」的美國人，還是已把社會束縛內化的「內心導向」的美國人，都未發展出真正自主之個體的酪梨核。

42 諷刺的是，一般而言受到推廣的美國書，是因為它們被視為有「最可長可久的宣傳」。美國新聞署重新使用二戰時飾有「書籍是觀念戰武器」的信箋信封，積極補助翻譯某些書籍。為獎勵出版商，美國政府也自行購買了其中許多書；雜誌也未受到忽略。例如美國中情局一年買進約三千本《黨派評論》（*Partisan Review*）。見 Barnhisel, *Cold War Modernists*。

遊歷國外，即使有時醉到「眼睛幾乎不聽使喚」，他仍協助推動聯合國安理會第六十八號政策文件裡提出的觀念：「自由社會認為個人是本身就很重要的東西……試圖打造讓每個人都有機會發揮自己創造力的環境。」

正派造反者

把「自由藝術家」用在宣傳上，當然讓人覺得十足反諷，更別提用在與不受拘束的資本主義有關的宣傳上。較可喜的是，安理會的這套說詞最終有助於民權運動的推動：巴恩黑塞指出，馬丁·路德·金恩「把自由當成修辭上的主要詞語來使用，精明的推斷該詞對冷戰所具有的特殊意涵，將會比公平、乃至正義更能打動美國聽眾」，這絕非偶然。

至於當時美國人是否像宣傳所說的那麼好，是否像一九五三年電影《飛車黨》（*The Wild One*）裡一身黑色摩托車夾克的馬龍白蘭度那樣生氣勃勃、充滿青春活力、叛逆和放蕩不羈的精神——這個嘛，一九五〇年代時這款摩托車夾克在許多美國學校裡遭禁。但慢慢的，這位視法如無物的摩托車騎士被平反，成為「正派造反者」（the positive rebel）的化身。當美國人受到自己的宣傳薰染，開始將自己打造為與蘇聯追求的一致性截然相反的東西，精神分析學家羅伯特・林納（Robert Lindner）一九五六年刊登在《麥考爾》（*McCall's*）雜上的文章〈把你家孩子養成造反者！〉（*Raise Your Child to Be a REBEL!*），就抓住新的時代精神：「阻礙孩子追求個體性，會產生犯罪少年！你要冒把你家小孩調教得太成熟穩重，而誤了他們一生的風險？」

林納主張小孩受害於「某個有害的宣傳」，亦即受害於「『成熟穩重』、聽話的小孩，已掌握幸福人生之鑰的觀念」，提倡教小孩「認識自己的個體性，自己身為人的獨特之處，身為人的價值和潛力」隨之蔚為風潮。不久，美國人全都開始去認識自己的酪梨核，且以特別聒噪的方式這麼做。在電視影集《黑道家族》（*The Sopranos*）裡，黑幫老大東尼・索普拉諾（Tony Soprano）在第一次接受治療期間，問「賈利・古柏怎麼了？那個堅強而不說話的人。那是個美國人。他未真正了解自己的感受。他只做他必須做的事」時，就說得很中肯。如今，堅強、不說話已褪流行。

事實上，美國個人主義者變得越來越怪，表現在許多方面，其中一面就是我們一談再談自己，始終興致昂揚。東尼後來又說：「他們所不知的是，一旦讓賈利・古柏了解自己的感受，他們就無法讓他閉嘴。」這句說得很對。「怪胎」這首歌以自我為基調——那是世上其他族群很難跟著哼的歌，更別提跟著唱，即使他們很欣賞它，亦是如此。

第四部　交會與混合

十二、我們的談話，我們的自我

那是我在上海教書的第一天。學生裡有一些來自中國，但大部分是來自紐約大學阿布達比分校的大學生。這些來自該分校的大學生是天之驕子，求學（包括這類海外留學）全部免費，有位想把世界級教育引進阿拉伯聯合大公國的阿拉伯王室成員，全額資助他們的一切開銷。他們來自世界各地[43]，有些是大一生，有些是大四生，個個熱衷學習且資質過人。儘管如此，只有少數人覺得上課時發言輕鬆自在。

當時，我們教師第一次開會，主題是「應該想辦法使學生在課堂上發言？」我們讀了一份研究報告，心理學家金熙貞在該報告中比較了一組亞裔美國大學生和某些歐裔美國同學。所有參與者都是史丹福大學生，都以英語為母語，因此我們推測他們必然能寫出優秀的研究報告，必然很能應付西方測驗。若非知道如何全方位應付這個體制，他們怎會俯身對著他們的筆記型電腦，在加州的陽光下喝著能量飲料——意指他們肯定清楚在課堂上勤於發言提問的重要。

但要學生在解決問題時充分討論該問題，這些史丹福亞裔美國學生就顯得很掙扎。他們並非講不出來，無法思考。事實證明他們能一邊從A到Z背出英文字母，一邊很漂亮的解決問題。但講起自己想法時他們就是不自在，而歐裔美國同學的表現正好相反：他們討論問題時的表現，就和他們靜靜解決該問題時一樣好。反倒是要他們一邊解決問題一邊背出英文字母，讓他們覺得難。[44]

為什麼？亞裔美國人所偏愛的整體觀照式、模式導向的靈活自我思考方式管用，卻難以清楚表達。另一方面，歐裔美國人所偏愛的分析式、線性巨核自我思考方式，慣於把事物分解，較願意用言語表達想法；事實上，歐裔美國人往往用言語來思考。邊思考邊背出英文字母，對亞裔美國人來說不難，因為那使他們得以用他們的正常方式解決問題，解決問題和背誦分占不同的思維管道。但對歐裔美國人來說，背英文字母干擾他們思考。他們背英文字母所用的思維管道，和解決問題所用的管道屬同一個，從而增添該管道的流量負擔，減緩他們的思考速度。至於這一研究結果是否適用在我的學生身上——屢試不爽。

43 如我先前提過的，我的學生來自智利、斯里蘭卡、摩洛哥、波蘭、前東德、祕魯、新加坡等國。

44 如果該問題很難時，尤其如此；如果該問題不難時，這理論就比較不適用。見H. S. Kim, "Culture and the cognitive and neuroendocrine responses to speech."

任小姐？

於是，我跟他們說了一件到今天只要我提起大多會引起大笑的事，我說我之前和他們一模一樣。我知道，由於我以寫作和講演為生，許多人很難相信我曾是在課堂上不發言的那類人。老實說，過去我雖然在課堂上不發言，卻始終喜歡交際。事實上，由於我互賴的那一面，我常因為講話被趕出教室。八年級時，我的科學老師貼了一張便利貼在我的畢業班年刊上，上面寫道：「即使是魚，如果嘴巴一直閉著，都不可能被人捉到。」

但那是在聊天，不是課堂上發言提問。說到發言提問，我一如我的學生，很掙扎。我仍清楚記得我的十一年級美國史老師突然叫到我的情景。他會說：「任小姐？」同時把他的黑色半框眼鏡滑到鼻樑更下面（當時日本人似乎已準備好要接管世界）。「妳怎麼看，任小姐？」但我必須說，事後回顧，我很感謝這位老師努力把我輕輕推出我的「舒服區」。

不過，就在我寫這件事時，仍感覺到自己心跳得很快，很難為情。我仍能感覺到自己清楚意識到每樣東西（我的皮膚、每個聲響、我喇叭褲的下垂）。

如今，我知道有種叫作皮質醇的壓力賀爾蒙，知道同時努力思考和講話會使人的皮質醇陡增。當我在上海教書時，我許多學生很可能也是如此。他們如果搬到美國，有了小孩，情況或許會逐代改善，但對他們來說，情況就是如此。即使不發言，他們仍在積極學習？沒錯。西方的教育家了解這點嗎？不了解。西方人有可能改變他們的作風嗎？不可能。

於是我告訴我的學生，我曾經和他們一樣。

其他像我一樣的人

我有著互賴背景，卻發展出十足個人主義的一面，而這樣的人，不只我一個。例如墨西哥裔美國作家塞吉奧．特隆科索（Sergio Troncoso）說，他在哈佛大學頭兩年，上討論課時他沒發過一次言，但如今他擁有三個碩士學位。他一路走來輕鬆嗎？當然不是。石珍妮亦然。她回憶：

> 我生性害羞，從小學到讀完高中，上課時基本上從未發過言。即使讀大學，也很少發言。我常很害怕要在大庭廣眾講話，總是極力避免！當我真的對文學和哲學感興趣，且上了令我想發言的課時，才克服這毛病。然後哈佛法學院幫我徹底解決這問題——老師會突然叫學生發言，意味著我得接受在他人面前講話。聽著自己在那樣的情況下講話，一段日子後，我開

始想舉手，主動發言。晚近，我能對著一百人甚至千人講話，一點都不緊張，自己都覺得不可思議。這樣的演變，我覺得很劇烈。但事實就是如此。

如今，有許多年輕人也完成這樣的跨越，但另有許多人對西方人不斷強調發言很重要表示反感。事實上，如果說有哪件事是我的上海學生所反對的，那就是以上課時發言提問的次數來評定他們的成績，他們認為此舉是一種西方霸權的表現。甚至有位中國學生不只主張學生上課時不必發言，還主張既然西方人來到中國，成為世界公民，他們就該體會道地的中國式授課，不得在上課時發言。

而在那些已經敢發言者的身上，仍可看到不協調的跡象。如臉書隱私權部門副主管韓裔美籍人士權律（Yul Kwon）在美國全國公共廣播電台（NPR）上所說：「我活到這麼大，出社會這麼久，已學會幾乎完全違反自己天生的直覺來行事。」所以，沒錯，他辦到了。但他仍覺得有些話不吐不快——他已跨過這座橋，那些話或許有助於他人傾聽。大家應該知道，學會這個，做到這個，並不容易。

而這永遠不會是件簡單的事。我有個傑出的中國堂兄弟，目前在美國留學。他寫道：「我猜我（對公開講話）的不自在是普世性的，我知道我最後會有所改善，但我不確定孤單是不是一輩子揮之不去的感覺，或者在人生下一個階段這感覺可能減輕。」

這個困惑很難回答。

所以，身為教師，我為何要鼓勵學生討論這個題目，同時拿參與討論的程度來評定學生的分數？原因之一是他們畢竟選擇上一所西式大學。事實上，提供西式教育正是此校清楚表明的辦校宗旨，也是我受聘要做的事。另一個原因是不管喜不喜歡，在他們所選擇的幾乎任何領域裡，自在的公開發言都是很重要的本事；一如他們個個都能講非常流利的英語，這為他們打開機會之門。最後，由於我們背景的相似，我深信我能幫助他們跨過這道障礙，而且事實證明這麼做沒錯。總之，每個人都參與，有些人較踴躍，有些人的確沒那麼踴躍，但終究有參與。在這點上，我很高興能給予他們每個人完全的肯定。

類別標誌

在美國，不只踴躍參與發言能讓人暗中辨識此人屬哪一類人，說故事亦然——特別是說與個人切身相關的故事。在《安靜，就是力量》（*Quiet*）一書中，作者蘇珊·坎恩（Susan Cain），針對哈佛商學院華裔美籍生陳東（Don Chen），提出了一個很有意思的觀點。她比較了他在哈佛求學時與他暑期在中國打工時對社會規範的觀察心得，指出：

在中國，較強調傾聽，較強調發問更甚於當眾滔滔不絕的講，較強調把他人的需要擺在第一位。在美國，他覺得交談的重點在於你如何有效的將個人的經驗轉化為故事，而中國人可能擔心拿無關緊要的資訊占去別人太多時間。

坎恩的重點在人的內向性格，以及許多亞裔美國人可能被歸類為沉默寡言一類，以及在於如果他們因為個人性情而無法對社會有所貢獻，那對所有人是多大的損失。但也要讀者注意，陳東就「無關緊要的資訊」所表示的看法——也就是被巨核自我視為不尋常但被靈活自我視為不相干的事物，是我們現在已經很熟悉的看法。耐人尋味的是，陳東不只強調說故事的本事是使他異於同班同學的關鍵，還強調「把個人經驗轉化為故事」的本事也具有關鍵作用。如陳東的某位同班同學所說的，在哈佛商學院，社交往來是個「極限運動」，每個人都承認社交往來攸關個人成敗，而在這樣的世界裡，上述本事造成多大的差異？自述性質的故事是巨核自我藉以認出同類並與之建立情誼的本事之一？它有助於維繫某一類人的存在嗎？

對第一人稱敏感

巨核自我談起自己時那麼爽快起勁毫不忸捏，陳東很吃驚，而有這種感覺的不只他一人。例如以波特蘭為總部的演講業務經紀人米里亞姆．費爾勒（Miriam Feuerle）說，她的德裔父親和親戚一再對美國人竟會在公車上跟人暢談起自己的事表示吃驚。美國人肯定意在示好，或許還認為費爾勒的親戚會投桃報李，跟著一起談論自己，但他們卻沒這麼做。「他們總是問我，怎會認為自己的事很有趣？」費爾勒說：「他們為何跟素不相識的人就這樣談起來？」

大導演希區考克（Alfred Hitchcock）似乎也注意到這個現象，並在《擒凶記》（*The Man Who Knew Too Much*）一片中好好利用了一番。該片一開頭，就是詹姆斯．史都華飾演的一名美國人在摩洛哥的公車上向一名陌生人很起勁的說話，語氣急促而且含糊不清。

但只有陳東和德國人對把自己當成焦點大聊特聊感到不自在嗎？非也。印度裔英國小說家薩爾曼．魯希迪（Salman Rushdie）不是在群體裡總作壁上觀的害羞之人，但當他於伊朗精神領袖何梅尼宣布他的小說《魔鬼詩篇》（*The Satanic Verses*）為異端邪說並對他下達了追殺令之後，他坐下來寫個人回憶錄，卻發覺用第一人稱「我」來寫作很不自在。「我曾嘗試用第一人稱寫，而那讓我很反感，」他在某次受訪時如此說：「那讓我覺得自我中心、自戀。」

於是全書以「他」來指稱他自己——這決定令許多書評家和讀者對此表達看法並覺得古怪。

當然，不只他以第三人稱寫自己的生平。例如，亨利．亞當斯（Henry Adams）的自傳體作品《亨利．亞當斯的教育》（*The Education of Henry Adams*），以「他」指稱自己。但今日的美國人個人主義程度比亞當斯所處的時代還要高漲許多，當今的歐裔北美人若使用第三人稱會成為異類。

相反的，問世的中國人自傳相對較少，而且它們常以第三人稱寫成[45]。就許多亞裔美國人自傳來說，亦是如此。例如亞裔美國人黃玉雪（Jade Snow Wong）的自傳《華人阿五》（*Fifth Chinese Daughter*）以第三人稱書寫，而滑鐵盧大學心理學家道夫．柯恩（Dov Cohen）和亞歷山大．根茨（Alexander Gunz）發現，亞裔加拿大人連在閒聊中都往往以第三人稱講自己的事。

同樣的，土耳其人很愛把他人的觀點嵌入自己回憶錄裡，因而諾貝爾文學獎得主奧爾罕．帕穆克（Orhan Pamuk）談到土耳其語時說：

> 我們有種特殊時態，讓我們得以分別道聽塗說和親眼所見；講述夢境、童話故事或我們所不可能親眼目睹的過去之事時，使用這一種時態。「回憶」自己最早的生活經驗、搖籃、

嬰兒車、跨出的第一步時，做這樣的區別很有用，它們是從父母口中聽來的故事，讓我們像聽別人的精彩故事時那樣專注聆聽的故事。那給人的感受就和在夢裡看到自己一樣甜美，但我們為此付出沉重代價。從別人口中聽到我們所做過的事，一旦深印我們腦海，最終就比我們自己所記得的事還要重要。

我們的故事在哪裡？

從別人的視角來「回憶」過去，或許令帕穆克覺得不妥，但更令人懊惱的，是自己完全記不得。我記得有次在麻塞諸塞州貝爾蒙特（Belmont）辦了一場愉快的讀書會，就在讀書會結束，我往門口走去準備離開時，主辦該讀書會的亞裔美籍女性苑法蘭（Fran Yuan）問我：「我們的故事在哪裡？」不久後，又有一位同樣是亞裔移民第二代的女性，建築師錢以佳（Billie

45　十三世紀一些禪師的確「坦然描述了他們艱苦的追求和他們的絕望、痛苦、震驚、喜悅之情」，但這些「不加掩飾」的記述，純粹是為了傳播佛教義理。十六、十七世紀儒士描述自己罪過的自責性著作，令人想起聖奧古斯丁的《懺悔錄》，也不脫說教的範疇。見 Qi Wang, *The Autobiographical Self in Time and Culture*。

Tsien）說「我們沒有故事」——當時我已開始關注這個主題。還有許多人也跟我說到這事，而且說法大同小異。

例如，有位叫許莉蓮（Lillian Hsu）的藝術家友人，坦承她永遠記不得書裡的情節，令她很尷尬。她說她讀了什麼好書，覺得很喜歡，就會推薦給一個朋友，卻發現自己談該書時，記不得書裡的情節。怎麼會這樣？建築師林瓔（Maya Lin）在回憶錄裡思索自己聽過的家族史太少，把那歸咎於自己未發問。她寫道：「我很少問人他們家族、他們過去、他們歷史的事。」而行動主義者劉柏川（Eric Liu）在其著作裡憶及他傑出的祖父時寫道：「有關他工作或在家時能讓人看出他性格為人的軼事，我一件都不記得。」

同樣的，柏林自由大學（Freie Universität Berlin）教授畢爾吉特・勒特格－勒斯勒（Birgitt Röttger-Rössler）正在研究的印尼某村莊，她與許多村民交情很好，但她請村民講述與自己相關的故事以便收錄時，卻找不到願意配合的村民。在印尼的亞齊市，作家伊莉莎白・皮薩尼（Elizabeth Pisani）描述了一個寂靜得讓人永生難忘的二〇〇四年大海嘯紀念館。那是「棟令人讚嘆的建築，長長一面弧狀格網立在巨大圓柱上，從某個角度看去，就像一道升到最高點的海浪，從另一個角度看則像一艘船」。但：

在這座造價七百萬美元、建成不到三年的紀念館裡，我看到牆上有破洞，有霉斑，有電線從天花板垂下。圖書館關著，廁所也關著。數十張立起的斜桌面上，循環播放一模一樣的幻燈片，照片亂七八糟貼在鑲板上，其中夾雜著紀念館本身的素描，明亮的一九七〇年代風格微型立體景裡，擺了許多人體模型和塑膠椰子樹，而在這些展出物裡，甚至在我和一群在海嘯來襲時都還未出生的小孩一起看的九分鐘短片裡，幾乎沒有哪個東西重現我們每個人在電視上第一次看到、一排排罩著布的屍體時，都有的那種心裡隱隱作痛、淤泥在喉的噁心感覺。事實上，在這座為紀念奪走亞齊十七萬人性命之重大事件而建的大紀念館裡，幾乎沒有死亡氣息。我只看到一張照片裡有出現一個橘色的屍袋，而且那屍袋還位在照片邊緣。

我向正拿著手提式擴音器帶小孩四處看的該館職員論及此事。他聳聳肩，說：「或許他們不想再惹起傷感」。

聽了這話之後，皮薩尼思忖，「為紀念某事而蓋了建築，心裡卻其實不想讓人想起那事。一座失憶紀念館，選擇性重寫歷史」，多令人難以置信。

亞洲人健忘？

當然，這一現象，一如所有事物，都有例外。有些亞裔的確很善於講故事；所有回憶的確都以情境呈現。但這一現象實在太顯著，要不是王琪已在「亞洲人健忘？」（Are Asians Forgetful?）這篇令人難忘的文章裡問「這是怎麼一回事？」我們不禁會發出同樣的疑問。

在這篇文章裡，王琪談到她要學生寫日記當作業。她要兩組學生寫下一週裡發生的大事，一組是歐裔美國人，另一組是在亞洲出生的美國人。她特別囑咐他們不要只是記下日常瑣事，還要記下不常有的事——頒獎典禮或騎腳踏車發生意外之類的事，也就是不可能再發生而且未造就、反倒打破日常生活模式的獨特情事。然後，接近週末時，她拿學生的日記出題，給他們突襲測驗。

結果令人吃驚。與亞裔美國人擅長考試這個刻板印象相反，拿學生自己生活中發生的大事來考學生，這些在亞洲出生的美國人得分在班上墊底。這不是說他們記性比較差。兩組學生在那一週裡都會忘記事情，而且忘掉的比率無分軒輊。

差異在於他們首先記住的事——在於他們如何過濾世事，以及他們因此感知並記錄下來的事。一如互賴者聚焦於大草原甚於獅子；聚焦於環境甚於環境裡的東西；聚焦於通則甚於例外；聚焦於群體甚於個體，這些在亞洲出生的美國人聚焦於例行事甚於大事；聚焦於普通事甚於不尋常事；聚焦於非戲劇性之事甚於戲劇性之事；聚焦於非自我甚於自我。他們比那些歐裔美國同學記得更多他人的行為。在這同時，一如我們先前討論過的閱讀實驗裡那些受測者，這些亞洲出生的學生，比起他們的歐裔美國同學，把他們的經驗分解為較大的數個區塊，互不相干的大事較少。因此，亞洲出生的學生記錄下較少這類大事，測驗成績因此較低。

亞洲人會講故事嗎？

由於可供組合成情節似結構的大事模件較少，亞洲出生的學生所講述的自述性故事，往往不只以第三人稱講述，還以非線性、非戲劇性的方式講述[46]。「我母親總是把水果削皮後再吃」、或「我妹妹和我以前常把蠟筆放在暖氣裝置上熔化」、或「我們如果生病，她總會替

46 這使人想起多明尼加裔美籍作家胡諾特．狄亞斯（Junot Díaz）寫到他上電影劇本創作課的經驗時所提出的個人心得，即他「不擅於掌握重大事件」（二〇一六年一月，在基韋斯特文學討論會／Key West Literary Seminar 上，與作者的交談）。

我們煮加了濃縮牛肉汁的稀飯」之類很常見的事，讓我們想起在王安博士對一九四〇年代來美時的記述裡所見到的，那種喜歡淡化不尋常事物的靈活自我傾向。承載文化傳統的偉大故事，會談到戰士衝突、愛侶冒險，但說到關於個人的故事時，靈活自我往往刻意輕描淡寫、以間接方式表達、不明講而是要人聯想[47]。靈活自我的敘事類型好似被冰川侵蝕過的高山，山頭被磨成圓的。

相反的，個人主義者的敘述突出且尖銳。巨核自我深信最偉大的真諦——個人酪梨核的真諦，不會在一般模式裡出現，而會在「然後有一天」之類的例外時刻裡出現，強調靈活自我所刻意淡化的東西。事實上，巨核自我那些明確的重大事件源於個人特質，好似那些重大事件的存在是為了證明酪梨核的威力[48]。這類人最關注的事，是描述酪梨核哪裡不對勁，以說明他們的承諾如何實現——特別是在美國。敘述越真實，酪梨核的產物越可信，就越打動人。於是，回憶錄大受歡迎，尤其是強調當事人遭遇種種逆境仍有昂揚自信的回憶錄。事實上，每部大受肯定的回憶錄，都是《酪梨核長出來！》（*An Avocado Pit Sprouts!*）。如果回頭想想本書自序裡談到金淑姬的故事，試問她的編輯認定把她在北韓暗中採訪的成果定位為個人成長故事，而非定位為深入調查報導來行銷會賣得最好，這看法有沒有道理？在美國，答案很可能——令人遺憾的，有道理。

至於完美的敘事應包含多少細節？個人主義故事就充斥著哈佛商學院學生陳東所說「無關緊要」的那類細節。因此，這類故事在靈活自我看來，往往讓人覺得太冗長太囉嗦，妨礙了真正的溝通。日本精神分析學家土居健郎以看來嚴肅但諷刺的口吻指出：「西方的哲學傳統處處強調言語的重要。」而許多亞洲人對此不以為然，原因之一是如果要清楚表達某事，意味著在表達者和聽者之間劃下一道界線。此外，陳述之舉就是把想法轉化為某種東西，將其去脈絡化。那就像把獅子抽離其所在的大草原。誠如土居健郎所說：

每次我們道出某想法，在把該想法用言語表達出來的當下，也選擇不把該想法以外的一切化為言語，從而也隱藏了那想法以外的一切。這是個選擇性極強的舉動。有時我們也不由

47 這與文化對冷靜的看重有關，而受過教育者尤其看重冷靜。有趣的是，史丹福大學心理學家蔡珍妮（Jeanne Tsai）已不只證實亞洲人往往看重低激發狀態（low arousal state）——例如笑時比歐裔美國人斂抑、小聲——還證實這一偏好與人皆會死的體認有關，證實所有人在覺得自己來日無多時都看重冷靜。

48 把焦點擺在酪梨核一事，據認源於亞里斯多德和其有關 hamartia 的理論。Hamartia 指悲劇中主人公所犯的錯，後來較酪梨核取向的解釋，才把 hamartia 譯為主人公的悲劇性缺陷。

得想說很難用言語表達的東西。對於在此情況下產生的感覺，日本人有個說法：「不知怎麼的，當我努力將它化為言語時，它聽來像是個謊言。」每次訴諸言語時，都隱蔽了部分東西。

在亞洲人的思維裡，處處可見到將言語與扭曲、膚淺、局限聯想在一塊的想法。例如《道德經》說「知者不言，言者不知」。

那麼，較暗示性、較間接指涉的風格，讓人覺得較不具體卻較貼近真實？這與在亞洲工作的企業家和其他人常抱怨亞洲人說話籠統一事有關？心理學教授艾莉莎．麥凱卜要我們想像：

一個七歲日本男孩，說起話來像是以英語為母語，其實是在美國境內某個日本人居住區裡講日語的家庭裡長大。美國老師問他是否弄傷自己時，男孩或許答「是」。老師費盡口舌要他繼續說怎麼弄傷的，男孩終於說：「那時我在玩單槓，有東西刺進皮膚裡，我把它拔出來。」在日本文化裡，很看重設身處地替人著想，因此即使這個七歲孩子未針對自己受傷的事給予帶有情緒性的評斷，他家裡或他居住區裡的日本人聽了之後，個個都了解男孩未說出的感受。男孩講述他的事時未清楚表達他的心情，因為自小所受的教養，要他指望聽故事的人來填補那空白，但美國老師或許……認為七歲小孩應該藉由講述冗長故事來表現想像力和創造力……於是說不定認為這個男孩無法順利表達自己感受。

彼此雞同鴨講。

亞洲人會寫論文嗎？

就寫論文來說，我們也看到溝通方面的差異。像尼爾、艾琳之類的中國大陸高中生已學會在高考時用明確的西方四段落架構（論題、證據、辯護、結論）來作文。但如果讓他們自行發揮，他們說他們會採取不同的作文結構，展現互賴作風，更加指望聽者能領會他們作品的深意。換句話說，他們會以某種神祕事物作開頭，隱藏主旨，讓讀者憑直覺自行去領會該主旨，讓整個概念和形態漸漸呈現[49]。

蘇珊．格雷佛（Suzanne Graver）教授回憶，她的日本學生表現出類似的思路，不只會讓讀者自行拼湊出文章的意旨[50]，而且表現出在論文的頭三段裡交待對主題之三個不同看法的獨特作法。這與舊金山州立大學教授南雅彥（Masahiko Minami）在諸多日本學童身上發現的現象如出一轍——這些小孩幾乎總是以三事件的方式講述他們的故事。凡是談到自己在遊戲場上受了傷的小孩，都必然也描述了另外兩個她或其他小孩受傷的情事。此外，他們往往以三行的方式，以俳句式的「詩節」，描述這些事。

愛寫回憶錄的美國人

就連南雅彥本人在與阿莉莎·麥凱卜合作時，都表現出這一傾向。當時他在寫的東西，在麥凱卜看來，就像是在拿一個主題寫三篇互不相干的論文，而且他滿心認為她會理解他是在「闡發主題」。但當她覺得一頭霧水，建議南雅彥至少為他那篇由三個部分組成的論文寫個結論時，他大為驚駭。「妳要討罵？」他問。

對許多亞洲人來說，從自己的觀點，為了自己，清楚講述自己故事，是個很奇怪的觀念。而對殖民地時代的美國人來說，同樣會是件怪事，由二七八頁的早期美國年曆內頁就可看出。誠如學者莫莉·麥卡錫（Molly McCarthy）所指出的，年曆末尾多附的頁面，大部分被用來記錄天氣和收成模式，但年曆主人也往往在那些頁面草草寫下與個人相關的資料。在殖民地時代初期，大部分以在下頁左圖所見的那種方式書寫，每一行寫下「我兒子生於六月十四日早上五點」和「六月十一日我妻子死於下午四點」之類的大事。畢竟，十七世紀美國的殖民地開拓者並非巨核自我取向，而是上帝取向。

但到了一八七四年，即下頁右邊那個年曆的存在年代，已出現更複雜精細許多的敘事風格——而這有一部分得歸因於歐洲境內的發展，例如一八七二年第一部現代自傳盧梭《懺悔錄》的出版。「我來這裡休息，找樂子，我事業做得有聲有色」，這位美國的寫作者在年曆上這樣寫，一切順利進行。這種新式寫作蔚為風潮，年曆製造商不得不增加年曆末尾的頁數以配合這項需求；隨之當然出現更加專注於自身生活細節的描繪。回想一下那位中國學生對

---

49 這些作法讓人想起日本文學裡的作法——例如，在十一世紀巨著《源氏物語》裡，作者紫式部既不在作品一開始，也不在作品末尾，透露她寫此物語的用意，而是在「文中相當不重要的段落裡（透露），讓讀者漸漸領會她的整個用意。」（這是土居健郎在《甘えの构造》／*The Anatomy of Self* 裡要我們注意的一段話，出自十八世紀學者本居宣長之口）。這些作法也和德州出生的伊朗裔美籍製片人薩哈爾·薩爾夏爾（Sahar Sarshar）的創作手法如出一轍：她解釋：「我喜歡出自相關人士之口的故事，沒有被強加報導者或製作者的看法的故事。」她的手法避用許多西方導演所偏愛的主敘事者。

50 格雷佛指出，她教學生如何以較線性的方式安排論文的結構時，她們立刻就上手。

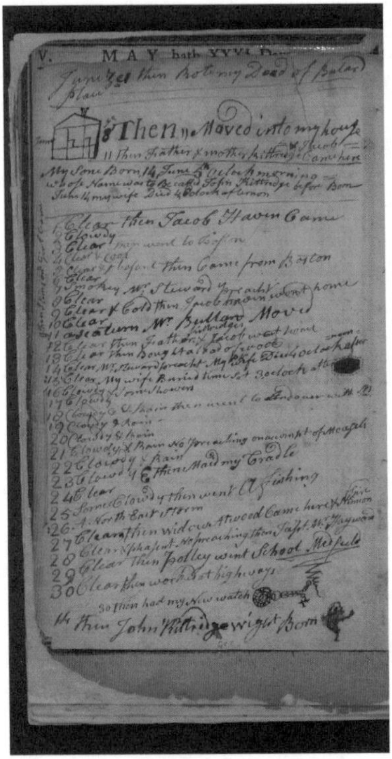

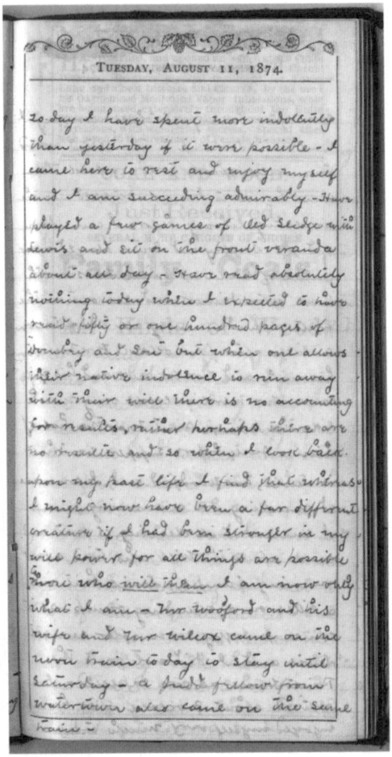

TUESDAY, AUGUST 11, 1874.

to-day I have spent more indolently than yesterday if it were possible - I came here to rest and enjoy myself and I am succeeding admirably - Have played a few games of old sledge with Lewis and sit on the front veranda about all day - Have read absolutely nothing today when I expected to have read fifty or one hundred pages of Dombey and Son but when one allows their native indolence to run away with their will there is no accounting for results, rather perhaps there are no results and so when I look back upon my past life I find that whereas I might now have been a far different creature if I had been stronger in my will power for all things are possible those who will them I am now only what I am - Mr Woodford and his wife and Mr Wilcox came on the noon train to-day to stay until Saturday - a [illegible] fellow from Watertown also came on the same train -

十七世紀的年曆內頁（左）和十九世紀的年曆內頁（右）。

於遭化學老師打頭一事的描述，以及她認為校長不會在意「這種小事」的心態，那麼，如果放在十九世紀的年曆裡，這種不當行為絕不會被這麼輕描淡寫帶過。誠如我的某位上海學生所說，對巨核自我來說，「每座蟻丘都是山」。

這是好是壞？無關緊要。在一八七四年那本年曆裡，我們看到我們絕對認得的東西，看到當時人就在做今日幾乎每個美國老人活動中心都有的寫回憶錄團體所在做的事。我們對自述如此著迷，連二十幾歲的人都坐下來寫回憶錄——對他們的家庭來說這是美事一樁，但在其他國家，與他們同年齡者沒什麼興致做這種事。

媽媽的話

這一改變如何發生？在這段期間，由於我們先前描述過的種種原因，美國人變得更加個人主義。但文化上的改變如何造成美國人說故事方面的改變？說故事方面的改變，反過來影響美國人的文化嗎？

線索就在心理學家王琪和埃默里大學（Emory University）教授羅賓・費武什（Robyn Fivush）兩人合寫的文章裡。該文描述了媽媽對孩子講話時所用的兩種敘事風格：詳究細節的和講究實際的。詳究細節的、個人主義的媽媽，例如許多中產階級歐裔美國媽媽，引導孩子暢談他們自己的事。她們想幫助孩子體會到自己很重要，於是和他們談起已發生的事，問孩子對那些事的看法，塑造西式說故事作法，一般來講她們的作為如同主持貨真價實的母子故事創作班。例如：

母：……你記得哭的事嗎？

子：我為什麼哭？

母：我不大清楚你為什麼哭？但你記得那時你在哪裡嗎？

子：我哭，因為我一個汽球都沒有。

母：他們沒有汽球。但那時候你也因為想回家而哭？

子：對。

母：那時你在哪裡？

子：在斯圖爾特公園！

母：（大笑！）你在斯圖爾特公園的確哭得很起勁，但，呃，我說的是在喬的停車場發生的事。你記得喬的停車場嗎？記得站在門邊哭？

子：記得。

母：記得？

子：對。

母：你那時候為什麼哭？

子：因為那時候我還不想走；因為我想吃東西。

母：喔，你還想吃（大笑），那是原因？

子：對。

母：嗯。我記得媽咪想把你抱起來，你有點抗拒。你嚎啕大哭。或許是因為汽球，或許是因為你餓。但我們知道你能得到另一個汽球，對不對？

子：對。

詳究細節型媽媽的心得：要強調因果關係，細節是關鍵，孩子的欲求最重要。

另一方面，講究實際的、互賴的家長，談話重點始終不離「主旨」，往往在心中已有答案下提問。不鼓勵離題的談話和不相干的細節。例如，一對中國父母和其孩子的以下對話：

母：寶寶，你有告訴爸爸你今天哪裡做錯了嗎？

父：他又犯錯了？

母：有沒有告訴爸爸？啊？

子：（發出聲音，聽來像是在說是）

母：啊？

子：已經告訴爸爸了。

母：你已經告訴媽媽了，對不對？

子：對。

母：你有告訴爸爸？爸爸不曉得。

子：沒有。

母：你在李阿姨家是怎麼一回事？

子：寶寶不想進去。

母：嗯……你在門口，不想進去。然候呢？

子：沒跟愛德華玩。

母：嗯……你不想跟愛德華玩。嗯……還有呢？

子：在樓梯，沒說『再見』。
母：嗯……
子：沒把門關好。
母：嗯……爸爸，你有聽到？
父：聽到了。寶寶已經告訴爸爸了。
母：已經告訴爸爸？
父：爸爸已經知道了。下次（寶寶）會乖一點，對不對？
母：下次別犯錯，好嗎？

這個心得與說故事技巧毫無關係，反倒與確保寶寶下次更乖有關係。他的內在需要和欲求不是重點，以去脈絡化的方式清楚表達他的感受也不是重點——猶如在向若未獲告知他的感受、別指望能透過直覺體會他感受的人說他的感受。[51]難怪在某項調查中，韓國人說他們有兩成的感受從未向他人訴說，而美國人說只有五%的感受未告訴他人。[52]

在此同時，寶寶父母的作為，在西方人看來可能是在責罵，但那不純粹是在騷擾寶寶，而是在履行身為父母者的職責，教他做好他應扮演的角色——這個角色的重點不在外在的表現，而在內心真正的感受。那是儒家倫理的基本原則，其目標在內化「仁」這個特質。「仁」常被英譯為benevolence，但不妨把它想成發自內心深處對他人的真誠尊重，也就是能誠摯的理解他人，透過一條虛線與他人達成互賴性的連結。[53]

不同的風格，不同的目標

即使理解這一點，仍不難想像西方人會把這樣的「盤問」視為和打小孩一樣嚴重。誠如在我短篇小說〈誰是愛爾蘭人？〉（*Who's Irish?*）裡那位祖母所說的：

> 在美國，家長不該打小孩。「那會使他們認為自己不夠自重，」我女兒說：「就像我最近剛好體會到的，那會在日後帶來問題。」

但講究實際的家長終究實際一點。他們深信如果自家小孩能被社會化，成為有用的社會一員，就能指望社會讓他們在任何層次上都能安身立命。

至於社會的本質，靈活自我家長把社交圈想像成某種無休無止的殺青慶功宴，每個人在其中的角色相對來講較固定不變。你得知道每個人的身分，得扮好自己的角色——最好不要叫某個明星自己去拿飲料，但你不必特別賣力宣傳自己是誰。每個人知道每個人的身分。這場慶功宴何時會結束？誰曉得，但在已進行了數代的慶功宴上，你大概可以輕鬆以對。誠如王琪所解釋的：

---

51 這一靈活自我的回憶風格，可在不同背景的互賴家長身上找到，而且在那些家長身上呈現出細微的差異，並在孩子最後的說故事風格上造成不同的結果。例如俄英雙語者用俄語回憶時，比用英語回憶時，聚焦於他人的回憶較多，用到的群體代名詞較多。見 V. Marian and M. Kaushanskaya。

52 韓國人向他人訴說感受的比例低，或許似乎意味著孤立，但二〇〇七年的某項調查顯示，對歐裔美國人來說，以言語清楚向他人訴說感受，降低了自己的緊張壓力，但對東亞裔美國人來說，並無此效用。未明言的社會支持，讓後者受益更大。見 S. E. Taylor 等人所著。

53 家長也透過身教，讓寶寶了解如何發展自己的「仁」，因為他們檢討在李阿姨家所發生的事，乃是儒家《論語》所建議之每日自省工夫的一種。這涉及行為與角色導向的提問，例如「我是否替我服務的人盡了最大心力？」、「我是否忠誠對待朋友？」、「我是否把所學付諸實踐？」這個固定作為，類似海軍陸戰隊員每次執行任務後發問的作法，「我們能從這個學到什麼？」、「哪個地方我們可以做得更好？」由於海軍陸戰隊員的靈活自我文化，他們對改善自己的追求永無止境。

> 人生下來就屬於由家庭和社群組成的社交網絡，這個社交網絡充當界定自我的主要基礎。人際關係與其說是志願性的，不如說是無條件的和義務性的……因此人際關係往往被認為是穩定的，只需要少許明確的維護。

簡言之，家長與孩子間只有最細微的虛線，因此家長「未特別在意於為了維護或擴大關係而把自己的經驗、想法、感覺告訴自家小孩」。

他們也不是很在意守規矩。看看虎媽蔡美兒（Amy Chua）那種不設限的心態。她最初的子女管教宣言是這麼寫的：

> 一、功課始終擺第一；二、A-就是成績不好；三、你小孩的數學程度必須比同學超前兩年；四、絕不可在公開場合稱讚你家小孩；五、如果小孩和老師或教練意見不合，你一律要站在老師或教練那一邊；六、你家小孩獲准從事的活動，應該只有那些最後能讓他們拿獎牌的活動；七、獎牌必須是金牌。

但其中卻有不少自我嘲笑的成分，這也是大師文化的道地產物。蔡美兒坦承，「我盲目崇拜困難和成就」。她理解到，她生在美國的小孩「會覺得他們擁有受美國憲法保障的個人權利，因而違抗父母、不理睬生涯建議的可能性比較大」？沒錯，但她對此挑戰的第一個回應，是加重管教：她誓言絕不讓自家小孩在外過夜、絕不替小孩安排與其他小孩一起玩、絕不讓小孩參加學校戲劇演出、絕不讓小孩抱怨無法參加學校戲劇演出、看電視或電玩。結果不是很理想。

在此我得插句話，我和蔡美兒年紀差不多，也是華人移民第二代，但我管教小孩的方式和她南轅北轍，而且有令人滿意的成果。而蔡美兒，值得讚許的，後來改變嚴厲作風，最終也得到好結果。但我能理解，她一開始的管教觀念出自她與小孩的親情紐帶不可能斷掉這個互賴性假設上。她的小孩會不會在能離開她時毫不眷戀的離開？他們會不會有一天把她送進安養院，不想去看她？這些巨核自我會有的憂心，她從未想過。

詳究細節型的家長其實也講究實際，只是以他們自己的方式這麼做。他們也在培養自己小孩以便日後面對未來世界，只是他們所設想要面對的世界和講究實際型家長所設想的世界不同——那是個資本主義的、「法理社會」的世界，在那樣的世界裡，要由他們自己去界定自己，他們要自力更生。誠如從狄更斯到埃琳娜·費蘭特（Elena Ferrante）的諸多小說家所描述的，這個世界令人興奮但也充滿艱辛。最好有龐大的人脈和令人著迷的個人敘事，而且對自己的獨特性和該獨特性對世界的價值有充分的認識，有益無害。

說不定你甚至會說那樣的認識不可或缺，因為人生猶如不斷在接受考核。父母告訴小孩「做你喜歡做的」，但那背後卻有令人焦慮的東西。如果世界不接納他們怎麼辦？如果世界並不因為他們的子女擁有真正的真我而予以讚揚怎麼辦？如果世界未覺得他們的酪梨核特別與眾不同怎麼辦？如作家莉迪亞·戴維斯（Lydia Davis）所寫道：「我們知道自己非常特別，但我們一再努力尋找哪個方面特別：不是這個方面，不是那個方面，那是哪方面？」

在靈活自我無休無止的慶功宴裡，生活建立在每個人老早都同意的社會分類上。相反的，誠如哲學家查爾斯·泰勒（Charles Taylor）所指出的，「從內心生出的、個人的、獨創的本體（identity），其主要特點在於它未享有這個先驗的認可（recognition）」。[54]於是：

> 隨著步入現代社會而產生的，不是對「認可」的需求，而是可能無法滿足此一需求的環境。此一需求如今首度得到承認，原因在此。在現代以前，人不講「本體」和「認可」，不是因為那時人沒有（我們所謂的）本體或因為這些本體的存在不取決於認可，而是因為本體在當時未構成大問題，因而不必像這樣被當成主題。

但，他接著說，如今：

在私人的層次上，我們能看出獨創的本體有多需要被認可，以及多麼容易受重量級人士所給予之認可或拒絕影響。

難怪巨核自我家長急欲讓自家小孩肯定自己，即使為此得作假，亦無妨。家長告訴小孩，「你好棒！」、「幹得好！」而小孩卻同時翻白眼，一臉不以為然。小孩會說，「他們老是那樣說」、「例如我畫了歷來最糟糕的畫，他們會說，哇！你好有創意！」外國人也注意到美國人這個喜歡肯定小孩的習性。有位叫 Mathilde 的法國部落客說，美國小孩生活在充滿鼓勵的天堂裡，作業不會被修改，比賽沒有輸家。針對想去美國的人，她奉上三個到哪都好用的短語：「Awesome. Yes we can. Inspiring.」（很棒，我們能做到，令人振奮）。

---

54 中文「認識」一詞的意義，與其相對應的英語詞「to recognize」大不相同。中文的「認識」與看到先前見過的事物有關，而與了解新事物的意涵無關。而英語的 recognition，既可與理解到某事物很熟悉一事有關（認識），也可與承認自我的獨創性和特定價值有關（認可）。

你喜歡我嗎？

至於此一肯定，與先前已談過的個人主義者所容易發生的自我膨脹之間的關聯——小孩受到肯定，但自己沒這麼認為？小孩父母的焦慮和辯詞，已成為小孩自己的焦慮和辯詞。他們自問：「我真的很棒嗎？」而在那疑問背後，藏著另一個疑問。「如果外界根本不喜歡我怎麼辦？」與他人建立的個人主義式關係，一方面是個人自主選擇的，但另一方面又容易斷掉，因此巨核自我不得不產生靈活自我所沒有的憂心。

靈活自我的憂心是小寶寶的憂心。他未能和愛德華一起玩？他未乖乖說「再見」？他有好好關門嗎？巨核自我沒有這種對社會角色的憂心。人生在世的確要扮演性別角色、專業角色、父母角色等種種角色。但這些角色雖然真切，雖然吃重，卻完全不像寶寶所被認為該扮演的那些角色那麼遍及各方面。

但對巨核自我來說，孤立始終是隱伏在旁的威脅。某項對童書的調查顯示，「美國故事的共通主題是友誼和遭他人排斥之小孩的不幸」。這項調查還說，「美國母親拿『別人會不喜歡你』威脅小孩。（而外國人也）談到美國人心心念著自己人緣好不好」。

這是美國人「法理社會」式自由的諸多較不可取之處之一。由於人可以選擇要不要作你的朋友，你就必須讓自己被列為選項。不安全感非常強烈，因此就連我一個將近八十歲的友人，明明重重摔了一跤，仍說傷得不重，深怕那會成為她形象的一部分。然後，怎麼著？她說，別人會說「她老了，我要去交別的朋友」。

用餐時說話的用意

個人主義式關係的不安全感，也促成向人訴說切身的事。誠如王琪所說：

把自己切身的事說與別人聽，往往招來強烈的同感反應和情緒反應，透過彼此想法、感受、需求的相互交流，拉近談話雙方的關係，而就發展並深化信任與親密關係來說，這一過程至關緊要……事實上，西方的心理學理論認為，自述性回憶在助人適應環境上的首要功能，是建立人際情誼。

因此，講出來的故事與自己切身相關，而令靈活自我覺得很突兀；米里亞姆·費爾勒的德裔親戚對美國人在公車上向人大談私事的行徑很反感，而其實很多人都有這樣的感覺。我丈夫和我都是美國東岸人，有次置身較個人主義的加州時，有人拿某友人的近距離特寫生產照給我們看，拍得鉅細靡遺，讓我們兩人都嚇了一大跳。心理學家金．團吉回憶：

我最近要我的學生講述真實的故事，當作加分的作業，並向他們保證如果他們想講自己的故事，又不想讓我知道故事其實在講自己，可以用第三人稱講述。結果沒人接受我的提議；我反倒收到許多以第一人稱講述的故事，而且連名帶姓，談青春期性愛、濫用毒品、心理疾病、父母撕破臉的離婚、家庭失和諸問題。有個學生寫到她十四歲時被一個只有八根腳趾頭的男子奪去童貞。這麼多學生直白無隱寫下以性為主題的文章，最後我只好把性從主題清單裡移除，因為我手上的故事已經太多。他們讓我知道他們個人的生活點滴，那是其他世代的人不會輕易向人吐露的事，而且沒有哪個學生覺得這麼做有何不妥。

在傳統社會裡，人不必為了拉近彼此關係和得到他人接受而訴說這類故事。只有在現代的「法理社會」裡，我們才需要歐普拉、自白詩、真人實境秀、回憶錄、部落格。就連在家庭裡，都需要膠著劑。誠如王琪評論：「歐裔美國家長向孩子訴說往事，主要是為了彼此關係。」當這麼做的目的是為了使自己顯得有人性，並培養自己與孩子的親密、平等關係時，他們所說的故事，有許多以他們自己的失敗和魯莽行為為特點。至於他們是否想成為自己孩子的朋友——嗯，沒錯。

這離譜嗎？如今既已不必履行「禮俗世界」的義務，自然必須想辦法締結情感紐帶。管用嗎？有時管用，而且還非常好用。

代價

若無法締結情感紐帶，下場有時會很慘。例如，在南韓，許多傳統的靈活自我作法正式微，但遞補的作法尚未得到確立，孤獨死（獨自死去，沒人發現、哀悼或埋葬）人數激增。在美國，也有類似問題，勞動階級能維持其互賴性，但窮人沒辦法。誠如作家阿南德・吉里達拉達斯所論道，在美國：

> 如果是窮人，結婚的機率較低，身邊有人並擁有完整社群的機率較低。在大部分社會裡，窮人雖然沒有資源，卻至少有社會……太多美國窮人，因為同時是孤單一人，而付出令人遺憾的代價。

這代價非常大。畢竟對健康影響最大者，莫過於人的人際關係狀態。老早就有諸多調查顯示，孤單之人不只較易感冒，還較易得心臟病、癌症、阿茲海默症。另一方面，強固的社會網絡有助於人從中風等病痛中更快復原。羅伯特・普特南推測，「根據經驗法則，如果你不屬於哪個群體，但決定加入一群體，你隔年死亡的風險就減了一半」。

於是，日子過得順心時，我們與人交談，建立情誼，與人交談，建立情誼，與人交談，建立情誼。過得不順心時，我們很清楚應該去打壘球，當施粥所的義工，結果我們卻上部落格、推特，在那上面發表文章。人際關係越薄弱，就在網路上揭露越多自己，想藉此與他人連結。常有人問有些千禧世代的人那麼離不開手機，是否表明他們的互賴性？有時是。但諷刺的是，往往截然相反——為了抵銷個人主義把人孤立的效應。他們沉迷於即時通訊而不可自拔，幾乎無法想像過去人類所處的世界，例如無法想像我女兒的阿拉伯語老師易卜拉欣・達格赫爾（Ibrahim Dagher）在黎巴嫩長大時所處的世界，那是坐在地上一臉沮喪的年輕人，能指望有人停下來看他是怎麼回事的世界；畢竟，許多美國年輕人所體驗過的生活，就只有巨核自我的生活。他們能使這種生活為他們所用，但需要弄清楚它怎麼發揮作用。

十三、稱頌既獨立又互賴的生活

新英格蘭愛國者美式足球隊，二〇〇二年爭冠第三十六屆超級盃。麥可．霍利（Michael Holley）在其著作《愛國者稱雄》（*Patriot Reign*）裡如此描述當時的情景：

歌壇巨星瑪麗亞．凱莉在足球場唱國歌。U2樂團、保羅．麥卡尼、波士頓大眾管絃樂團也在那裡表演。（新英格蘭愛國者隊教練）比爾．貝利奇克眼中來自海軍的英雄人物之一，羅傑．史多巴赫，是榮譽隊長。賽場上和看台上都有明星。但開打前一刻，體育場裡和家裡的粉絲或在自己城鎮酒吧、酒館裡看比賽的粉絲，都被別的東西吸引住。超級盃參賽者最得意的時刻之一，就是一一介紹球員進場。並非每個球員都有幸享有十五分鐘的成名時光，但對許多沒沒無聞的球員來說（戴著頭盔使他們更加不為人知），五到十秒鐘的全球性曝光，就是莫大的電子紀念品，讓人自然想重新播放回顧的時刻。

但愛國者隊選擇做對他們來講很正常、而且讓第一次看到的觀眾都覺得振奮的事。他們以全隊一起出場的形式介紹進場，不特別做個別介紹。他們從他們的通道跳出來，充滿自信且一體化的一群人，一身紅白藍。在四千哩外的夏威夷，西雅圖海鷹美式足球隊的克里斯欽．

佛里亞看著電視上的球隊介紹，知道在紐奧良會有不尋常的事發生。他打電話給他的岳父認輸——他們打了賭。這位海鷹隊的強側邊鋒原本賭愛國者隊會輸，這時他知道愛國者隊已經勝券在握。

「你已經贏了！」佛里亞告訴他的岳父。然後他自言自語：「足球的重點就在這個。那是體育界最大的盛事，你們卻放棄了受矚目的權利？那是你們球員生涯的巔峰時刻，卻把那一刻與某個絕不會到球場看賽的蠢蛋分享？那可真了不起。那，那……老兄，我起雞皮疙瘩了。」

結果，愛國者隊果然打敗聖路易公羊隊，儘管公羊隊發動了十足凌厲的攻勢——人稱「球場上最了不起的演出」。愛國者隊卻創下國家美式足球聯盟賽史上最令人意外的結果之一，以二〇比一七贏得比賽。

貝利奇克在安納波利斯市長大，他父親曾在該市擔任美式足球助理教練。而由於貝利奇克的成長經驗，他會有這種強調團隊甚於個人的互賴式作風，可說是理所當然。畢竟，在海軍學院：

有項行之有年的團隊活動是該校傳統之一。年輕的海軍學院新生得爬上高二十一英呎且塗了兩百磅豬油的赫恩東紀念碑。他們得一起想辦法換掉擺在油滑紀念碑頂端的帽子。一旦做到，他們就脫去新生身分，升一個年級。

愛國者隊仍舊是非常個人主義。事實上：

就宗教、年齡、經濟地位、人生觀、種族來說，（該隊球員）非常多元化，但不打球時，他們給予彼此空間和保有個體性。

在前往比賽途中，助理體能教練馬庫斯．保羅在讀聖經，坐在他旁邊的一些球員聽著有明確歌詞的嘻哈，而看到這情景的人，為何沒一個覺得奇怪，原因就在此。他們尊重他的興趣——他打算把聖經從頭讀到尾；他也尊重他們的興趣。甚至，在星期一，打過球賽後的肌肉酸痛還未消，面帶微笑的保羅告訴球員為何連在他們忍痛舉重時上帝也和他們同在。「來，舉起來。你知道祂不會把你們放進你們應付不來的處境裡」——他們也不以為意。

但「當他們需要成為一體時——在球場上——他們就是一體」，原因之一是貝利奇克刻意挑選懂得如何與隊員成為一體的人。他「知道在因為攝影機的存在而那麼看重自我的時代，他得物色那樣的球員」。於是，他說：「我開始物色那種不需要靠明星身分來壯大自我，但因為了解比賽、喜愛比賽而會做他所該做的事，且即使受讚揚者是別人，仍會立刻做這事的球員。」

簡單的說，就是在物色具有靈活自我一面的人。

這一作法的好壞，可能會有人以為，根據其是否有好結果就可判定。但儘管此作法已使愛國者隊成為「二十一世紀最著名的品牌」，電台節目主持人拉什·林博（Rush Limbaugh）之類人士卻說此舉不符美國人作風。二〇〇五年超級盃後不久，有位球評立即撰文指出：

（愛國者隊）已拿下三次超級盃，在最近三十二場比賽裡三十二勝二負，連贏二十一場，創下國家美式足球聯盟新記錄。而在當今球隊總體薪資設了上限的時代，令球迷和媒體大為震驚的，他們似乎是在球隊裡沒有大批必要的球星的情況下辦到。他們靠普通球員加團隊概念贏得冠軍。沒錯，球隊裡是有一些真的很優秀的球員。但看看他們的薪資，你會開始注意到愛國者隊某個特別之處。他們全都願意為了為比爾·貝利奇克打球而領較少錢。他們相信一套說法，即如果你不貪心，如果你為共同利益奮鬥，你會成功。難怪林博火大。這是支共產主義足球隊還是別的什麼？

底特律紅翼隊

令人不安的事實是，有項美國最重要的運動比賽，其實是靠獨立加上互賴的精神來贏球，而且在運動圈裡，這樣的事並非頭一遭。美國曲棍球隊在一九九五年達到新的巔峰時，也是不只擁抱互賴精神，而且是擁抱蘇聯隊的極互賴精神。

在二〇一四年的冷戰紀錄片《紅軍》（*Red Army*）中，我們看到一支傳奇性的蘇聯曲棍球隊的隊員變節投奔美國，卻在美式曲棍球隊裡處處碰壁。這支蘇聯球隊靠著出神入化的團隊合作接連拿下冠軍，但在美國球隊，這套合作本事失靈：

每個球員都受誘於高薪資協議而投入國家曲棍球聯盟，卻在冷酷講究個人發揮的美國球賽裡感到茫然無依。「他們球一在手就射門，」著名的蘇聯隊長斯拉瓦·費提索夫說：「對我們而言，持球者就是要聽命於球隊其他人。」

最後，底特律紅翼隊教練史考提·鮑曼（Scotty Bowman）把原班人馬（「俄國五人」／the Russian 5）重新組合在一塊，拿下非常漂亮的戰績。事實上，底特律紅翼隊接著不只拿下一九九七年史坦利盃，還藉由連續不斷傳球和叫人意想不到的傳球神技重新定義了美國曲棍球——球似乎來自四面八方又似乎不知打哪冒出來。碰上雙側翼能做出突然換邊之類本事的球隊，怎麼守？[55]至於俄國人怎麼看美國曲棍球的球風，他們覺得簡單到可笑，覺得美國人根本沒什麼創意。

與新英格蘭愛國者隊相反的，蘇聯曲棍球隊稱霸世界時，球隊的一體性，在場上和場外一樣堅如磐石。誠如費提索夫在該紀錄片裡所說的，「我們始終如一」。事實上，在蘇聯，他們非比賽時全生活在一塊，而且似乎不以為意。

在美國，這五人的一體性變淡，最終解體。不過，事後回顧時，他們都懷念那段彷彿在夢中打球的日子。他們肯定不懷念某些蘇聯教練的虐待，也不懷念曲棍球——像高考那樣——被當成國家工具使用之事。但和他們打過的球賽相比，西方的自由根本不算什麼。

籃球聯合國

至於還有哪些球隊，互賴性在其中發揮了作用？我們或許會想到聖安東尼馬刺隊。該隊五次NBA冠軍和其他成就，常被歸因於他們多元且親愛如家人的團隊文化。他們被總統歐巴馬稱作「籃球聯合國」，具有家庭氣息鮮明的文化。馬刺隊靈魂人物提姆·鄧肯說，教練葛列格·波波維奇「對我來說猶如父親。他不只在指導球員的層次上，而且在私人的層次上，照顧我們，在人生陷入困境時有那樣的人在身旁，意義重大」。對此，馬刺隊控球後衛東尼·帕克補充：「不只是就籃球來說是如此。在我們的事業裡，有那樣的人，很難得。」

至於波波維奇本人，他的態度是「把球投入籃框所能予人的滿足就只有這樣，還有別的讓人滿足的事，而因為……他們讓我參與他們的生活，我覺得很高興」。所以，他的教練方式包括不少明顯非喀爾文宗的模糊界線作風。例如，他說：

開始練球前，我們會先在球隊黑板上玩辨認字彙和國家首都的遊戲，看哪個人最快說出答案，啟發這些人思考。透過這些類練習，或許就能看出有人一再處於狀況外。當你終於搞清楚原因時——或許有個小伙子閱讀能力不是很好，你就把他請進房間，給

55　這讓人想起我們先前在明朝畫家和大芬油畫村畫家身上看到的那種模糊界線之舉。

他上課。他覺得很難堪，讓你這一天也過得有點不順心，但這個小伙子開始學習閱讀，對自己很滿意。

至於他不求速成的作為：

我做這個已有很長時間，而我最大的樂趣之一，就是有人帶著他們的小孩回城裡，或我的一名球員成為我教練群的一員，我跟他們維繫了十年或十五年的關係。就某些球員來說，或許只有三年的關係，但他們從你那裡學到的東西讓他們獲益——即使你把他們交換出去或裁掉他們。幾年後他們回來，說你是對的，說如今他們懂得你所告訴他們的事。

我認為那種建立關係的努力有助於使他們願意為你、為球賽、為隊友打球。除此之外，從完全自私的觀點看，我也從那得到很大的喜悅。拿到冠軍的確很了不起，但那種喜悅很快就淡去。帶自家孩子到球隊辦公室看東尼．帕克，或打過球賽而如今被我聘為教練、回到球隊的其他球員，都帶給我喜悅，叫我很開心。

「左鯊」舞者

然而，儘管事實證明某種程度的互賴的確大有益處之時，美國主流意識形態仍繼續強化個人主義。例如，二〇一五年新英格蘭愛國者隊拿下他們的第四次超級盃冠軍的隔天，比賽中場表演所獲得的網路關注度和比賽本身所獲得的一樣大。這是場經由電視大量播送的華麗表演，演唱者是藝人凱蒂．佩芮，布景為海灘，而就如《華盛頓郵報》所報導的，在這場表演裡：

最初一切都很順利。一顆顆閃閃發光的排球如沙礫般鋪在地上，還有沖浪板，佩芮身上鮮艷的服裝。然後，突然冒出兩隻鯊魚。他們跳舞動作一致。但不久，其中一隻鯊魚，也就是左鯊，受不了一致，開始在全國電視機觀眾前照自己意思亂跳。

反應本可能是一片惡評——

「左鯊沒能念完舞蹈學校，」美國運動網站 SB Nation 評論：「左鯊放話要咬負責選派演員的人，才得到這份差事。」

結果左鯊反倒一夕爆紅。他在約有一億一千八百五十萬的觀眾面前不照劇本亂跳，喧賓奪主成為表演的焦點，凱蒂．佩芮的網站甚至販售官方版「凱蒂佩芮左鯊連衫褲」（連身鯊魚裝）。貝利奇克和四分衛湯姆．布雷迪當然仍是那一天真正的英雄，角後衛馬爾孔．巴特勒亦然。巴特勒最後一秒的漂亮截球，說明了訓練和事前準備的功用。[56]但深印眾人腦海的是不照牌理出牌的「左鯊」，成為全民英雄者是「左鯊」。

和另一個名字一致？

這個中場表演恐怕不會讓觀眾太吃驚，畢竟他們一輩子都浸淫在個人主義文化裡。索伊斯博士（Doctor Seuss）甚至問學齡前兒童，「既然人天生就具有成為焦點的本事，為何要融入群體」？而廣告，尤其是針對年輕人所做的廣告，也繼續反覆強調這個觀念。例如，二〇一四年索契冬季奧運期間播放的一則拉斯維加斯度假勝地廣告，宣告「獨一無二的東西勝過再多的仿製品」、「做錯更有趣」、「正確是錯的」，以及耐人尋味的「狂放不羈，性福自來」。

就是這種廣告讓我那些較靈活自我的友人感到困惑，他們納悶，把事情做對真的有錯？有時融入群體有什麼不對？他們應該在意於挺身而出（standing up），而非在意於突出表現

（standing out），例如為正義挺身而出，為貧困者挺身而出，為個人原則挺身而出？他們的典範人物較類似天安門擋住坦克那名男子，他們的疑問與某個亞洲學生向我提過的一個疑問有關——她低聲問，頭側向一邊，額頭上擠出淺淺皺紋，亦即，美國人是不是藉由突出表現來融入群體？她這麼問時，已比那則拉斯維加斯度假勝地廣告裡最有意思的台詞，早一步道出箇中奧妙。那則台詞要觀眾以「拿捏得宜的錯事」來「格格不入」[57]。錯事要拿捏得宜，不多不少。那不是群體性思考？在美國，個人主義不還是要人遵守某種要求——錯事要拿捏得宜的要求？

巨核崇拜

在此我們或許可以回想一下，前面提到北海道調查裡與選擇ＣＤ有關的那個部分。靈活

56 就在那幾天前，巴特勒在練球時沒做好這個動作，貝利奇克要他把它做好，而他的確做到。

57 這位亞洲學生的想法也呼應土居健朗的以下心得：「即使在講究個人突出表現的社會裡，真正的個人也出奇的無緣一見。」見 *The Anatomy of Self*。

自我的日本人，被提醒有海報上的人物盯著看時，會露出不協調的樣子。但沒有這類目光盯著時，他們就毫無不協調的樣子，顯示出巨核自我的歐裔美國人所沒有的作風；而巨核自我，即使在沒有旁人的情況下，即使面前除了一堵空白的牆，沒有他物，仍覺得有需要證明自己的選擇正當合理，才覺得對得起自己。靈活自我一旦沒有他人盯著看，就不受拘束，巨核自我則是自己拘束自己。

與他人在一起時，他們也並非不受拘束。心理學家巴里・史瓦茨（Barry Schwartz）說他一如以往加入一個小型的電影欣賞團體，但在賓州的史瓦思莫爾（Swarthmore），卻比在費城來得舒服自在，因為：

> 必須選出叫人既驚又喜的影片，讓人覺得有壓力。而在我的圈子裡，那已堪稱是一種室內取笑遊戲，片子挑得不好會遭取笑，片子挑得不好的人也會遭取笑。（當然）他們完全清楚本地影帶店裡可選的片子非常少，因此，在史瓦思莫爾時，沒有人會抱高度期待，選片人不管帶什麼片子回家，都沒有人為他所挑的片不好而大大責怪他。
>
> 然後，我搬到費城商業區的中心。距我家三個街區，有家應有盡有的影帶店。各個時期、各個種類、各個國家的電影都有。這時，如果我帶回的是讓人覺得浪費時間的影片，想也知

道誰會受指責？這時，問題已不在影帶店的好壞，而在我品味的高低。

這正是北海道個人主義者所感受到的那種焦慮不安。誠如史瓦茨所評論：「即使像租片這麼芝麻綠豆的決定，如果我們認為這些決定透露了我們自己某個重要的層面，那這些決定就變得重要。」

美國人有酪梨核崇拜。

你有多有趣？

看看我們對有趣這一點有多執著——莉迪亞．戴維斯在其短文〈無聊朋友〉（*Boring Friends*）中談到這點。該文寫道：

我們只認識四個無聊朋友。我們覺得其他朋友都很有趣，但我們覺得有趣的那些朋友，大部分覺得我們無聊：我們眼中最有趣的朋友，覺得我們最無聊。有趣程度居於中間的少數人，即與我們互覺同樣有趣的那些人，我們不信任；無論何時我們都覺得他們可能有趣到讓我們受不了，或我們可能有趣到令他們受不了。

是我們選擇做這個沒完沒了的分級嗎？最近我一直在想一個朋友。她的父親是醫學博士，屬於比爾·貝利奇克那類的人，因為這一點加上其他原因，她長大後具有相當濃厚的既獨立又互賴性格。大體上她仍是個個人主義者——分析型的人，直率且清楚表達想法，開會時很容易就掌控全局。她是我最親近的人，我身體有任何突然的不適，都會找她診治。她是聰穎且成就不凡的金髮美女，世上大部分看過這類女人的人，絕對想像不到這種人曾有片刻的不安全感。

如果她生活在中國，她會是天之驕子。但她生活在美國，因此她覺得自己不夠獨一無二，不夠創新，不夠古怪。此外，有這種感覺的人不只她一人。另一個成就不凡的醫生，有次卸下心防，向我哀嘆：「我想我根本不有趣」。至於他們是否根本過慮了，不然。

我想起有個高貴的鄰居，即便在她突然成為阿茲海默症患者時，有人說她「仍知道她眼中誰有趣」。又如高盛投資銀行執行長勞埃德·布蘭克芬（Lloyd Blankfein），在別家公司有員工死於與過勞有關的原因之後[58]，他告訴暑期實習生不該把所有時間投入工作。他說：「你們必須讓人覺得你有趣，不能把興趣全擺在你們所做的小事上」，還宣布他們的工時已設了上限，「你們必須成為別人想交談的對象」。話中的命令語氣，讓人不驚訝也難。你**必須**讓人覺得你有趣。這算自由嗎？而當實習生減少後的工時仍定在一天十七小時，他們到底要怎麼找到時間練口琴或看外國電影？

發憤苦讀者遇上巨核崇拜

我們對酪梨核的崇拜，令那些發憤苦讀的人特別困惑不解。對他們來說，潛在的文化差異往往在申請入大學時變成不處理不行的危機。每年都傳出一則又一則亞洲人和亞裔美國人雖然考試成績、評比很好，課外活動表現優秀，卻還是未能考上他們認為攸關他們前途的名校之事。如果他們家仍生活在亞洲，進入好學校會至關緊要，但如今在美國，還是那麼重要？當然。他們猛攻這道通往更美好生活的窄門，卻非人人都能如願。例如，誠如作家艾比·傑克遜（Abby Jackson）寫道：

58　高盛等投資銀行減少實習生工時，以回應美銀美林集團一名實習生在連續工作七十二小時後被人發現死在淋浴間之事。

王麥可，大學入學測驗（ACT）成績很好，修過十三門大學先修課，二〇一三年申請了七所長春藤大學和史丹福大學。

身為亞裔美國人，王覺得自己的種族背景可能是不利因素。但未被賓夕法尼亞大學以外的長春藤大學和史丹福大學錄取時，他還是很震驚。

王說他非常用功，在每個領域都很優秀，但還是不夠好。

「以前凡是人做得到的事，沒有一樣我做不到。」王告訴我們，說他未被錄取後鬥志全消。

而他為何鬥志全消，原因當然不難看出——

課業上，他在班上排名第二，畢業時加權後的成績平均積點為四．六七。學術水準測驗（SAT）他考二二三〇分，成績在所有考生中排名第九十九百分位數。

他也強調他不只追求課業好，各方面也均衡發展，並且極重視課外活動。他參加過全國演講、辯論比賽和數學競賽，也會彈鋼琴，還是二〇〇八年歐巴馬總統就職典禮上唱歌的那個合唱團的團員。

還好王麥可最後上了又好又有名氣的威廉斯學院。究竟怎麼回事？

這不是三言兩語就說得明白。每個大學招生時要權衡許多因素，而就我們所知，王麥可寫了數篇非常沉悶乏味的文章。但常有人主張，從學校的觀點看，許多亞裔美國學生太「狹隘」。面對這一指控，申請入學者可能會以自己的確「各方面均衡發展」來反駁，但對許多大學來說，「狹隘」的反面就是十足的「有趣」——意指具有良好的巨核自我。簡而言之，招生部門想招的學生是思想不同於尋常、充滿熱情、獨一無二之人，而王修了十三門大學先修課，或許表明他太專注於進大學這點，也就是說他屬於「發憤苦讀型」。

或者說有些人這麼認為。但問題出在亞裔美國人的酪梨核的大小和本質，或者出於擔心「亞洲人太多」？有個常被人引用的研究結果，說申請就讀哈佛大學的亞裔美國人，「平均來講分數要比白人學生高出約一百四十分，比西班牙裔學生高出兩百七十分，比非裔美國學生高出四百五十分，才能有同樣的錄取機率」，而由於用考試成績來評定學生素質不夠周全，這個研究結果雖然助長怨恨，卻未證明有族群歧視存在。這時，我們要問個更難解的疑問：根據什麼理由，亞裔美國學生該受到和占比太高的任何白人族群不一樣的對待？舉例來說，如果猶太人不必在入學申請表上的猶太人框框上打鉤，亞裔美國人不也應該可以不用在亞裔美國人框框裡打鉤？這不是說不該對某些少數族群設底限。但底限是一回事，上限是另一回事。

當然，就在我寫這本書時，已有某些家長為了克服大學招生部門這道難關，再度發起攻勢，聘雇私人教師之類的。**修了多少大學先修課程算太多？擊劍這項活動個人主義性質夠高嗎？你能把孩子打造成打破陳規者？**這些類作為既源於打從心底的信念，也源於打從心底的困惑；既源於真正的執著，也源於真正的絕望；因而既令人驚駭，令人感動，令人振奮，同時也走錯方向，愚不可及。

叫人樂見的反諷

全球化有個較令人樂見的結果，那就是世界各地既獨立又互賴的自我越來越多。自我心理學家或許會高呼這是「雙文化的整合」。例如，許多在美國留學的中國大陸學生，在他們同輩裡本就屬於個人主義較濃的一類人，其中有些人說在國外待過使自己更加個人主義。例如，在《外交政策》（*Foreign Policy*）雜誌所做的一項調查裡，就讀於博懋學院（Bryn Mawr College）的李埃倫（Ellen Li）寫道，「我在中國的友人往往很想過著安穩舒適、不必付出多大努力的生活」，也就是說，「禮俗社會」的生活。但她說自己的冒險性格比他們高了許多，其他的調查對象，例如紐約州北部柯蓋德大學（Colgate University）大二生郭全知（Quanzhi

Guo）也說，「我能看出自己的眼界更廣，心胸更寬闊，思想更開明」。

我喜歡嘗試新事物，而我向父母或朋友說到這個時，他們通常只會說酷或哇，但絕不會採取行動。我比較把自己看成自己一輩子的管理者，而他們活得較被動。

「自己一輩子的管理者」——體現既獨立又互賴精神的話。此外：

美國教育文化強調個人人生目標的實現與社會衝擊，而接觸這樣的教育文化似乎影響了中國學生，他們說自己變得較受熱情驅動，而較少受追求穩定、財務無虞之類的務實考量驅動。「就讀位於矽谷中心的學校，使我對使用科技來解決重要問題並改變世界感興趣，」加州大學柏克萊分校的某個學生寫道：「相較於我在中國的友人，我更願意以行動對世界有所影響。他們大部分時候只想著上研究所。」

在此，我們再度聽到「改變世界」、「有所影響」這種巨核自我的志向。同時，大部分調查對象對於（中國）官方拒斥西方意識型態一事，表達了審慎肯定的立場。大部分人坦承大體來講欣賞西方思想，但說他們認為這類思想就是不適合中國。有個印第安納大學伯明頓分校的學生寫：「西方思想肯定有值得學習之處，但因為國情不同，這類思想不適用於中國。」

有些學生也不欣賞西式自由，心態與我在中國大陸屢屢聽到的沒有兩樣。「我有些同輩認為（美國是天堂），不喜歡中國政府，」有位調查對象寫：「但我支持中國政府，尤其在有機會看到美國政府所創造的『自由』之後。」許多互賴者對西方自由心存懷疑，如今肯定不會讓我們覺得意外，尤其在近日發生集體槍殺之類情事的氛圍裡。

但儘管如此，有些中國學生在美國的確有解放的感覺：

「兩年前決定出國留學一事，真的改變了我的一生，」某學生寫：「高中時我是個很內向的人，較討厭自己，因為成績真的很爛，而在中國，成績就是一切。如果成績不好，其他本事和（其他類）特長就沒機會發揮。來美國之後，我覺得最大的差別就是老師不逼你用功，而是與你一起找出你的興趣，然後幫你深入鑽研你所選擇的科目。」這一新作法帶來很大改變。「找到自己興趣後，我一改負面心態，甚至在閒暇時都用功讀書。我已從看不到前途的學生——某次高中數學考試，一百五十題答對八題——變成社團社長、領獎者、美國頂尖公立大學加州大學柏克萊分校的學生。在美國讀兩年書，給了我這些東西。」

淡定

至於這些學生才剛萌芽的、既獨立且互賴的自我，久而久之會給美國文化添加什麼樣的東西，不妨看看森俊子（Toshiko Mori）之類的人物。森俊子曾任哈佛大學設計研究院建築系系主任。

她生於日本，但絕非「發憤苦讀型」。她的人生方向完全自己作主，開系務會議時有時會和同事針鋒相對；不會不計代價以和為貴。但她與人針鋒相對時，不會自視甚高，容不下別人的批評——這一特質受她日本經商家庭作風薰陶而成，在她家，凡事以有沒有用為第一考量。她說，在成長過程中，要思索的疑問，基本上就是這樣子划算嗎？如果划算，那就去做——例如女孩可以讀建築學院。衝突不會讓人的酪梨核有受損之虞。

她的管理風格與上述作法有關，重點就是以淡定作風把事情搞定。這反映的處世觀，與莊子筆下那位從不需要磨利屠刀的庖丁沒有兩樣。她的建築美學也追求簡約；而她既能使建築突出、也能使建築後縮，得歸因於她既獨立且互賴的特質？此外，她是建築界使用高科技瓷磚的先驅。或許令我們驚艷的是，這些瓷磚的強度來自它們的彈性，而織造在她眼中是重要科技一事或許亦然。就建築來說，這是劃時代的新觀念，但她以大師文化的作風，把這個觀念呈現為牢牢根植於傳統的東西。

變身

從《理性與感性》、《臥虎藏龍》、《斷背山》、《少年Pi的奇幻漂流》到《比利．林恩的中場戰事》，華裔美籍導演李安維持其一貫平鋪直敘的風格，而在他的風格裡，我們也看到既獨立又互賴的性格具有創造力的一面——一路走來他只導了一部偏離其一貫作風的片，即《綠巨人浩克》。另一方面，李安一直能拍自己想拍的電影，能以自己希望的方式拍電影。他眼光獨具而且透露個人心思：「拍電影有時真的叫人痛苦，」他說：「但不痛苦就得不到新的東西……我往往著意於最叫我害怕或感興趣的東西。」另一方面，他不在意於界定他的酪梨核，在風格上一變再變。他說：「對我們製片人來說，不管要拍的故事是什麼，我們都留下透露自己特性的痕跡。」——這番說詞讓人想起前述那位中國藝術鑑賞家，以及他所謂每位藝術家都有自成一格的筆法和明顯可見的特色或性格一說。

這是我們在大提琴家馬友友身上也看到的那種不拘一格的彈性。馬友友演奏的項目形形色色，從巴哈、藍草音樂、探戈到爵士不一而足，與從巴比．麥菲林（Bobby McFerrin）到詹姆斯．泰勒到喀拉哈里沙漠布希曼人的種種音樂家在舞台上和電影裡合作過。而在許多中國人對宗教的態度裡，我們也看到這種彈性。許多去過中國的人注意到，靈活自我對自己同時身為道教徒、儒家信徒、佛教徒、基督徒，完全不覺有何良心不安。就像沃爾特．惠特曼（Walt Whitman）所寫，「我之中有無數的我」——我們每個人亦然。所以，這不就是脫除某種心靈束縛，以擁抱自己的多重性？[59]

兩種文化的喉舌

靈活自我淡化差異、聚焦於模式的作風，有時也會特別有助於視覺藝術的創作。在這裡讓我想起華裔美籍視覺藝術家林瓔。在回憶錄裡——書名《分界線》（*Boundaries*）饒富深意。

---

59 在戰後越南對美立場叫人驚愕的一百八十度大翻轉之類事物中，我們也看到靈活自我對自己變身般的轉變絲毫不以為意的現象。例如越共出身的人會欣然帶著美國人參觀西貢郊外的古芝地道，指出越戰時使用的駭人餌雷之類東西。

她說：「我把自己看成兩種文化的喉舌。」她創作藝術，不是為創作而創作（個人主義者的目標），而是為了創作出「在寂靜中讓觀者有所啟發」的作品。這些作品當然不大符合中國國家主席習近平所希望藝術具有的效用，他說藝術工作者應該像任勞任怨的牛為社會服務。林瓔不是牛，但她的作品是「邁向省悟的通道」。她說：「我被牽引著在作品裡回應當前的社會／政治情勢……但我不願稱自己為『政治』藝術家——如果非要說我是什麼，我會較喜歡自稱為『非政治』的藝術家，（因為）我想呈現實情，讓觀者有機會自作結論。」這番話和互賴型作文者讓讀者自己去領會他們作品的格調何其相似。

一如森俊子、李安、馬友友，林瓔的方向和看法都是自己的方向和看法。但一如那三人的作品，她的作品以互賴的方式挑戰界線——存在於「科學與藝術之間、藝術與建築之間、公與私之間、東方與西方之間」的界線。此外，她的作品著意於強化人與其所處環境的連結，誠如她所說：「使人省悟自己的周遭環境，不只是我們所置身其中的有形世界，還有心理世界。」而她的作品一般來講不是像《蒙娜麗莎》那樣，以田野為背景，襯托出位於中央而輪廓明確的物體，反倒常不只以田野為構圖裡的主角，還以圖形為主角。例如，在紐約市北邊Storm King藝術中心，有個叫《浪田》（*Wave Field*）的作品，就含有一個形成圖案的田野。這一裝置藝術品具有一微妙的條理性，而該條理性「與此裝置藝術的所在位置默然融而為一，因而始終讓人無法捉摸它究竟是人造的還是自然形成的現象」。林瓔說：「用心的話，你或許會注意到它（條理性）；不用心，就注意不到。」這番話與我們針對互賴自我所強調靜靜觀察一事所做的許多陳述相呼應。而她說「我的作品有一部分在模擬地球上自然形成的東西」，也呼應了我們針對「理」所做的許多陳述。

花

如果容我舉最後一個例子說明互賴自我對美國文化的贈禮，那就想想索尼Playstation的遊戲「花」（Flower）。它設計於二〇〇九年，設計者是上海出生的美國人陳星漢

林瓔《浪田》（*Wave Field*）。收藏於Storm King藝術中心，紐約州。

「花」的遊戲截圖。

（Jenova Chen）。他覺得電玩裡表現的情緒種類出奇得少，於是設計出這款遊戲。電玩裡玩者的化身通常是英雄或動物，但在這款遊戲中是個被風吹散的花瓣。相對於它所飄過的遼闊原野，這片花瓣只是個嬌小、不可捉摸的東西，但它很快就把其他花瓣吸引過來，隨之產生一股使受過摧殘的原野等東西生意盎然的神祕力量。它們集體呈現的和諧和喜悅，在音樂裡表現出來。每有新花瓣加入，就有一個新樂器出現，諸多和諧悅耳的聲音協助喚起平和、非競爭性的氣氛。設計這款遊戲，用意不在挑戰玩家，而是在玩家心中喚起正面情緒——強調的重點大不同於大部分電玩。有人說「花」更像是進入大自然的門戶或一首詩或一件藝術作品，而比較不像是遊戲，但令此遊戲的開發者和其他人大呼意外的是，它大為暢銷。事實上，至目前為此，它是獲最高評價的 PlayStation 4 遊戲[60]。

既獨立又互賴的自我，可見於世界各地

在第一世界的許多地方，個人主義已受到費心修正。例如，在瑞士，原本無論如何都不願讓核廢料棄置在自家附近的人，這時會基於公民義務而表示接受。而在瑞典，人們會爽快選擇共用大廚房、餐廳等設施的共同住宅，過較不個人主義的生活。此外，甚至在 **IKEA** 首字母的組合詞等事物裡，也可明顯見到把自我與社群緊密拴在一塊的觀念——**IKEA** 一字結合了創辦人姓名 Ingvar Kamprad 的首字母和他成長所在的 Elmtaryd 農場、他的家鄉 Agunnaryd 的首字母。已有許多人注意到，逛 **IKEA** 賣場予人處處受安排的感受，也就是說逛者不能只想逛

---

60 在《紐約客》網站刊出的某篇專訪中，陳星漢也描述了「花」之後推出的遊戲「旅程」（Journey）。採訪者指出，「開賣頭一星期」，陳星漢的公司「收到三百多封玩家對『旅程』能激起他們利他精神一事表示驚嘆的電郵和信件」。其他的當紅電玩大概很難激發利他精神。

哪個區（例如照明設備區）就只逛該區，而必須照設定的路線走過每個區。這可能令較喜歡隨意逛的個人主義者惱火，但IKEA的效率和對顧客需求的貼心，的確讓顧客同時享有低成本和優良設計之利；對許多人來說，兩相權衡還是划算。

就連在個人主義性格非常濃厚的小說家身上，我們都發現有個叫米歇爾．維勒貝克（Michel Houellebecq）的法國小說家，在思辨性小說《基本微粒》（*The Elementary Particles*）裡，提出人類以新物種替代自己的構想。這個物種的成員全都由人「照自己的形象」製造，但都帶著同樣的遺傳密碼，「意味著人之個體性的某個基本要素會消失」。當然這是個虛構的提議，可能只存在於維勒貝克的筆下世界。但因此形成的世界會非常類似天堂一說，以及由於「這個獨特的遺傳密碼——出於可悲的執拗，我們非常可笑的引以為傲的遺傳密碼，正是人間許多不幸的根源」，人類會「溫順的、認命的、甚至說不定暗暗釋懷的」同意讓自己消失，無疑是反個人主義的。

通往既獨立又互賴之路

那麼，要如何達到既極獨立又極互賴的有福之境？如果你是亞裔移民的後代，而且你的父母面臨得在西方安身立命的挑戰，因而已堅定不移的重拾經證明切實可行的文化模板，那你就不易達到這境界。亞裔家長，不管是不是移民，只要是較不保守的（例如森俊子），都走在正確的道路上？我是這麼認為。我們先前談過的紐澤西州西溫莎－普蘭斯博羅學區裡那類第一代亞裔家長，可能是對的——美國教育正走上把人教笨、反智之路，未能替小孩作好迎接未來的準備。儘管如此，其中有些家長可能太互賴，而養不出既極獨立又極互賴的小孩。

當然，不只亞裔移民會希望自己小孩成為醫生、工程師或藥劑師，哀求自己想投身藝術創作的小孩再想想。但在家長可能認為某些人生道路太離譜而施加壓力方面，卻可能因家長而異。想想某些亞裔家長願意不遺餘力培育小孩，他們願意投入同樣心力管教小孩使其循規蹈矩，也就不足為奇。至於給小孩商量的餘地有多大？沒得商量。因為受美國教育，小孩可能發展出酪梨核自我？想都別想。

移民第二代的傷痕

就這點來說，有些家長可能很糟糕，不關心小孩，但有些家長則如心理學家黑澤爾·馬庫斯所說，告訴小孩什麼事該做，然後幫助他們以正確的方式做那些事，因為他們認為「與他人建立關係，找出你與他人的相似之處，配合期望與環境調整自己，讓自己紮根於網絡和傳統，了解自己在大我裡的位置」，乃是人所當為之事。他們也常為生存而奮鬥。

但他們出於靈活自我的好人觀，對在「怪胎」美國裡長大的小孩來說，卻可能難以做到。例如，現年四十多歲的石珍妮想起她青春期與父母的衝突，仍感到心痛。她說：

我那時就讀紐約市芭蕾舞學校。該校許多學生畢業後進入紐約市芭蕾舞團，而成為該舞團一員正是我那時的夢想。每一學年末尾時，學校會把某些學生升到下一級，把其他學生踢出去。我記得，十四歲，八年級尾時，校方打電話給我父母，說我升到下一級，而我偷聽到這通電話。我班上約二十個學生，四個女孩獲晉級。這一晉級表示九年級起我得在正規上課時間上芭蕾舞課。一般來講，這樣的學生會就讀針對走專業表演之路辦的特殊學校，或想辦法兼顧課業與芭蕾舞學習。我的父母根本不會考慮這麼做，那不在他們考慮之列。我父母不反對我「課餘」上芭蕾舞課，但無法接受我為了進一步接受專業舞蹈訓練，放棄正規的中學教育。於是我不得不離開美國芭蕾舞學校。我既震驚又生氣，或許因為既難過又憤怒，我完全不再碰芭蕾。多年來，即使已經二十多歲，每次看紐約市芭蕾舞團演出，我都落淚。如今我仍很難過。

她接著說，和她一起獲升級的其他女孩，最後個個都受了傷；如今，她不只能再度欣賞芭蕾舞表演，還是個「巴蘭欽迷」[61]。但：

> 我仍覺得我父母當初觀念不該那麼僵固。但那是他們身為移民的局限，他們深怕孩子脫離正軌，如果孩子所喜愛的事物有可能造成這樣的後果，就不願支持孩子往那方向走。

令人慶幸的是，石珍妮的父母早已道歉。而且同樣令人慶幸的，儘管石珍妮始終無法遺忘童年這樁憾事，如今她是哈佛法學院第一位終身職亞裔美國教授，她說她熱愛她的工作，熱愛她的生活。

但傷痛多年者不只她一人。我從史丹福商學院輟學，走寫作之路時，母親也很不以為然。她有一年半不跟我講話，彼此數十年形同不相往來。《華爾街日報》撰文者楊傑夫（Jeff Yang）也回憶道：

---

61 巴蘭欽是參與創辦美國芭蕾舞學校的舞蹈家。

成長期間，父母告訴我，我夢想成為作家太可笑，我走上這一途絕不可能成功或存活。最後，我努力修習醫學預科課程整整一學期，然後當我的大一室友於聖誕假期期間自殺之後，我改變心意。我決定追求自己想做的事，不願勉強自己做我討厭、讓我覺得痛苦的事，我父母一個月不跟我說話，揚言不讓我繼續讀大學。我們最終找到折衷之道：我專攻心理學，而非專攻生物或化學。最後我父母改變立場。但那是好幾年後的事。

不同的道路

如今石珍妮、楊傑夫和我之類的人，打定主意不讓自己孩子和當年的自己一樣為難。楊傑夫寫道，他始終在想「如果當初父母在我十一歲時支持我的夢想，並鼓勵我往夢想之路走，說不定我如今會有什麼成就……我支持自己兒子的夢想。而當他把他想做的事做得很出色時，我大為震驚」。他兒子哈德遜年輕時的夢想是成為電視明星；而猶如童話故事般，如今他在首開先河的亞裔美國人情境喜劇《菜鳥新移民》裡擔綱演出。

至於我自己的育兒方式，我只能說我的兩個小孩沒一個是電視明星，但都在沒有「發憤苦讀」下有所成就。事實上，我是在女兒提醒我隔天她要考學術水準測驗時，才知道她要考這個試。在我們家，人人用功，但當然是用功於自己選擇做的事。

此外，有人找我去哈佛大學的「梅西講座」（Massey Lectures）演講時，我不由得大笑，而且我向對方提出的第一個問題，是「你們會請我父母來參加這場盛會嗎？」自設立這個講座以來，該講座委員會肯定從未被問過這樣的事。但與過去的演講者不同，我是本地人，不需要車馬費；我知道當哈佛貴賓一事對我父母具有何等意義。這表示我保留了互賴的一面？絕對是。

無時無刻不移動

朝向既獨立又互賴的方向移動，不只攸關生涯決定，也攸關感知的時刻。我很喜歡數學老師鄒賽門對參與BBC紀錄片一事的省思：

我記得的另一件事是第三個星期的某天下午，有個叫喬的男孩在教室裡跌倒，傷到手，哭了起來。校醫檢查後給了他幾包冰，建議他就醫。喬的母親和弟弟來接他時，有件事令我特別印象深刻。當時喬側背著一個重重的包包，但他未求我們幫忙。喬的母親也沒表示要幫他提包包，喬也沒有求助。甚至喬的弟弟想幫他提包包時，喬還拒絕。我不知道這是不是英國教育所致，英國教育教孩子要獨立。這件事著實讓我好好想了一下。

「好好想了一下」的確帶來重大改變，而就這個例子來說，有利也有弊。儘管一開始教學碰到重重困難，但耐人尋味的，把鄒賽門的益智環丟在地板上的那些英國學生，最後還是喜歡上中國老師。事實上，「或許因為相處日久，師生關係變好，有些學生開始表示比較喜愛中國式教學」。長遠來看會有何影響，沒人說得準，但我們肯定該促成這類有助於反思的活動。

例如，二〇一五年在上海書展，我召開記者會，現場有五位記者，其中四人講英語。這群記者發揮道地的互賴作風——把一般需求擺在例外的需求之上，同意不需請翻譯。但當我指出在美國如何看重人人享有公平權利，以及在美國會如何予人方便，然後我要求找一位翻譯在現場翻譯，以便照美國方式辦場記者會時，他們感到驚訝，但還是接受。他們後來有反思這一經驗？我希望有。

更深層的拉力

引人注意的，漢學家白魯恂說，為了交給美國政府一篇報告，他採訪了多位美國商業談判人員，而他們「幾乎異口同聲表示」——「在漫長的談判期間，他們滋生不尋常的感受，覺得與中國談判對象特別親」。那不表示這是個讓人十足舒服的經驗。許多人也覺得「過度強調『友好』讓人心生壓力」，而若考慮到他們的處境，他們會提防遭對方操控，也就不無道理。

但他們同時也感受到一種我也感受過的拉力。在亞洲，不為任何理由特意幫忙我丈夫和我的陌生人，多到數不清，而我會始終記得有個來自摩洛哥的學生到我辦公室，不是為了求助而是要提供協助。「我注意到妳四處走動，但老是得回妳電腦旁，才能進到下一張圖片，」他說：「要不要借妳『按按按』（clickers）？」我婉拒，但這段往事一直留在腦海。有個學生走過來在我手裡倒了一大把葡萄乾，那個情景，我也一直沒忘。她說她媽媽剛從新疆寄來葡萄乾，好似這個解釋已足以說明為何她要拿這東西給我，她的老師，分享。

這類過往情景不只促使我寫下這本書，還促使我再一次思索以下疑問：何以靈活自我那麼常被人認為是不完整的人？或許有些人會承認他們較有人情味，他們一點都不死板，說他們是「機器人」根本大錯特錯。而每個人的確都該努力成為「既獨立又互賴之人」。但靈活自我不是有點頭腦簡單？看看他們的藝術，其實那和我們的藝術一樣複雜精練？只有天才才能成就偉大？也只有天才才能有卓越崇高的表現？真正偉大的人類成就不是只有酪梨核才能辦到？為了找出答案，在最後一章我想回到藝術世界一探究竟。

十四、兩種不同的偉大

大畫家范寬的十一世紀傑作《谿山行旅圖》，常被人稱作中國藝術的《蒙娜麗莎》。范寬在《蒙娜麗莎》畫成之前許久就已去世，但如果能透過時空旅行讓范寬見到《蒙娜麗莎》，他或許會對該畫的明亮質感——**他們在顏料裡加了油**；或對產生瓷般效果所用到的三十種釉感到興趣——**沒錯，釉，不只用在瓷器上，也用在繪畫上**。他或許會對達文西首開先河使用暈塗法（塑造出沒有線條或邊界之五官的微妙技法）感興趣——你也知道，**用墨水比用油更容易做到這點**。他可能會對有著蜿蜒河流和岩石的背景感興趣。**你也畫這些東西**。

出於幾個主要理由，我們對《蒙娜麗莎》非常著迷，其中之一是她的獨特氣質躍然紙上，如果在街上或書店裡遇到她，絕對能認出她來。此外，我們不清楚她為何面帶那樣的笑容，但她似乎在想著什麼——想一些重要的事。那事情或許對世人來說不重要，但對她來說重要，而那就夠了。范寬或許會對此畫大表佩服，卻不會和我們一樣的出於上述理由著迷於此畫。

與范寬筆下的旅人不同，畫中的女人未因周遭環境而相形見小，反倒畫得比風景大，而我們覺得這完全合乎情理。她不只相當於我們先前所見到那張大草原獅子照片裡的那隻獅子，還是個非常大、居於中心地位、有無限潛力的獅子。我們認為她會堅持自己應有的權利，想辦法解放自己，追求自我實現？嗯，不，她那時還不會。

　但幾個世紀後，會。另一方面，儘管在中國人看來，蒙娜麗莎她或許膚淺得可憐而且未對「理」有所體認，我們自己卻無意把她透過修圖軟體予以美化。她具有獨特氣質，獨一無二，但為何那麼受看重？我們毋寧喜歡她原本的樣子。事實上，她能在長久歲月後贏得「了不起」的讚美，主要是因為她的獨一無二。達文西只完成二十幅油畫，《蒙娜麗莎》是其中之一，但此畫既描繪深不可測的酪梨核，也散發深不可測的酪梨核特質。它是天才之作。

范寬（西元約 960 ~ 1030）
《谿山行旅圖》。

我們喜歡的另一幅畫

我們也喜歡中國的《蒙娜麗莎》——《谿山行旅圖》。范寬早年深受大師李成影響，後來隱居山中，既為避世，也為避開李成的影響。但他不是中國的梭羅，他的目的其實與梭羅南轅北轍，不是在自己與周遭之間畫出更明確的界線，而是泯除自己與自然之間的界線，成為天地之「氣」的無我傳送者。他仔細研究雲霧，研究陽光、風產生的多變效應和天色的明晦，努力將它們內化於自身，直到彷彿自行從他筆下躍出為止。

至於結果，他僅存的唯一畫作，那是公認的傑作。此畫尺幅甚大（高將近七呎），畫在絹布上，手法之俐落老練和觀察之精細，一如《蒙娜麗莎》，令人贊嘆。它也和《蒙娜麗莎》一樣，代表了藝術史上一段輝煌時期的巔峰。藝評家高居翰（James Cahill）說磅礴的北宋山水畫是「整個中國繪畫史上一個巔峰，與哥德式大教堂或巴哈的音樂同為最偉大的人類作品」，而在北宋諸山水畫中，《谿山行旅圖》公認最為出色。

當然，此畫也深度反映了大師文化；它不在表現范寬之酪梨核的獨特性。例如我們可以從其傳統構圖中，輕易看出比它更早的李成傑作《晴巒蕭寺圖》（事實上是許多比它更早的畫作）對此畫的影響。范寬這幅畫以一座大山為中心，而大山是皇帝、天的傳統象徵。這幅畫也遵循山水畫的傳統風格，畫中點綴的人物再少不過。我們只能辨識出兩個很小的人物，位在此畫右下角，正在趕著一小隊騾。其中一人趕騾，手裡拿著鞭子，另一個旅人拿著扇子。但他們身形實在太小，比較像是無名的凡夫俗子而非特定人物，更像紫禁城外的獅子，而不像紐約市立圖書館外的獅子。如果他們有自己的想法，與蒙娜麗莎的想法不同，他們的想法也無關緊要。

《晴巒蕭寺圖》據認出自李成（西元 919 ~ 967）之手。

滿足

這些靈活自我似乎未因此而感到煩亂，反倒似乎完全甘於作為大整體的一個很小的部分。他們未受到山的壓迫；根本沒有個人與社會對抗的意涵。已有人表示持扇的那人是范寬本人，說這是自畫像。無論如何，他的確在此畫上簽了名，但簽在非常不顯眼的地方，藏在旅人、騾子右邊的某些葉子後面，一直到將近一千年後的一九五八年才被人發現。

這幅畫與酪梨核沒有關係。它所描述的理想化旅程，可以用來暗喻理想的高考。不在制度上動手腳，不使教育與學習脫鉤，不驅使學生為了上榜而走火入魔般的苦讀，不無謂浪費他們寶貴的學習歲月；也沒有作弊。沒錯，學生很渺小，有艱苦的路要走，但他們自信滿滿循著數代前人的腳步走時，他們已作好萬全的準備。

模糊界線這個老朋友，在此再度現身。我們沒看到消失點（西方透視畫法所倚賴並使蒙娜麗莎的身形如物體般立體的消失點），而是看到一個變動的視角[62]。我們進入這幅畫的方式，有點像我們進入電玩的方式。觀者與被觀者之間的界線遭柔化；事實上，這位畫家具備鮮明靈活自我性質的目標，如藝評家卜壽珊（Susan Bush）和時學顏所說的，是「進入絕對集中的狀態，在這狀態裡透過一體感來領會客體，然後達到主客合一——藝術家，或觀賞者，與藝術作品」。

發憤苦讀型的畫家化身為造化本身

卜壽珊和時學顏接著說，畫家並未把這設想為勉強而為的過程。其實，人本有的才華，加上完全投入師法自然，最終精熟於技巧，將必然且自發的促成自然布局[63]。但「精熟於技巧」一說聽來簡單，其實需要下很大的苦功，因為中國畫家在絹或棉紙上用墨水作畫，而不管在絹或棉紙上作畫，都沒有修改的餘地。一筆錯，整幅畫就完了。

但有些畫家的確達到技巧精熟之境。例如范寬運用密如細雨的「雨點皴」畫出巨石、峭壁的表面質地，用同樣細密但形態各異的樹葉來呈現樹，而且畫來渾然天成，輕鬆寫意。最了不起的地方，就在這渾然天成裡，在精妙掌握「理」而使其作品傳達真正的生命氣息裡。在中國人看來，凡人有時會畫出看來不對勁的岩石或樹，「真正了不起的藝術家……絕不會

62　在日本學童的藝術作品裡，我們找到這一變動視角的簡化版。他們畫中的地平線比加拿大學童所畫的高了 15%，而較高的地平線有利於營造一個遠更富含環境而非聚焦於物體的畫面。見 S. Senzaki 等。

63　卜壽珊和時學顏說：「創作時不費勁，但在通往創作的訓練裡未必不費勁的概念，反映了道家與禪宗的影響。」

如此，因為他以和自然本身一樣的自發性來創作，其中毫無人為的刻意」。

在這一「了不起」的觀念中，藝術家必須把個人意志擺到一旁，因為「只有能達到沒有**意圖**的境界，（他才能）如自然那樣創作，超過人為斧鑿」。高居翰說這是個「很高深的觀念，我們不該認為它與我們的藝術創作觀不相容，立刻認為它不值一顧」。事實上，每個小說家都致力於達成類似的目標——讓人覺得作品在寫它自己，覺得作品有自己的生命。但西方作家大部分認為作品的生氣來自於內在，作品因自己的潛意識而有了生氣。

相反的，對范寬這位頂尖的靈活自我大師來說，生氣的根源是無我。至於結果，誠如某藝評家所說：

> 他筆下的峭壁和峽谷，瞬間讓人覺得自己像是走在山影裡的小徑上，不管當下環境多熱，觀者都冷得發抖，想裹上被子。因此，眾人皆說范寬能傳達山的精神。

在此又出現「傳達」這個字眼。把藝術家看成是「氣」的傳輸者或傳達者，在西方人看來，不像是多大的讚美。但如另一位藝評家所寫的，范寬的創作「功期造化亦列神品」。

西方畫家或許會被稱作天才，但不常被說成具有造化本身的力量，更別提被歸類為「神」

作[64]。這種將「了不起」概念化的方式，是無酪梨核的極致表現。這些畫家受到傳達氣、非刻意的作畫、無為之類的觀念薰陶，當然會讓我們再度想起莊子筆下以無我之境界解牛的庖丁。但范寬之類畫家絕非庖丁之流。他們把互賴性的調適臻於極高水平，創造出最老練精妙的作品，同時避免落入東方最忌諱的「有我」境界。

「怎麼那麼醜？」

西格蒙德·佛洛伊德的孫子盧西安·佛洛伊德（Lucian Freud），肯定「有我」。據說他很厭惡《蒙娜麗莎》，在二〇〇一年畫了一幅非常嚇人、肯定和《蒙娜麗莎》不同類的伊莉莎白女王肖像。這幅畫使達文西猶如時裝攝影師——像透過燈光照明和擺設位置，加上用Photoshop軟體改變影像，使原本皮膚凹凸不平有色斑者變得亮眼討喜。而相反的，佛洛伊德展現個人主義作風，呈現人未經修飾、不討喜的原來面目。

64 葛飾北齋重述了中國藝評家的這些主題，誠如先前已提過的，他希望「一百歲時在藝術上臻於神妙之境」，他把重點擺在創造盎然的生氣上（一百一十歲時一點一畫皆栩栩如生）。

首先，這幅肖像畫的尺寸是六吋乘九吋，比A4影印紙還要小，實在不起眼。此畫未按照傳統將女王伊莉莎白呈現得特別威嚴堂皇異於常人。畫家以和真人一樣的大小呈現她，而且，令某些人反感的，一反歷來彰顯王權威儀的作風，把她畫成老邁、肌肉鬆垂的樣子。若非兩眼不相稱，使她看來不只目光茫然，還似乎渙散，這幅畫本可以充當未使用緊緻面霜拉提皮膚的臉部圖片。她嘴上的紋路也不對等。事實上，她看起來情況不好，可能精神失常。她的口紅擦得不對，嘴唇噘起的樣子，好似剛發現一個學步的小孩在皇宮小地毯上尿尿。如果有人告訴你她正在試演電影裡的王后一角——即使是演個老邁的王后，你的反應都很可能會是，那張怪臉！那些糾結的鬈髮！不可能是王后！

范寬若看到這幅畫，會認為它十足粗俗，即使在今日，恐怕也難得到媒體好話。《太陽報》說這幅畫是「拙劣的模仿作品」，建議把佛洛伊德「關進倫敦塔」。《英國藝術雜誌》（*The British Art Journal*）說：「它使她看來像是已中風的威爾斯矮腳狗」。《泰晤士報》說：「下巴上有著只能稱作是鬍渣的東西，橄欖球的支柱前鋒若有她那樣的脖子，絕不會丟臉。」

《泰晤士報》首席藝評家理察・科克（Richard Cork）展現其老練的一面，對此評論不表贊同。他說這幅畫「痛苦、勇敢、誠實、堅忍，尤其是眼光透澈」。她的表情是「不只經歷過一個多事之年，而是整個在位期間屢屢經歷多事之年的君王……的表情」。《衛報》的阿德里安·瑟爾（Adrian Searle）也持類似看法：「佛洛伊德看出更深層的東西，這絕非易事。畫中人和畫者都歷盡世事，很容易就覺得乏味而處之泰然。他們知道自己的狀況。這是幅傳達經驗的畫。」

盧西安·佛洛伊德《女王伊莉莎白二世》。

簡而言之，這是幅《具有酪梨核的女人》。佛洛伊德想捕捉到這位女王的內在。它是由真實不偽的自我畫出的真實不偽的肖像畫。至於它醜不醜，有哪個嚴肅深刻的現代西方藝術家對皮相之美感興趣？沒有，沒有——想討好自我之外的觀眾，那將是靈活自我式的屈從。事實上，歷來無數矢志反諂媚者，佛洛伊德只是其中最晚出現的一位。評論家應該會很慶幸這位女王的臉給畫在她頭部的正面，未被畫成歪斜的，或像畢卡索畫那樣畫成既正面又側面。

天才的肖像畫

如果真畫成那副德性，那可真屌！因為從許多方面來看，死於二〇一一年的佛洛伊德都是堅定不移之巨核自我的典型，是前面已談過、而且西方人往往認為凡是道地的藝術家都屬之的浪漫天才。他漠視社會規範，與數不清的女人上過床，生了至少十四個小孩，用畫作抵掉許多賭債，以致於有人賭擁有最多他的畫的人是職業賭手，或許無人能出其右。佛洛伊德常和人鬥毆，在超市排隊結賬時都能和人動手打起來，創作時總是不由自主的違反道德原則。

例如，他畫了許多幅他自己小孩的裸體畫。他的女兒安妮回憶，十四歲時她有「一頭長髮，想用頭髮遮住奶頭，這時老爸就會俯身，用他的畫筆撥開我的頭髮」。充當她父親的作畫模特兒而留下難忘回憶者，也不只她一人。有位名叫雷蒙・瓊斯（Raymond Jones）的室內設計師，就當過他的模特兒。他回憶：

有時，在荷蘭公園的畫室，有人敲門，然後會有一個女人進來，直直走進浴室。他們會搞起來，傳來砰砰砰的肉體撞擊聲。在那之前盧西安會對我說：「我只是去休息一下，不會太久。」然後，他會告訴那個女人：「有個叫雷蒙的人剛到我這裡」。接著，大多時候就是她被幹的砰砰聲，不是在他床上幹，而總是在浴室門後。盧西安搞完後會洗個澡，光著身子悠哉走回畫室。他會說：「我剛洗了澡讓自己靜下心來，現在我們繼續吧！」

佛洛伊德對別人太嚴厲，對自己也一樣。另一位模特兒蘇菲・德・斯滕佩爾（Sophie de Stempel）說：

我看到他用畫筆刺自己，把大腿弄到流血……他向我解釋說，那就像職業賽馬騎師和賽馬，以瘋狂不由自主的衝動往前急奔，使出全力，一刻都不放鬆。

一九七〇年代，他以他母親為對象，畫了一連串畫作，前後花了約四千小時。先前他已狠下心和母親斷絕往來，因為他「無法忍受有她在旁邊」，覺得她的好奇心「侵犯了他的隱私」，但如今她身體變差了，他決意讓她處於他的凝視下——佛洛伊德的作法是把他「不偏食」的目光對準人，「不偏食」之語出自也是他作畫對象的藝評家馬丁・蓋福德（Martin Gayford）之口，他認為「如果日日夜夜這麼做，作畫對象，不管是他、她或它，最終不可能不透露出所有東西皆為自己作的選擇」。換句話說，他藉此方式激發他作畫對象的酪梨核。蓋福德說佛洛伊德即使在畫背景時也堅持要模特兒在場，因為模特兒「似乎改變了氛圍，就和聖徒藉由自身的存在改變了氛圍一樣」。也就是說，在佛洛伊德極端個人主義的世界觀裡，不是環境影響主體，而是主體影響環境。那是基本歸因謬誤的某種極致表現，因此而有一幅裸體畫十六個月才完成，實際作畫時間達兩千四百小時。在這期間，這位模特兒只有四個晚上未到場供他作畫，而且平均每次一上工就是五個小時。

蓋福德還說佛洛伊德：

> 清楚每樣東西的個體性……在他的作品裡，沒有一樣東西是概括的、理想化的或非特有

的……即使就製造品，例如襯衫，來說，他都覺得一件襯衫會與另一件稍有不同，或許是一根垂下的線，領子翻起方式不同。一年前（二〇〇二）他畫四顆蛋的靜物畫時，發現仔細檢查之後，每顆蛋呈現特有的自身特性。

那麼，他的個人主義和把外物個體化的傾向到了盲目浮濫的地步？蓋福德說：

一九二〇年代在德國讀小學時，學校教佛洛伊德以某個方式繫鞋帶。八十年後他憶道：「我當下認為我絕不會再以**那種**方式繫鞋帶」。那是十足符合他性格的反應。他坦承，被告知得做某事，就足以使他想做不一樣的事。他不願服從既定規則的心態，已從不願乖乖繫鞋帶擴大到無視藝術史上的種種約定俗成。

有些人動不動就說出「如果有人要我畫他們，我通常會不想照做，甚至想打他們」之類的話，要向這類人解釋「仁」之類的中國觀念，恐怕是對牛彈琴。這裡人存在著一種本能反應，可能讓人想起兩歲小孩的本能反應。

他在描繪他人時恪守「真實不偽」的作風，但碰到自己時，卻沒這麼嚴格。例如，他心裡始終牽掛著他到底是不是西格蒙德·佛洛伊德後代這問題，卻不讓人看到他對此問題的執迷。收藏家馬可·費許（Mark Fisch）說：

（他）敏感得離譜，像裸露的神經，敏感程度遠超乎任何人想像。他的自畫像總是把自己畫成他希望自己呈現出來的樣子，或者說他想讓世人看到的樣子。那些畫所未呈現的，是數十年來一直擔心自己是私生子的心態。他仍不時念叨著此事，到了此事究竟是真是假已不重要的地步，因為這一指控已成為他心靈的一部分。

至於他畫別人的肖像是否表現他自己遠多於表現他們，他自己稱他所有的作品「都完全在呈現我自己」，說他畫自己「感興趣且在意的人，在我所居住且熟悉的房間裡」。而在這點上——為自己且只為自己而畫——不管他多麼鄙視達文西和與他同類的人，他一脈相承了文藝復興時期的人文主義。就連佛洛伊德對藝術品的熱衷，例如對《黛安娜與阿克泰翁》（*Diana and Actaeon*）、《黛安娜與卡莉絲妥》（*Diana and Callisto*）這兩幅提香晚期畫作的熱衷，都帶有明顯的個人主義風格。如他所說：

這兩幅畫有許多地方讓我非常喜歡……（例如）《黛安娜與卡莉絲妥》一畫右側織物垂掛在樹枝上的樣子，以及《黛安娜與阿克泰翁》一畫左邊的垂幕，顯然是在最後一刻出於純粹的幸福歡愉之情而畫上……兩幅畫中的任何東西，都是為了取悅觀者。水、狗、人儘管彼此相關，卻都是為了取悅我們。

任何外在的理論都無關緊要。人與人的經驗——越不受束縛越好——是產生意義最重要的關鍵。它們不為更高的東西服務，它們肯定不是達成任何目的的手段。它們，一如呈現它們的藝術作品，一如創造這些藝術作品的人，本自具足，不為其他目的而存在。

在此我們不妨回想一下先前對獅子與大草原的討論，回想一下我們不只喜歡把獅子抽離出來，把焦點放在其酪梨核上，還喜歡把那個酪梨核想像成穩定不變之物的傾向。後者的傾向清楚可見於佛洛伊德想把事物定格的念頭。就像他注意到的：

有件事我始終不習慣，那就是「感覺」因日而異，儘管我無時無刻不工作，想藉此盡可能控制它。我每天感覺都大不相同，結果還能完成畫作，實在叫人驚訝。

蓋福德說：

肖像畫，特別是這種耗費漫長時日的肖像畫，其弔詭之處在於標的始終在移動。從生理和心理上說，活的東西始終在變動。心情在變，精神有好有壞，身體在慢慢老化。佛洛伊德想超越這種變動的現象，於是，如我（蓋福德）所說，他是個室內畫家，不管畫什麼始終認為光源應該固定不變。

極端個人主義

堅信自由至上的佛洛伊德，若聽到別人說他的激進作風反映了某種「主義」或他是某種「主義的信徒」，大概會嗤之以鼻。他是不折不扣反「任何主義」的信徒。

不過他體現了社會學經典《心的習性》（*Habits of Heart*）所謂的「表現性」（expressive）個人主義。這種個人主義把個人酪梨核的表現視為最重要的人類活動，認為堅定不移的貫徹此事值得崇敬。事實上，凡是想保住作畫對象之尊嚴的念頭或是不想傷自己十四歲女兒心靈的念頭，都不是同情或正派之舉，而是沒有勇氣和原則的表現。那未能保有足夠的自主性，未能維持住小說家札蒂．史密斯（Zadie Smith）稱之為「狹窄、幾乎執迷的」焦點，因為所憧憬者「不只是幸福，還是在絕對孤立的情況下想像出來的幸福……（而為取得這種幸福）你必須無情……成為根本不准任何東西侵犯那個清楚的藍色區域的人——連現實都不可以」。史密斯在此談的是雄心，紐約市的雄心，但在佛洛伊德身上，我們也會認出那種無情和絕對孤立的願景。這是對酪梨核的崇拜。酪梨核的產物了不起？西方許多人就這麼認為。

這不也了不起？

但看著范寬的作品，不由得想問，這不也很了不起？我提出這個疑問，因為西方人往往認為真實的藝術離不開真實的人性，認為真實的藝術離不開個人主義。只需想想有多少具靈活自我的人被稱作機器人或綿羊，就能領會許多具巨核自我的人真的覺得自己比較優越。

但看過范寬畫作之類的作品，就會讓人領會到真正的藝術出自這兩種自我之手。事實上巨核自我未比靈活自我更有人性，反之亦然。兩種自我都受機會、環境、人的需要左右。

後記

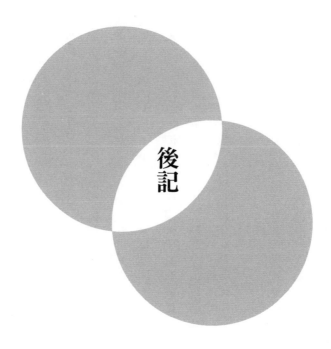

在行李提領處等候的女孩後來在米爾頓學院過得並不順遂，先前，她和她父母認為只要夠用功就能及格？或許。也許他們也打算透過 Skype 替她加油打氣。我們或許可以想像全家人在合力幫她，就像她被委託做一幅畫，全家都是大芬油畫村的畫家。遺憾的是，這不管用。米爾頓學院替她找了更適合的學校。她轉學了。

怎麼這麼慘？她有跟家人爭吵過嗎？她會怪他們明知她不會講英語，還是把她丟進一個認為她會講英語的學校嗎？或許。如果她真的這麼做了，我們不能怪她。畢竟她當時很可能才十三或十四歲——年紀太小，不知道她未來會面對的情況或那會有何影響。我們甚至可以想像她家人也未預見到這點；但要說這件事他們沒有責任，那就比較說不過去。比較可能的情況是他們罵她不夠用功，拿他們為了送她到美國念書付出多少犧牲一事來教訓她。

在對美國、對赴美留學、對一切感到失望之後，她的反應或許是拒絕轉讀到加州的新學校，要她家人帶她回家。

但她也有可能一如過去受到挫折時那樣從失敗裡站起來，找到一起學習的夥伴，加強她的英語，直到和她姊姊講得一樣好。或許她也不再騙人；或許後來她在美國活出自己的一片天；或許她學會訓練導盲犬，或記賬，或寫軟體，或製作電影；或許她成為同人小說作家，或同人小說寫作團體的一員；或許她製作混音帶，或成為婚禮攝影師或建築師。

或許有天，有人告訴她太謙遜不好，要她不要太隱蔽鋒芒，於是她不由得想更大聲表達自己看法，想更有自信。有人直接告訴她：去試鏡！去試鏡！去試鏡！

也或許她的許多努力，最初不如預期，因為她的不自在始終表露於外。或者或許她成功了，卻有人說她，**太咄咄逼人**。於是，或許她重拾她較熟悉的處世方式，與各類人，包括敵人，廣結善緣，結果卻聽到別人說，**她這個人不可靠**。

有人真的認識她嗎？

她有點像是某種密探。

或許她突然渴求靜默，然後，對某些詩，例如艾米莉·狄金森（Emily Dickinson）的詩，特別心有所感：

快樂者說的話
是不值一顧的曲子
但靜默者感覺到的話
則是美妙的——

也或許她特別標出某些段落，例如在某次夜間上課時所讀到，來自《等待果妥》（*Waiting for Godot*）一劇中的對白：

佛拉基米爾：他們說什麼？

埃斯特拉貢：他們說了他們的生活。

佛拉基米爾：對他們來說，活著還不夠。

埃斯特拉貢：他們得拿它來談。[65]

或許她笑了出來。

或許她尋找默然會心的理解，尤其是在愛裡。讀到印度詩人魯米（Rumi）以「我閉上嘴唇，以一百種無言的方式對妳說」訴說他的愛時，她或許顫抖。

或許她找到一個會說出這番話的人。

或許那是個男人。

或許那是個女人。

或許她有了小孩。

或許她沒有小孩。

或許她有個庭園，庭園裡有葡萄棚和鞦韆。

或許隨著年紀漸長，她對美國有越來越多的體認。或許她最終欣賞只要住得起在哪裡都能生活這一點，沒人會很在意你家是什麼樣的家庭，或你高考考幾分。

但或許她最終覺得美國人就是冷淡。

或者，並非如此——或許她最終覺得美國人友善但不夠替人著想。人與人有距離。

或許她驚愕於美國人丟掉那麼多東西。

或許她驚駭於他們對待父母的方式。

或許她在報紙讀到以下說法時不會感到驚訝：「對許多美國人來說，生活已變成時時離不開競爭」。而我們「不計代價獲勝的模式，強化了不為照護老弱一事留空間的美國特有的弊病」。

而對此說法，她或許點頭稱是，因為隨著這個女孩的家人年紀更長，她赫然發現很難照

---

65 這一段不只被王琪引用於 *The Autobiographical Self in Time and Culture* 一書中，也被我一名印度臉書友人引用，他有天突然貼出這一段，沒說明緣由。

顧數年前代她接受英語面試的姊姊或他們的父母。至於她自己，隨著年紀更大，得過癌症或背部有問題，或許她開始注意到她的印度裔友人花了好多時間在煩惱在美國長大的自家小孩會不會照顧他們。或許這女孩不由得密切注意這些友人每次訴說的心聲——小孩盡到他們本分時，這家人有多寬慰；小孩未盡本分時，他們有多失望。然後，YouTube 上有首蒙特尼格羅語的歌，她的鄰居一彈再彈：「家，工作，工作，家。」兩百萬次點擊率，就蒙特尼格羅語的歌來說，是很可觀的點擊率。但沒錯：家，工作，工作，家——那就是在美國生活的寫照。

或許她後悔當初留下來。

但或許她最終理解到即使她當初未到美國，也會有同樣的感慨。或許她最終聽到某中國男子談他的祖母，談她有個孩子，談她因為有個孫子而能開心的死去，她的人生得以沒有缺憾。他的觀點在於中國已經變了，那種簡單的滿足已是過去式。

至於那場永恒的殺青慶功宴，那也成了過去式？

或許這個女孩看到新英格蘭愛國者隊的比賽，理解到既獨立又互賴的精神老早就是美國精神的一部分，於是很高興——甚至理解到這精神與美國內戰時的偉大愛國者內森·海爾（Nathan Hale）的以下話語[66]相契合：「我願自己有所貢獻，願公眾所不可或缺的各種服務因為不可或缺而更受尊敬。」**義務、服務、受尊敬、不可或缺**。或許她聽到這些話，領悟到美國的根基其實既建立在獨立上，也建立在互賴上。

或許這個女孩最終還是會作出自己的文化決定。

一個錯誤

至於她的榜樣，說不定她會以我母親為榜樣。我母親喝瓶裝水，而在她大概八十八歲時，我犯了個錯，竟建議由人送水給她。我說，弄個保冰桶來不難，她知道能有專人服務她把那些大水瓶擺在保冰桶上面嗎？她也不必為此花錢，我會很樂意付這筆錢；如果這麼做，她就不必再擔心我的兄弟有沒有空替她送來那些一加侖裝的瓶子。他們把那些瓶子搬進搬出她房子已有數年。

我這麼做完全是為了稍稍恢復她日益萎縮的自理生活能力。我認為她或許會想覺得自己更獨立、更自給自足。但可想而知，她拒絕送水服務——因為重點在於她想讓我兄弟去探望

66 這些話語——誠如劉柏川所詼諧指出的，是「海爾第二著名的話語」——銘刻在耶魯大學哈克尼斯塔（Harkness Tower）基座上。

她，而她愚蠢的美國女兒竟沒看出這點。她希望家裡飲用水喝光了，或快喝光了；她多希望能告訴我兄弟，母親一人獨居，需要有人陪伴。

結果她真的說了，而且奏效。事實上，如今我的兄弟就像中國每個孝順的兒子那樣每天去看她；對她來說，這是個深刻且持久的勝利。

誌謝

我要感謝許許多多的人，才對得起這本由既獨立且互賴之人寫成的書。衷心感謝 Parwiz Abrahami, Carmen Adamucci, the Asia Society, Charlie Baxter, Nancy Berliner, Melissa Brown, Jenova Chen, Jiawei Cheng, Ophelia Chong, Ibrahim Dagher, Mirian De Jesus, Arjun Dey, Miriam Feuerle, Mark Fishman, Salmir Gacevic, Allegra Goodman, Suzanne Graver, Patricia Greenfield, Yvonne Hao, Mark Ingber, Shinobu Kitayama, Jin Li, Maya Lin, Leigh Marriner, Hazel Rose Markus, Takahiko Masuda, Allyssa McCabe, Molly McCarthy, Chip McGrath, Martha Minow, Toshiko Mori, Ben Myers, Joan Najita, Ara Norenzayan, Lucia Pierce, Virginia

Pye, Maria Ruvoldt, David Ryan, Jeffrey Sanchez-Burks, Rick Simonson, Rene Steinke, Anna Sun, Jeannie Suk, Thomas Talhelm, Maryann Thompson, Sergio Troncosco, Billie Tsien, Arthur Tsang Hin Wah, Qi Wang, Shan Wang, and Long Yang。我要感謝你們付出的時間，感謝你們的直言和慷慨。

要特別感謝 Cambridge Public Library 和 Radcliffe Institute for Advanced Study 支持此書。

也要感謝我無人能比的編輯 Ann Close；感謝 Knopf 出版社的每個人，尤其是 LuAnn

Walther, Todd Portnowitz, and Victoria Pearson；感謝我的經紀人 Melanie Jackson；感謝我許多好友；感謝從頭到尾始終支持我的家人 David, Luke, and Paloma。要不是你們的體諒，我沒有今天的成就。

附錄A：自我檢測的解答（見第49頁題目）

第一題

以下各組答案，每選中一組，就得一分

乳牛、青草

笛聲、火車

貓、喵

沙丁魚、罐頭

鉛筆、筆記本

得分越接近五分，你的思維就越屬於互賴型。

第二題

計算你列出的答案裡**有多少個與在更大實體裡的角色有關**。例如：「我是父親」，「我是編輯」，或「我是天主教徒」。**也計算與他人的注目或評判有關的陳述**，例如：「我是金髮白膚者」，或「我是成績拿A的學生」，或「別人認為我文靜」。**別把反映你性情或偏好的東西算進去**，例如：「我超愛吃巧克力」，或「我喜歡航行」，或「我為詩而活」，或「我很文靜」。

得分越接近十分，互賴性就越高。

第三題

把代表你自己的圈圈與代表他人的圈圈拿來比較。是比別人的小、一樣大、還是比較大？

如果較小，給自己十分。

如果一樣大，給自己五分。

如果較大，給自己零分。

得分越接近十分，互賴性就越高。

總分

把這三題的得分加總，就可以粗略了解此刻你內在較大那個自我的本質。零分是個人主義程度最高的得分；二十五分則互賴性最高。

你也可以再度檢視你在第三題裡畫的那些圈圈，藉此大略比較你自己與世上其他人。如果量出你自己圈圈的直徑，然後找出你用來代表朋友或家人的那些圈圈的平均直徑，你可以把那些數字放進以下等式裡。

1－他人圈圈的平均直徑／你自己圈圈的直徑＝X

他人的圈圈越小，X值越大。就美國人來說，X的平均值在〇．六左右。但就英、德之類國家的人來說，如下表所見，X值較小，在日本則是負數，因為代表自我的圈圈往往被畫成比代表朋友、家人的圈圈小。從黑柱頂端伸出的線，代表該國數值的標準離差。

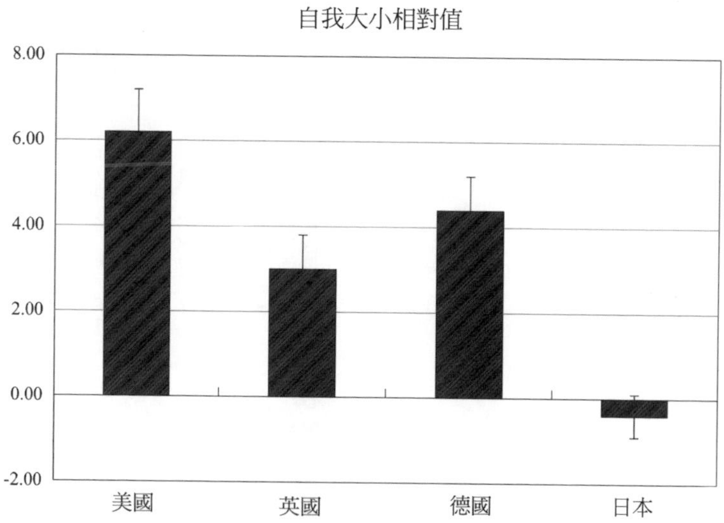
自我大小相對值
8.00
6.00
4.00
2.00
0.00
-2.00
美國
英國
德國
日本

自我的大小比較

附錄B：推薦書單

關於文化心理學這個題目，有數十佳作。但針對特別感興趣於東西方事務者，我全力推薦。

Hazel Rose Markus and Alana Conner, *Clash! How to Thrive in a Multicultural World*

Alyssa McCabe, *Chameleon Readers: Teaching Children to Appreciate All Kinds of Good Stories*

Richard E. Nisbett, *The Geography of Thought: How Asians and Westerners Think Differently . . . and Why*

Lucien Pye, *Chinese Commercial Negotiating Style*

Qi Wang, *The Autobiographical Self in Time and Culture*

附錄C：插圖出處說明

18頁	Jeff Widener, Tiananmen Tank Man. © 2016 The Associated Press.
20頁	Arthur Tsang Hin Wah, Tiananmen Tank Man. © 2016 The Associated Press.
24頁	項聖謨（西元一五九七－一六五八），《朱色自畫像》，石頭書屋藏珍。
25頁	《紐約時報》「隱逸的藝術」展廣告。Asia Society 提供。
33頁	望京 SOHO 建築群，中國北京，作者攝。
33頁	望京 SOHO 建築群的翻版，中國重慶，Cheng Jiawei 攝。
39頁	張拉斐特城堡，中國北京，Ophelia Chong 攝。
43頁	獨立自我的圖表，Hazel Rose Markus 提供。
43頁	互賴自我的圖表，Hazel Rose Markus 提供。
44頁	非洲大草原上的獅子，挪威奧斯陸的 Basecamp Explorer 提供。
50頁	機場照片一，Taka Masuda 提供。
50頁	機場照片二，Taka Masuda 提供。

51頁	花朵歸屬測驗題，Ara Norenzayan 提供。
63頁	東亞弔詭，Thomas Talhelm 提供。
68頁	湯瑪斯・塔爾海姆在中國某星巴克店裡擺椅子，Thomas Talhelm 提供。
68頁	種稻與整體觀照導向的關聯，Thomas Talhelm 提供。
81頁	納迪爾・亞伯拉哈米尼和娜斐莎・亞伯拉哈米尼在耶魯大學，Parwiz Abrahamini 攝。
84頁	中國上海某音樂學院外的告示牌，作者攝。
114頁	黃岩，山水紋身，黃岩與 Ethan Cohen Gallery 提供。
117頁	達文西，《蒙娜麗莎》，法國巴黎羅浮宮藏 © Erich Lessing/Art Resource, NY 羅浮宮提供。
117頁	《蒙娜麗莎》複製品，西班牙馬德里普拉多美術館藏 © Museo Nacional del Prado/Art Resource, NY.
136頁	為安徽毛坦廠中學高考學生送行，Wang Qing 攝。
178頁	紫禁城外的獅子，中國北京，Nancy Berliner 攝。
178頁	紐約市立圖書館外的獅子，Wikipedia Commons 提供。

212頁	用谷歌 Ngram Viewer 得出的「與耶穌的私人關係」、「個人的救世主」這兩個短語的出現率。一八〇〇至二〇〇八年的資料來自「英語素材」。
239頁	喀爾文主義對將聚焦於工作的人際關係與社會性－情感性人際關係兩者明確區隔的影響，Jeffrey Sanchez-Burks 提供。
278頁	十七世紀的年曆內頁，Massachusetts Historical Society 收藏。
278頁	十九世紀的年曆內頁，American Antiquarian Society 提供。
319頁	林瓔，《浪田》，Storm King 藝術中心，紐約州，林瓔提供。
320頁	「花」遊戲截圖，Jenova Chen 提供。
331頁	范寬（西元約九六〇－約一〇三〇）《谿山行旅圖》，台灣台北故宮博物館藏。
333頁	《晴巒蕭寺圖》據認出自李成（西元九一九－九六七）之手，美國密蘇里州堪薩斯市 The Nelson-Atkins Museum of Art 藏，William Rockhill Nelson Trust。
339頁	盧西安・佛洛伊德《女王伊莉莎白二世》，Royal Collection Trust 2015/The Lucian Freud Archive 提供。
363頁	自我的大小比較。Shinobu Kitayama 提供。

國家圖書館出版品預行編目(CIP)資料

在行李提領處等候的女孩：東西文化差異新論 / 任璧蓮 (Gish Jen) 著；
黃中憲譯 . -- 初版 . -- 臺北市 : 遠流 , 2018.08
面； 公分
譯自 :The girl at the baggage claim : explaining the East-West culture gap
ISBN 978-957-32-8337-9(平裝)
1. 東西方關係
541.28 107011459

在行李提領處等候的女孩：東西文化差異新論

The Girl at the Baggage Claim: Explaining the East-West Culture Gap

作　　者——任璧蓮（Gish Jen）
譯　　者——黃中憲
總監暨總編輯——林馨琴
責任編輯——楊伊琳
內頁編排——邱方鈺
行銷企畫——張愛華

發 行 人——王榮文
出版發行——遠流出版事業股份有限公司
地址：臺北市10084南昌路二段81號6樓
電話：（02）3692-6899　傳真：（02）2392-6658
郵撥：0189456-1
著作權顧問——蕭雄淋律師

2018年8月1日　初版一刷
新台幣定價380元　（缺頁或破損的書，請寄回更換）

ISBN 978-957-32-8337-9

YLib 遠流博識網
http://www.ylib.com　E-mail:ylib@ylib.com